다시 집으로

방황하던 아들과 죽음을 생각한 엄마의 회복 이야기

다시 집으로

OUT OF A FAR COUNTRY

크리스토퍼 위안 · 안젤라 위안 지음 | 이주만 옮김

KOREA.COM

차례

방황하는 모든 이에게 울림을 주는
두 탕자의 감동 실화

탕자의 비유를 다룬 감동적인 책은 많다. 다른 가치관을 좇아 집을 떠난 아들이 어떤 선택을 했고 그로 인해 어떤 대가를 치렀는지, 우리는 누가복음에 있는 예수님의 비유를 통해 단편적인 사실 몇 가지만 알고 있다. 그런데 머나먼 이국으로 떠난 탕자에게 무슨 일이 있었는지 적나라하게 알게 되면 아마 누구나 방황을 멈추고 집으로 돌아오지 않을까 하는 상상을 해 본다. 우리가 아는 것은 두 아들 가운데 작은 아들이 아버지의 뜻을 거역하고 자신이 선택한 삶을 살기 위해 집을 나갔다가 인생의 낙오자가 되어 초라한 몰골로 집으로 돌아왔다는 것뿐이다. 이 이야기의 백미는 자식의 귀향을 학수고대하던 아버지가 돌아온 탕자를 따뜻하게 반겼다는 것이다.

이 책에는 두 명의 탕자가 등장하는데 바로 어머니와 그녀의 작은 아들이다. 아들은 대학원에 진학하면서 집을 떠났고, 몇 년 뒤에는 부모의 가치관과 정면으로 충돌하는 방식의 삶을 살아간다. 사랑을 갈구하던 그의 어머니는 무미건조한 결혼 생활과 아들이 전한 수치스러운 소식에 충격을 받고 결국 목숨을 끊기로 결심한다. 어머니와 아들은 극한 상황에 처하지만 결국 그러한 상황이 어머니와 아들 모두에게 전환점이 된다.

6

이 책은 한 번쯤 방황한 사람이라면 누구나 공감할 수 있는 이야기다. 탕자처럼 방황하는 이 세상의 모든 아들딸들과 그 부모들에게 큰 울림을 주는 실화로, 때로는 몹시 가슴 아프고 때로는 적나라하다. 한 영혼을 구원하기 위한 치열한 전쟁은 여기저기 상처를 입히고 오랜 시간이 흐른 뒤에야 결실을 맺는다.

탕자 이야기의 결말은 자신의 잘못을 뉘우치고 겸허한 마음으로 돌아온 탕자를, 그가 아들이든 딸이든 혹은 부모이든, 하나님 아버지께서 기쁘게 반기신다는 것이다. 하나님은 우리를 구원하기 위해 희생하고 사랑과 은혜를 베푸신다. 돌아온 탕자 이야기는 언제 들어도 우리에게 진한 감동을 남긴다.

이 책에서 들려주는 이야기 역시 당신에게 감동과 교훈을 줄 것이다. 아무 희망도 없어 고통스러운 순간에도 하나님의 도움을 구할 수 있음을 알게 될 것이다. 그들의 이야기가 당신에게 희망을 주고, 또 당신의 잃어버린 희망을 되찾아 줄 것이다.

— 케이 워렌 목사 캘리포니아 레이크포레스트의 새들백교회 공동개척자
새들백교회의 에이즈 문제 해결본부(HIV/AIDS Initiative) 설립자

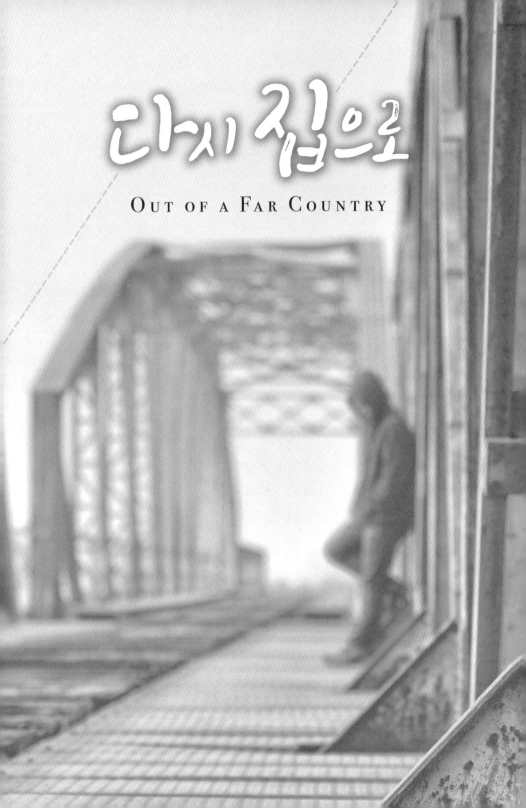

다시 집으로

OUT OF A FAR COUNTRY

제1장

나의 작은 세상에 들이닥친 파국

안젤라. 1993년 5월 15일

시카고에도 5월이 돌아왔구나 싶었다. 따스한 봄기운이 우리가 24년간 터를 잡고 살아온 고향 같은 이 도시를 포근히 감싸고 있었지만, 그날 저녁 우리는 싸늘한 마음만큼이나 차갑게 식어버린 요리를 포크로 께적대며 서로 아무 말도 나누지 않았다.

저녁 식사를 망친 건 음식 때문이 아니었다. 툭하면 언성을 높이는 남편 레온과 소원하게 지내 온 햇수도 적지 않으니 나도 불행에는 익숙해졌으리라 생각했다. 하지만 그날 밤은 유독 암울했다.

그날은 둘째 아들 크리스토퍼가 집에 온 날이었다. 그 아이는 지난 가을에 시카고의 로욜라대 치의학전문대학원에서 켄터키 루이빌에 있는 치의학전문대학원으로 편입해 이제 막 3학년 과정을 마친 상태였다. 치과 의사인 남편 레온은 크리스토퍼가 자신의 뒤를 이어 치과 의사가 된다는 사실에 기뻐했다. 1년 후에는 부자가 나란히 새로 마련한 치과 건물에서 일할 예정이었다.

나 역시 크리스토퍼가 집에 오는 날을 손꼽아 기다렸다. 어머니들이 다들 그렇지만, 나는 두 아들을 끔찍이 사랑했는데 특히 크리스토퍼와는 항상 허물없이 지냈다. 보통 그 아이가 집에 오면 집안 분위기가 누그러졌는데, 그날 저녁은 크리스토퍼가 있음에도 해묵은 긴장감이 우리를 무겁게 짓눌렀다.

━ ━ ━

며칠 전 레온은 크리스토퍼가 집에 올 것에 대비해 아들의 침실 위에 딸린 통풍구에 들어가 단열 상태를 꼼꼼히 점검했다. 통풍구에서 나오던 레온은 우연히 입구 위쪽에 어떤 물건이 끼여 있는 것을 보고 손전등을 비췄다. 라벨에 아무것도 적혀 있지 않은 비디오테이프가 너덜너덜한 종이봉투에 담겨 있었다. 남편은 그것을 가지고 아래층에 내려와 내게 보여 주었다.

먼지가 수북이 쌓인 비디오테이프를 보자마자 내 몸은 얼어 버렸다. 그것이 무슨 물건인지 알았지만, 그것이 아니기를 간절히 바랐다. 사실, 크리스토퍼의 문제가 완전히 해결되지 않을지도 모른다는 막연한 두려움 속에서 지난 6년을 보냈다.

나는 비디오테이프 안의 내용을 확인할 엄두가 나지 않아 레온에게 대신 확인해 달라고 부탁했다. 그는 내 손에서 테이프를 받아 거실로 가더니 영상을 재생했다. 이윽고 그가 주방에 돌아와서는 그 테이프를 테이블 위에 올려놓고 말했다. "그래, 그게 맞아."

'그것.' 남편도 차마 그 단어를 입 밖에 꺼내지는 못했다. 그것은 게이 포르노물이었다.

내 기억은 크리스토퍼가 열여섯 살이었을 때 서른 살 먹은 한 사내와 성관계를 맺어 왔다는 사실을 알게 된 그날로 되돌아갔다. 크리스토퍼가 그 사내에게 연락하면, 그 사내는 크리스토퍼를 자기 집으로 초대했다. 물론, 크리스토퍼가 더 적극적으로 그 사내를 찾아갔을지도 모르고, 사람들이 크리스토퍼를 피해자로만 여기지도 않겠지만, 어떤 경우든 이 사내가 내 아들을 이용하고 망쳐 놓았다는 사실은 분명하다.

그때 나의 심정은 말로는 표현할 수가 없다. 마음속 깊은 데서 흘러나오는 슬픔과 괴로움이 나를 집어삼켰다. 물론 내 아들을 이용해 먹은 그 사내에게 분노를 느꼈다. 크리스토퍼는 평범한 십 대로 자랄 기회를 빼앗겼고, 설상가상 나는 이 얘기를 아무에게도 할 수가 없었다. 이 사내가 엄중한 법의 심판을 받는 모습을 간절히 보고 싶었지만, 그러려면 끔찍한 사생활을 만인 앞에 공개해야만 했다. 크리스토퍼가 그런 수치스러운 과정을 겪도록 놔둘 수는 없었다. 우리는 그를 고소하지 않았고, 마음의 상처와 치욕은 비밀에 부치기로 결정했다.

그 사건으로 나는 몹시 수치스러웠을 뿐 아니라 끝 모를 불안감까지 얻었다. 그 이후 크리스토퍼가 십 대 시절을 보내는 동안 내 삶은 하루하루가 두려움의 연속이었다. 혹시 사람들이 이 사실을 알게 되면 뭐라고 수군거릴지 걱정스러웠다. 크리스토퍼가 얼마나 큰 상처를 입었을지, 또 아들의 앞날이 이 사건으로 어떤 악영향을 받을지도 염려스러웠다. 특히 아들이… 게이가 되지는 않을지 불안했다.

우리가 안고 있는 문제는 지극히 사적인 영역이지만 어디서든 도움을 받아야 했다. 며칠 후 나는 우리 치과가 수익을 늘릴 수 있도록 경영 방식을 조언해 주는 치과 컨설팅 전문회사를 방문했고, 그곳에서 우연히 한 잡지를 통해 학부모 단체에서 제공하는 상담 프로그램에 관해 읽었다. 그 단체는 삶의 문제를 해결하기 위한 지원을 약속했고, 사이언톨로지 교회(1954년에 론 허버드가 창시한 신흥종교. '오디팅(auditing)'으로 알려진 상담 기법을 통해 영적인 재활이 가능하다고 믿는다―옮긴이)의 후원을 받았다. 나는 사이언톨로지에 관해 한 번도 들어 본 적이 없었다. 의심도 들었지만 지푸라기라도 잡고 싶었다. 아들을 고칠 수만 있다면 무슨 짓이라도 할 수 있었다.

크리스토퍼와 나는 시카고를 떠나 샌프란시스코에 있는 사이언톨로지 교회로 갔고, 정신정화 프로그램에 등록해 그곳에서 두 달 동안 아침과 오후 두 차례 상담을 받았다. 확실히 그 사람들의 상담 기법은 조금 기이한 구석이 있었다. 그 사람들이 '오디팅'이라고 말하는 상담을 진행하는 내내 우리는 금속 캔을 붙들고 있거나 몇 시간이고 사우나에 앉아 있어야 했다. 하지만 나는 크리스토퍼를 위해 이 과정을 이겨 낼 각오를 단단히 했다. 중간에 그만둘 생각은 꿈에도 하지 않았다.

두 달간 1만 5천 달러가 넘는 비용을 지불한 끝에 우리는 정화 프로그램을 마쳤다. 다행히 크리스토퍼가 이제 그 문제를 극복했고 정상적인 삶을 살아갈 준비가 되었노라고 내게 말해 마음이 놓였다. 나는 우리가 그 문제를 해결했다고 생각했다.

■ ■ ■

1993년 5월의 아름다운 일요일 오후, 나는 음식을 께적대며 먹고 있었다. 무슨 말이든 꺼내야 했기에 적당한 때를 기다렸으나 무슨 말을 해야 할지 막막했다. 나는 오른편에 앉은 레온을 힐끗 보며 그의 어두운 표정 뒤에 감춰진 의중을 헤아렸다. 남편이 내가 바라는 대로 크리스토퍼와 그 이야기를 나눠 줄까? 그 역시 나를 곁눈질했

1965년 9월 11일, 맨해튼 센트럴파크에 있는 노트르담 처치에서 결혼식을 치렀다.
이날 이후 얼마나 고단한 삶이 기다리는지 나는 까맣게 몰랐다.

14

지만 내 고민 따위는 아랑곳하지 않은 채 음식만 들었다. 남편은 어떤 말도 꺼내지 않았다. 항상 그랬지만 그 무심한 태도에 나는 화가 치밀었다. 우리는 또다시 엇나갔다. 이번에도 남편은 내 심정을 헤아려 주지 않았다.

내가 화가 난 상태임을 크리스토퍼도 모르지 않았다. 근래 들어 우리 사이는 점점 서먹해졌다. 아들은 의젓한 스물두 살 의과대학생이라기보다는 반항심 많은 십 대 아이처럼 내게 무례하게 굴었다. 그리고 이날 저녁에 우리 사이는 한층 더 멀어졌다. 아들은 계속 시계를 쳐다보며 어서 집에서 나갈 궁리만 하는 듯했다.

레온은 입을 뗄 생각이 없어 보였고, 크리스토퍼는 자리에서 일어나려고 했다. 아들에게 대답을 들어야만 했기에 내가 입을 여는 수밖에 없었다. 만약 아직까지 크리스토퍼에게 동성애 문제가 남아 있다면, 어떤 조치든 취해야 했다.

"크리스토퍼, 아빠가 네 방 통풍구에서 비디오테이프를 찾으셨다." 나도 모르게 목소리가 떨렸다. 두려움 때문이었을까? 아니면 절망감 때문에? 나는 어떤 일에든 정면으로 맞서는 편이지만 이 문제는 달랐다.

크리스토퍼는 무표정한 얼굴로 나를 보았다. 아무 감정도 드러내지 않았다. 미안한 기색도, 놀라는 기색도 없었다.

"무슨 테이프인지는 아버지가 확인했다." 간신히 마음을 진정시키며 나직이 말했다. 이 모든 것이 잠에서 깨어나면 모두 정상으로 돌아오는 한낱 악몽이길 간절히 바랐다. 아들이 내가 듣고 싶어 하는 대답을 해 주었으면 했다. 사실이 아니라도 좋았다. 아니, 크리스토퍼가 어떻게 아직도 그럴 수 있단 말인가? 내가 그토록 애썼는데.

아들은 그냥 무표정한 얼굴로 나를 바라보았다.

"크리스토퍼." 그 단어만은 입에 담고 싶지 않았다. "너… 너, 아직도… 그러니?"

어정쩡하게 던져진 질문 뒤로 잠깐 침묵이 흘렀다. 크리스토퍼가 자리에서 벌떡 일어서더니 내 눈을 똑바로 응시했다. 그러고는 마음을 이미 굳힌 듯 내게 말했다. "예, 그래요. 전 게이예요."

부끄러운 기색도 미안한 기색도 없이 크리스토퍼는 대담하게 그 단어를 내뱉었다. 마치 그 사실이 자랑스럽기라도 한 듯 아들은 당당했다. 그 말을 듣자마자 정작 수치심에 휩싸인 것은 나였다. 이럴 수는 없었다. 내 아들이 그럴 수는 없었다. 내 사랑하는 크리스토퍼만은 그럴 수 없었다. 그 순간 천장이 폭삭 무너져 우리 식구가 다 같이 죽는 것으로 이 끔찍한 사태가 막을 내렸으면 좋겠다는 생각마저 들었다.

나는 항상 우리 가족의 미래를 계획했다. 크리스토퍼와 그의 형은 장차 세상에서 훌륭한 일을 해야 할 아이들이었다. 두 아이는 모두 치과 의사가 되기 위해 학업에 정진하고 있었다. 학위를 취득하고 나면 집으로 돌아올 테고, 아버지 병원에 들어가 함께 일하다가 결국에는 가업을 물려받을 터였다. 당시 레온과 나는 최신식 시설을 완비한 치과 건물을 새로 단장하고 있었고, 일이 마무리되면 병원이 순조롭게 굴러가도록 내가 치과 운영을 맡을 예정이었다. 우리 식구가 모두 한데 모여 일하며 같이 사는 것, 이는 내가 오랫동안 열망했던 삶이었다.

그런데 결국 이 사달이 나고 말았다.

나는 고개를 돌려 남편을 한 번 쳐다보고는 다시 크리스토퍼를 보았다. 오래전부터 그랬지만 이번에도 남편은 나를 크게 실망시켰다. 생기라고는 없는 부부 사이지만 적어도 자기 아들 일에 이렇게 무관심해서는 안 되는 것 아닌가? 크리스토퍼가 자신을 게이라고 선언한 마당에 아버지라면 마땅히 끼어들어 무슨 말이든 해야 하지 않는가? 왜 아무 말도 하지 않는 것일까? 화조차 나지 않는 걸까? 그는 아들한테 너는 게이가 아니고, 게이일 수 없다고 단호하게 가르쳐야 했다.

크리스토퍼는 분명 현실을 직시하지 못하고 있다. 이런 식으로 살면서 의사로 활동할 수는 없다는 것을 아들은 모르는 걸까? 사람들귀에 이 소식이 들어가면 남편은 환자들을 잃을 게 뻔했다. 우리 병원에서 일하려는 사람도 없을 것이다. 사람들이 이 소식을 듣고는, 우리 병원에 오면 혹여 에이즈 바이러스에 노출되는 건 아닌지 우려할 터였다. 크리스토퍼는 우리 가업이 얼마나 소중한지 깨닫고 정신을 차려야 했다. 가족이 함께 치과를 경영하는 것은 우리의 꿈이고 전부였다. 우리는 20여 년간 이 꿈만 바라보면서 부단히 달려왔다.

"크리스토퍼." 나는 절망감에 휩싸여 아들의 이름을 불렀다. "선택해. 가족이냐 동성애냐." 이 최후통첩에 아들이 정신을 차리길 기대했다. 새로 차린 병원에서 가꾸어 나갈 희망찬 미래를 포기하지는 않을 테지. 분명 가족을 선택할 거야.

아들은 나를 바라보며 이렇게 말했다. "이건 제가 선택할 수 있는 문제가 아니에요. 이런 모습으로… 게이로 태어난 거예요." 그 아이는 심호흡을 한 번 하고는 내 시선을 피했다. 그러더니 고개를 번쩍 들고는 여태껏 한 번도 본 적 없는 얼굴로 이를 악물며 말했다. "저를 받아들이지 못하신다면 선택의 여지가 없어요. 제가 떠나는 수밖에요."

크리스토퍼가 식탁에서 물러나며 마지막으로 던진 말은 내 가슴에 비수처럼 날아와 꽂혔다. "어머니가 이렇게 나올 줄 알았어요. 아무럼 어때요. 제겐 진짜 가족이 있어요. 루이빌에는 저를 받아 주는 친구들이 있어요." 감정이 북받친 듯 아들의 목소리가 갈라졌다. "제 모습 그대로요."

크리스토퍼는 자기 방으로 들어갔다. 몇 분 뒤에 짐을 챙겨서 나온 크리스토퍼가 거실을 가로질러 현관을 향해 성큼성큼 걸어갔다. 그러고는 그대로 집을 떠났다. 마치 오래 전부터 계획한 일이었다는 듯이. 대화를 계속하며 설득하려고 시도하지도, 의견을 조율할 시간도 주지 않았다. 그것이 다였다. 그렇게 끝나 버렸다.

맥이 풀린 나는 거실 바닥에 주저앉았다. 온몸에서 피가 빠져나간 듯했다. 팔이며 손이며 다리까지 얼음장처럼 차가웠다. 믿기지 않는 현실의 충격이 가슴을 무겁게 짓눌러 와 숨 쉬는 것조차 힘들었다. 나한테 이런 일이 생길 수는 없었다.

나는 숨을 들이쉬기 위해 안간힘을 써야 했다. 눈물이 고이고 목이 메었다. 내 인생은 처참하게 실패했다. 결혼 생활은 이미 오래전에 망가졌고, 이제 부모 노릇마저 실패했다. 남편은 내 곁을 지키지 않았다. 큰 아들은 대학을 졸업한 후 독립해서 방탕하게 살고 있었다. 그리고 이제 크리스토퍼마저, 내게 이런 짓은 절대 하지 않으리라 믿었던 둘째 아들마저 나를 버렸다.

크리스토퍼를 붙들고 싶었지만 내게는 어쩔 도리가 없었다. 레온은 여전히 입을 굳게 다문 채였다. 크리스토퍼를 야단치거나 설득하려고 하지도 않았다. 내 어깨를 감싸 주지도 않았고 내 손을 붙잡아 주지도 않았다. 목이 메고 숨이 막힌 채로 거실 바닥에 주저앉은 나를 버려둔 채 남편은 나가 버렸다.

그때 문득 옛 생각이 떠올랐다. 시어머니가 남편에게 해 주었다던 이야기이다. 여자는 자기 뜻을 이루지 못할 때 세 가지 수단을 쓴다고 한다. 첫째는 눈물을 흘리는 것이고, 둘째는 짜증을 내는 것이고, 셋째는 죽어 버리겠다고 위협하는 것이다. 그날 나는 그 어떤 수단도 사용하지 않을 작정이었다. 더 이상 삶에 미련을 둘 이유가 없었다.

제2장

커밍아웃
크리스토퍼. 1993년 5월 15일

집을 나서서 막 현관문을 닫으려는데 어머니가 바닥에 털썩 주저앉는 모습이 눈에 들어왔다. 중국인 어머니들이 흔히 그렇듯이 자식에게 죄책감을 느끼게 만들려고 일부러 소란을 피우는 것이라 생각했다. 자라면서 그런 모습을 익히 보아 왔기 때문에 거기에 휘둘릴 내가 아니었다. 게다가 나는 시카고에서 태어나 이곳에서 자란 미국인이지 중국인이 아니었다.

루이빌에 있는 게이 친구들은 내가 부모님께 동성애자임을 밝히는 순간 어떤 일들이 벌어질지 미리 귀띔해 주었다. 고함을 지르고, 눈물을 흘리고, "내가 여태껏 너를 어떻게 키웠는데" 하고 시작되는 빤한 스토리. 우리 어머니의 반응도 예상에서 크게 빗나가지 않았다. 아버지 역시 예상했던 대로였다. 나를 반대한 것은 아니지만 그렇다고 나를 지지하지도 않았다.

루이빌의 게이 커뮤니티에서 1년 남짓 열심히 활동하고 나니 부모님에게 진실을 밝힐 준비가 되었다. 집에 가서 커밍아웃할 생각은 하고 있었지만 그 얘기를 어떻게 꺼내야 할지 사실 막막했다. 그래서 그날 저녁 식사하는 도중에 어머니가 그 문제로 나를 다그쳤을 때 오히려 잘되었다는 생각이 들었다. 이제 드디어 내가 동성애자임을 밝혔다. 게이 커뮤니티에서는 부모에게 자신의 성적 지향을 밝히는 것이 통과의례다. 그것이 자신이 동성애자임을 온전히 받아들이는 최종 단계다. 게이 커뮤니티에도 일종의 계급이 있는데, 이 단계를 밟음으로써 나도 한 계단 올라선 셈이었다.

친구들에게 이 끔찍한 경험담을 자주 들었던 터라 부모님 집에서 쫓겨나리라는 것쯤은 쉽게 예상했고, 일은 예상대로 흘러갔다. 동성애와 가족 중에 하나를 선택하라는 어머니의 말씀은 내 모습 그대로 진실하게 살면서 동시에 가족으로 인정받기는 불가능하다는 의미였다. 하지만 나는 친구들과 지내면서 내 모습 그대로 인정받는 데 익숙해진 터였다. 어머니는 사실상 나를 내쫓았다.

마음이 아팠다. 하지만 무겁디무거운 짐을 덜어 버린 홀가분함이 더 컸다. 이제 미련 없이 부모님을 내려놓을 수 있었다. 더 이상 부모님 걱정은 하지 않아도 되었다. 그분들도 내 걱정은 더 이상 하지 않을 테니까. 그분들은 내 가족이 아니었다. 진짜 가족이라면 나를 있는 그대로 받아들였을 테다. 루이빌에 있는 게이 친구들이 내 진짜 가족이었다.

시카고를 벗어나 남쪽을 향해 차를 몰아 달릴수록 가슴은 후련해졌다. 사실, 난생처음 느껴 보는 해방감이었다. 더는 숨길 게 없었다. 거짓말을 둘러댈 필요도 없었다. 가족에 대한 의무감을 가질 필요도 없고, 그저 '확인' 차 밤늦게 집에서 걸려오는 전화를 참아 낼 필요도 없었다.

지금까지 나는 어머니의 치맛바람에 휩싸여 살았다. 어머니는 내 일거수일투족을 통제하려고 했다. 대학에 들어갔을 때는 밤늦게 친구들과 어울리지 못하게 하려고 매일 밤 전화해 내가 기숙사에 들어왔는지 '확인'했다. 해병대에 들어갔을 때도 어머니는 집으로 항상 편지를 쓰도록 요구했다. 심지어 대학원에 들어갔을 때도 나를 그냥 놔두지 않았다. 하지만 이제부터는 다른 세상이 열릴 것이다. 어머니한테 쫓겨났으니 그 모든 간섭으로부터도 벗어날 것이다.

— — —

루이빌에 있는 대학원으로 편입해 첫 해를 지내는 동안 나는 친구들과 동기들에게 내가 동성애자임을 밝혔다. 그렇게 홀가분하고 기쁠 수가 없었다. 마침내 가식을 벗고 나를 이성애자라고 생각하는 친구들에게도 솔직하게 내 정체를 밝혔다.

나랑 운동을 같이 하는 게리라는 친구가 있다. 하루는 게리가 와서 이렇게 말했다. "네가 게이라는 소문이 학교에 돌고 있어. 그래서 사람들에게 그건 사실이 아니라고 내가 변호했어. 여자 친구도 여럿 사귀었다고 말이야." 그러고 나서 목소리를 낮추더니 심각한 얼굴로 내게 물었다. "너 게이 아니잖아, 그치?"

22

해병대 예비역이 된 1989년에 촬영한 사진.

내가 게이라고 말하자 그 친구는 깜짝 놀라했다. 그 친구는 그동안 나를 생각해서 다른 사람들한테 내가 게이가 아니라고 항변하면서 터무니없는 소문으로부터 나를 보호하고 있다고 진심으로 생각했다. 하지만 그 소문은 사실이었다. 나는 성격이 계집애 같거나 화려한 걸 좋아하는 녀석이 아니라 그냥 게이였다.

내 진짜 모습을 아는 사람들이 많아질수록 내가 동성애자라는 사실이 편해졌다. 더 이상 나를 감추지 않아도 되었다. 동성애를 탐탁지 않게 여기는 사람을 만나도 신경 쓰지 않았다. 생전 처음으로 한 줌의 거짓도 없이 나를 드러내고 사는 기분을 맛보았다. 이 외에 다른 식으로 사는 것은 내 자신을 부정하는 일이었다.

마침 루이빌에는 게이 클럽이 두 곳이나 있었다. 학교에서 불과 다섯 블록 떨어진 곳에 있는 커넥션과 어넥스라는 곳이다. 시카고에서도 몇몇 게이 바에 가 보았지만, 그곳은 소속감을 느끼는 장소라기보다는 '크루징' 곧 섹스 파트너를 물색하러 가는 장소였다. 하지만 루이빌의 게이 클럽에서 만난 사내들은 대부분 지극히 정상적인 모습이었다. 금융 전문가, 변호사, 기업 임원, 치대생 등 전문직 종사자들이 많았다. 다들 나와 같은 사내들이었다. '나는 정상이 아니야'라고 생각했던 나는 '이게 내 모습이야'라고 생각을 고쳐먹었다. 이 사람들이 내 친구였다. 여기가 내가 속한 곳이었다.

자라면서 나는 놀림을 많이 당했다. 나는 중국인이었고, 피아노를 쳤고, 미술을 좋아했고, 또래 남자애들과 달리 감정 표현이 풍부했다. 운동 실력이 형편없었던 나는 늘 왕따를 당하는 기분이었다. 하지만 게이 커뮤니티에서는 따돌림 받던 이들이 모여 가족이 되는 세상이 펼쳐졌다. 그들은 서로 아끼고 응원했다. 그들은 나와 함께 웃고 울고, 게이인 나를 편견 없이 받아들였다.

자신감을 되찾은 나는 게이 클럽에서 인기를 끌었다. 나는 술을 즐기지는 않지만 재미 삼아 바텐더 일을 시작했는데, 꽤 잘 해냈다. 내 성격이 외향적이고 체격 조건도 제법 좋아서 일할 때 그 덕을 톡톡히 봤다. 클럽에서는 바텐더들이 자기 몸매를 과시하려고 웃통을 벗고 일할 때가 많았다. 평소에도 팁을 많이 받았지만 특히 내가 바에 올라가 춤을 추는 날에는 주머니가 두둑해졌다. 친구들에게 왕따를 당하며 유년기를 보낸 나로서는 이렇게 사람들에게 환영받는 기분이 굉장히 좋았다.

부모님에게 성적 지향을 털어놓는 것이 커밍아웃의 마지막 관문이었다. 자신들이 정한 삶의 방식을 쉽게 포기할 부모님이 아니었다. "네가 게이라고? 괜찮아! 내가 루이빌에 가거든 네 게이 친구들도 소개해 주렴" 하고 어머니가 말했다면 오히려 더 당황했을 것이다. 나를 내치는 부모님을 보면서 그분들이 얼마나 편협한지 온몸으로 깨닫긴 했지만, 두 분이 나를 이해할 거라고 기대한 적은 한 번도 없었다. 우리 부모님의 반응은 내가 그동안 들어왔던 커밍아웃 이야기들과 별로 다르지 않았다. 게이 친구들의 커밍아웃 이야기에는 정해진 대본이 있다. 부모님과 한바탕 난리를 치르는 절정을 끝으로 제1막이 끝나고 제2막이 시작된다.

— — —

그 어느 때보다 간절히 루이빌로 돌아가고 싶었다. 예전에는 65번 고속도로를 타고 시카고에서 멀어지면 고향을 떠나는 것 같은 기분이었는데, 이제 고향으로 돌아가는 기분이 들었다. 그곳에는 만나고 싶은 특별한 사람이 기다리고 있었다.

2주 전부터 새로 만나는 사람이 있었다. 그랜트는 나보다 나이가 많았다. 아마 서른은 족히 넘었을 것이다. 준수한 외모에 탄탄한 몸매를 지닌 그는 성공한 변호사로 너그러운 사람이었다. 켄터키 주의 정계에서 일하는 그는 넓은 사유지에 근사한 주택을 소유하고 있었다. 시카고에 부모님을 만나러 가기 전에 그랜트는 나에게 학교 기숙사에서 나와 자기 집으로 들어오라고 얘기했다. 어서 그에게 돌아가 함께 우리만의 보금자리를 꾸리고 싶었다.

그랜트를 만나기 전에도 남자 친구를 몇 명 사귀었지만, 그는 다른 이들과 달랐다. 성숙하고, 프로답고, 안정감이 있었다. 내가 관계를 맺을 때 제일 중요하게 여기는 게 바로 안정감이었다. 나는 정착하고 싶었다. 그의 집으로 이사할 생각만 해도 심장이 마구 뛰었다. 만나는 상대가 나를 진짜로 아껴 준다는 생각이 들었던 것은 그때가 처음이었다. 그는 자기 집에서 같이 지내자고 내게 말한 사람이니까. 드디어 미래가 보이는 파트너를 만난 것이다.

켄터키로 돌아가면 그랜트가 반겨 줄 것이고, 그러면 부모에게 버림받은 아픔도 달랠 수 있으리라 철석같이 믿었다. 나와 그랜트의 행복한 삶을 가로막을 장벽은 이제 모두 사라졌다는 사실이 기뻤다.

이윽고 나는 나무가 줄지어 늘어선 기다란 길목에 들어섰다. 그랜트의 주택으로 들어가는 입구였다. 자정을 넘긴 시간이지만 그랜트는 올빼미형 체질이니까 아직 잠들지 않았을 것이 분명했다. 나는 집 앞에 차를 세우고 계단을 뛰어올라 현관 앞에 다다랐다. 예정보다 하루 일찍 시카고에서 돌아온 나를 보고 그랜트가 깜짝 놀랄 생각을 하니 신이 났다. 나는 집 안에 발을 들여놓으며 어둠 속을 향해 외쳤다. "그랜트! 나 왔어요!"

그랜트의 얼굴을 보자마자 뭔가 잘못되었음을 알았다. 그는 달려와서 나를 껴안지 않았다. 미소를 지어 보이지도 않았다. 우리 사이에는 어색한 침묵이 흘렀지만 그랜트는 그저 가만히 서서 나를 바라보았다. 그러다가 입을 열었다.

"자기… 일찍 돌아왔네. 이렇게 빨리 올 줄은 몰랐어."

"그래요. 당신을 놀래 주려고요. 우리 부모님이….."

"잠깐만. 얘기 좀 해. 있잖아… 우리… 한동안 냉각기를 가지는 게 좋겠어."

"무슨 말이에요?"

"오늘밤은 기숙사로 돌아가는 게 좋겠어."

뒤통수를 세게 얻어맞은 기분이었다. 그러고 보니 피상적인 정보 말고 나는 이 사람에 대해 아는 게 별로 없다는 생각이 퍼뜩 들었다.

부모님은 나를 저버렸다. 이제 그랜트마저 나를 원하지 않았다. 나는 어디로 가야 한단 말인가?

제3장

시작의 끝

안젤라. 1993년 5월 15일

주방 바닥에 쓰러진 나는 좀체 몸을 가누기 힘들었다. 크리스토퍼가 게이 선언을 하고 무정하게 떠나 버린 충격으로 온몸의 기운이 다 빠져나간 듯 몸이 싸늘했다. 그 아이는 대화를 하며 타협점을 찾으려는 기미도 없이 영영 작별을 고하듯 문을 쾅 닫고 떠나 버렸다. 설령 그 아이가 죽었다는 소식을 들었다 해도 이처럼 힘들지는 않았으리라.

내 아들이 게이고, 고칠 생각이 없다는 사실에 나는 망연자실했다. 우리 가족은 풍비박산이 났고, 내 인생은 완전히 무너졌다. 오랜 세월 내가 좇은 꿈이었던 결혼 생활에 대한 기대, 두 아들에게 품었던 기대, 나의 미래가 모두 물거품이 되었다. 살아갈 이유가 없어졌다. 이 세상에서는 그 어떤 행복이나 기쁨도 기대할 수 없었다. 슬픔과 좌절, 거절당한 아픔만이 남았다. 더 이상 이런 고통을 참고 살기는 싫었다.

나는 겨우 몸을 이끌고 일어나 침실로 들어갔다. 그리고 밤새 흐느껴 울었다. 그날 나는 삶과 죽음의 기로에 섰다. 죽는 편이 덜 고통스러울 것 같았다. 그래서 죽기로 작정했다.

아주 오래 전부터 시작된 이 비참한 삶을 이제는 끝낼 작정이었다.

- - -

상하이에서 태어난 나는 대만에서 자랐다. 어머니는 직장 여성이자 정치인으로서 경력을 쌓느라 집 밖에서 더 많은 시간을 보냈고, 나와 형제들은 보모의 손에 맡겨졌다. 조부모는 친가와 외가 모두 돌아가시고 없었다. 아버지는 상선을 탔던 사람이라 얼굴 보기가 힘들었다. 우리 집은 일반 가정과 다를 게 전혀 없었다. 물론, 어머니와 아버지가 우리 곁에 없다는 사실만 빼놓고 말이다. 부모님이 인생항로를 개척하느라 밖에서 많은 시간을 보낼수록 내 외로움은 깊어졌다. 가족을 위해 요리하고, 청소하고, 집에서 살림하는 어머니를 둔 친구들이 나는 몹시 부러웠다.

학교가 파했음을 알리는 종이 울리면 나는 매일 옆집에 사는 메이린과 함께 먼지 자욱한 길을 걸어 집으로 돌아왔다. 집에 도착하면 메이린은 문을 열고 "엄마, 엄마! 학교 다녀왔어요!" 하고 소리쳤다.

나는 문을 열고 집에 들어가도 반겨 주는 사람이 하나도 없었다. 내 방에 들어가 혼자 오후 시간을 보냈다. 내 방 창문으로 메이린의 엄마가 뒷마당에 빨래를 너는 모습을 지켜봤다. 메이린의 엄마는 간식으로 직접 과자를 구워 메이린에게 주었는데, 메이린은 계단에 앉아 간식을 먹으며 엄마가 양팔에 빨래를 한아름 들고 마당을 이리저리 다니는 모습을 지켜봤다. 그럴 때마다 나는 우리 엄마의 흔적이라도 찾을 수 있을까 싶어 텅 빈 집안을 둘러보았다. 하지만 엄마는 없었다.

나는 아홉 살에 메이린의 엄마와 같은 사람이 되겠노라고 다짐했다. 남편과 아이들 곁에 머물러 주고 싶었다. 나는 평생 가정과 가족을 돌보며 남편의 성공을 돕는 삶을 살고 싶었다. 내 가족과 가정을 위해 나는 우리 엄마처럼 살지 않을 것이고, 어릴 때 내가 자랐던 가정과는 전혀 다른 가정을 일구리라 다짐했다.

레온과 나는 1964년에 미국으로 건너왔다. 우리는 타지에 옮겨 심은 어린 묘목처럼 미국에 뿌리내리기 위해 부단히 노력했다. 미국에는 가족도 친구도 없었고, 우리 수중에는 돈도 거의 없었다. 빈손으로 시작했던 터라 살림살이는 팍팍했다. 다행히 레온은 치과 의학 박사학위를 받았고, 나는 스티븐과 크리스토퍼, 아들 둘을 낳았다. 허리띠를 꽉 졸라매야 했지만 힘든 줄 몰랐다. 우리 아들들을 위한 미래를 만들어 가고 있었기 때문이다. 그 시절에는 꿈과 희망으로 가슴이 벅찼다. 내게는 소속감을 느낄 수 있는 가족이 있었다. 어려서부터 바라던 행복과 기쁨을 얻게 되기를 기대하며 가족을 위해 내 모든 것을 쏟아부었다.

스티븐과 크리스토퍼는 모두 학창 시절에 성적이 우수했고, 피아노와 수학경시대회에서도 상을 많이 받았다. 말도 잘 듣고 예의 바른 아이들이었는데, 학교에 가면 자주 놀림을 받거나 왕따를 당해 마음이 아팠다. 하지만 아이들은 우리가 그랬듯이 잘 견뎌냈다. 나중에 친구들과 동네 사람들은 우리를 모범적인 부모라고 칭송하며 양육에 관한 조언을 구할 정도였다. 우리 아이들이 이룬 성과를 보도한 지역신문의 기사들을 모은 스크랩북만 해도 여러 권이었다. 아이들이 대회에 나가 상을 타고 우수한 성적을 내는 것보다 더 중요한 사실은 레온과 내가 성공 궤도에 올랐다는 것이다. 우리가 차린 치과는 날로 번창했고, 나는 동화 속에나 등장하는 가정을 꾸렸다는 자부심이 있었다.

하지만 여전히 마음 한구석에는 허전함이 남아 있었다. 나는 두 개의 인생을 살았다. 겉에서 보면 성공한 인생이었지만 안으로는 공허했다. 내 마음에는 커다란 구멍이 하나 뚫려 있었고, 나는 그것을 채우려고 안간힘을 썼다. 오랫동안 꿈꿔 온 대로 훌륭한 가정을 일구려 헌신했고, 가족을 위해 살았지만 그러한 것들이 그 허전한 구멍을 메우지는 못했다.

시간이 지나면서 어머니로서 쌓아 올린 흠 없는 내 이미지에도 균열이 생기기 시작했다. 아이들은 대학에 들어가고 나더니 딴판으로 달라졌다. 우수한 성적이나 대회 수상으로 내게 긍지를 느끼게 해주던 예전의 그 아이들이 아니었다. 어떻게 살고 싶은지 뚜렷한 계획도 없어 보였고 매사에 심드렁하게 굴었다. 장남인 스티븐은 방탕하게 생활했다. 미국에서 사는 남자 대학생이라면 다들 부모 말을 거역하며 반항적으로 살지 않느냐고 내게 반문할지 모르지만, 나는 그런 식으로 아이를 키우지 않았다.

크리스토퍼는 내게 남은 마지막 희망이었다. 유순하고 남을 배려하고 생각이 깊었다. 하지만 그 아이는 내 앞에서 자신이 게이라고 선언했다. 크리스토퍼마저 나와 가족, 내가 그를 위해 준비한 인생을 헌신짝처럼 내던져 버렸다. 내가 어디서 희망을 찾을 수 있겠는가?

--- - -

뜬눈으로 밤을 지새우는 동안 크리스토퍼가 집을 떠나던 장면이 머릿속에서 한없이 재현되었다. 내가 사랑했던 이들은 모두 나를 떠나는구나. 나는 이제 무엇을 위해 살아야 하나? 전에도 몇 번인가 죽음을 생각했던 적이 있지만 매번 내 발목을 붙잡는 이유가 하나씩은 있었다. 아이들, 치과, 임대 부동산. 하지만 이제 그것들은 하나도 중요하지 않았다. 내 목숨을 부지할 이유가 더는 없었다. 결심을 굳혔다. 그래, 이렇게 끝내자.

마음을 정하고 나자 목회자를 만나야겠다는 생각이 들었다. 나는 신앙생활을 해 본 적이 없었다. 아니, 실상은 기독교에 대해 반감을 품고 있었다. 그래도 이 세상을 하직하기 전에 누군가와 대화를 나누고 싶었다. 내 말을 경청해 줄 사람이 필요했다. 내 삶을 마감하기에는 좋은 방법으로 보였다. 그런데 내가 아는 목회자라고는 레온이 매주 한 번씩 강의를 나가던 로욜라대학의 교목인 폴리 신부뿐이었다.

내가 주방에 들어섰을 때 레온은 아침을 먹고 있었다. 남편은 전날 아무 일도 없었다는 듯 멀쩡한 모습이었다. 가족이 풍비박산이 났는데도 태연하게 행동하는 모습에 놀란 나는 잠시 남편을 노려보았다. 그리고 망설이다가 남편에게 말을 걸었다. "폴리 신부님을 뵐까 하는데 나 좀 태워다 줘."

우리는 차를 타고 가는 내내 침묵을 지켰다. 크리스토퍼의 일에 대해 한 마디도 나누지 않았다. 우리 사이에는 이미 대화가 사라진 지 오래였고 침묵은 일상이 되었다. 그와 가까이 있었지만 언제나처럼 지독히도 외로웠다.

폴리 신부와의 대화는 짧게 끝났다. 그는 내 말을 들었고, 나는 울었고, 레온은 아무 말도 하지 않았다. 자애로운 폴리 신부는 내게 위로가 되는 말을 건넸지만, 내 안의 꺼져 버린 불씨를 소생시키기에는 역부족이었다. 우리가 떠날 때 폴리 신부가 내 어깨에 손을 얹고 작은 책자를 하나 건넸다. 나는 시간을 내어 준 그에게 감사 인사를 전하면서 삶을 끝내기로 다시 한 번 다짐했다.

■ ■ ■

이튿날 아침에는 비가 부슬부슬 내려 날이 제법 쌀쌀했지만 아침 일찍 집을 나서서 기차역을 향해 걸었다. 내가 가려는 목적지까지는 기차와 버스를 이용하는 편이 훨씬 쉬웠다. 폴리 신부가 건넨 소책자와 지갑만 챙겨서 집을 나섰다. 생각은 할 만큼 했고, 선택은 끝났다. 다만 죽기 전에 마지막으로 크리스토퍼의 얼굴을 한 번만 더

보고 싶었다. 이틀 전 아들과의 이별은 너무 급작스러웠다. 그런 식으로 작별을 고할 수는 없었다. 루이빌에서 아들과 마지막 인사를 나눈 뒤에 모든 것을 끝낼 생각이었다.

나는 시카고 유니언 역에 도착해 역무원에게 다음 기차표를 달라고 했다. "왕복표를 끊으실 건가요?" 하고 역무원이 물었다.

"아뇨, 그냥 편도로 주세요."

"추가 요금이 겨우 3달러뿐인데요."

"괜찮아요."

"다음 12개월 동안은 언제든 사용하실 수 있습니다."

"진짜 필요 없어요. 돌아오지 않을 테니까요."

3달러는 푼돈이었지만 이 순간 내 인생은 그만한 가치도 없었다.

나는 줄을 서서 기차를 기다리며 역 주변을 오가는 사람들을 바라보았다. 내 앞에는 말쑥하게 차려입은 한 무리의 젊은 남자들이 있었다. 그들은 즐겁게 대화를 나누며 웃음을 터뜨렸고, 그러다가 한 남자가 다른 친구의 어깨에 손을 얹었다. 나는 흠칫 놀랐다. 이 남자들은 게이일까?

다른 쪽으로 고개를 돌렸다. 반대편 선로에 기차가 막 도착해 승객들이 쏟아져 나왔다. 한 청년이 주위를 둘러보고는 달리기 시작했다. 그러더니 한 남자의 품에 안겼다. 내 눈을 믿을 수가 없었다. 나는 어쩜 이렇게도 의식하지 못하고 살았던 것일까? 게다가 그 남자들은 멀쩡해 보였다. 내 아들 크리스토퍼처럼.

나는 기차에 올랐다. 기차가 시카고에서 벗어나기 시작하자 왠지 모를 안도감이 들었다. 나는 인생의 종점을 향해 달리고 있었다. 내 인생의 다른 모든 것은 내 통제를 벗어났지만 이것만은 내가 통제할 수 있었다. 내 인생에서 벌어진 일들은 내가 어쩌지 못했지만 내 삶을 끝내는 일 만큼은 내가 통제할 수 있었다.

내 손에는 전날 받은 소책자가 들려 있었다. 그동안 여러 사람의 손을 거쳤는지 겉표지가 닳아서 가장자리가 둥그렇게 말려 있었다. 그제야 제목이 눈에 들어왔다. 콜린 쿡이 쓴 《동성애자에게도 문이 열려 있을까? *Homosexuality: An Open Door?*》(Pacific Press, 1985)였다.

흥미로운 제목이라고 생각했다. 나는 책장을 넘기기 시작했다.

그것은 기독교 소책자였지만 단순히 종교적 편견 때문에 읽기를 거부하고 싶지는 않았다. 한 마디 한 마디가 내 마음을 사로잡았다. 소책자에는 하나님이 모든 사람, 심지어 동성애자까지도 사랑한다고, 그들의 행위 때문이 아니라 그들을 있는 그대로 사랑한다고 쓰여 있었다. 이런 말은 들어본 적이 없었다. 아들이 동성애자로 살겠다고 결정을 내린 만큼 나는 더 이상 아들을 사랑할 수 없다고 생각했다. 만약 하나님이 내 아들을 사랑할 수 있다면 나도 아들을 계속 사랑할 수 있겠다는 생각이 들었다.

책자를 읽어 나갈수록 내가 크리스토퍼를 위해 이 책자를 읽고 있는 게 아니라는 생각이 들었다. 동성애 감정을 품은 사람들을 대상으로 쓰인 것임에도 마치 나를 위해 쓰인 것만 같았다. 그 글은 죽음에 대해 말했다. 죽음은 우리가 상처 입고, 실패하고, 불완전한 탓에 이르는 종착지라고. 우리는 마땅히 죽어야 하지만 그리스도가 우리를 대신해서 죽었기에 우리는 죽지 않아도 된다고 했다. 내가 죽을 필요가 없다고? 하지만 살아서 뭘 하나? 내가 사랑했던 모든 것으로부터 버림 받았는데, 나를 사랑하는 사람이 없는데, 이 세상에 남아서 무엇 하는가?

그때 싸늘하게 식어 버린 내 심장을 깨우듯 한 문장이 눈에 들어왔다. "다른 어떤 피조물이라도 우리를 우리 주 그리스도 예수 안에 있는 하나님의 사랑에서 끊을 수 없으리라"(로마서 8장 39절). 어떤 것도? 그러니까 하나님이 사랑한다고…? 나 같은 사람을?

5월의 아침, 열차는 철길을 덜거덕거리며 달리고 있었다. 인디애나 주는 대부분이 평지라 평소에는 지루하고 단조롭게만 보였다. 그런데 그날따라 풍요로워 보이는 벌판이 수십 마일 멀리까지 눈에 선하게 들어왔다. 하늘과 맞닿은 듯 끝없이 펼쳐진 벌판에서는 새 생명들이 꽃을 피우고 있었다. 나는 평생 무신론자로 살았고 기독교인들을 경멸하기도 했다. 하지만 그 순간 몹시도 아름다운 자연을 보면서 틀림없이 신이 존재한다는 생각이 들었다.

고요함이 내게 엄습했다. 차창 밖 풍경에 감탄하며 경외감을 느끼는 나에게 어떤 기운이 유리를 관통해 들어와 나를 감싸는 듯했다. 그때 작고 고요한 목소리가 들렸다.

"너는 내 사람이다."

나는 놀라거나 두려워하지 않았다. 그 목소리는 크지 않았고, 은밀한 속삭임도 아니었다. 마치 아까부터 내 곁에 앉아 있던 누군가가 부드럽고 다정한 목소리로 말하는 듯했다. 잔뜩 움츠렸던 무거운 어깨가 가벼워지는가 싶더니 온몸의 긴장이 풀리기 시작했다.

나는 평생 누군가에게 속한 사람이 되고 싶었다. 부모님에게 속한 사람, 남편에게 속한 사람, 아이들에게 속한 사람. 하지만 나는 이 땅에 있는 다른 누군가에게 속한 사람이 아니었다. 나는 하나님께 속한 사람이었다.

그분은 내 마음 깊은 곳을 들여다보시고, 내가 그토록 듣고 싶어 했던 말씀을 하셨다. 그 한마디는 산산이 부서진 내 심장을 아물게 하는 연고였다. 나는 하나님을 찾지 않았지만 그분은 나를 찾아오셨다.

마지막 작별 인사를 하려고 했던 크리스토퍼와의 만남이 어쩌면 새로운 시작이 될지도 모르겠다는 생각이 문득 들었다.

제4장

루이빌에서의 이중생활

크리스토퍼. 1993년 5월 18일

오후 1시가 조금 지나 병동에 들어섰을 때 실내는 소음으로 가
득했다. 서둘러 점심을 끝냈는데도 몇 분 늦었다. 동급생들
은 대부분 환자들을 안내해 진료실로 갔고, 일부는 이미 엑스레이를
찍고 치아를 청소하기 시작했다. 치과용 드릴이 고속 회전하는 소리
가 공중에 울려 퍼지자 환자들은 대부분 몸을 움츠렸다. 내게는 너
무나 익숙한 광경이었다. 듣기 좋은 음악 소리는 아니지만, 돈이 굴
러들어오는 소리로 들리기는 했다.

나는 진료대를 깨끗이 치우고 의자에 일회용 비닐덮개를 씌운 뒤
의사 가운을 입었다. 나는 날마다 이 의식을 치르면서 재미삼아 하
는 바텐더 역할에서 벗어나 착실한 치과 수련생으로 변신한다. 나는
속으로 웃으며 생각했다. 환자들이 이런 나를 알게 되면 어찌 될까.

물론, 동급생들은 대부분 내가 동성애자라는 사실을 알았다. 교수
중에도 게이가 한 명 있었고, 학생들 중에도 게이가 몇 명 있었다. 하

지만 환자들이 이런 사실을 알 필요는 없었다. 내 성적 지향에 관해 사방에 '공표'하고 싶지는 않았다. 나는 내가 지극히 평범하다고 생각했다.

나는 어려서부터 늘 평범함을 꿈꿨다. 초등학교 때부터 대학에 들어오기까지 한 번도 내 모습 그대로 사람들에게 받아들여진 적이 없었다. 우선 나는 아시아인이었다. 그리고 예민하고, 숙맥이고, 운동에는 소질이 없고, 음악과 미술을 좋아했다. 나는 남들과 다르다는 사실에 익숙해졌다. 그런데 치과전문대학원에 들어와 보니 나는 게이 학생들 가운데 하나일 뿐이었다. 남들과 다르다고 해서 비정상이라는 뜻은 아니었다. 나는 성공해서 사람들한테 존중받고 싶었다. 누군가와 정착해서 행복하게 살고 싶었다. 내 꿈은 나와 같은 강의실에서 공부하는 다른 학생들이 가진 꿈과 전혀 다르지 않았다.

나는 이 꿈을 그랜트와 함께 이루고 싶었다. 그는 변호사였고 업계에서 평판이 좋았다. 그날 자기 집에 머물 수 없다고 나를 거절했지만 그렇다고 치사하게 굴지는 않았다. 그는 내가 묵을 곳을 찾도록 도와주었다. 그가 아는 친구 중에 여행을 자주 다니는 친구 하나가 자기 집을 관리하며 개에게 먹이를 챙겨 줄 사람을 구했고, 그랜트는 나더러 그곳에서 지내라고 제안했다. 상류층 동네에 있는 침실 세 개짜리 목조 주택이었다. 최근에 개조했고 주변에는 숲이 우거져 있어서 한동안 지내기에는 근사한 곳이었다. 게다가 돈이 한 푼도

고등학교를 졸업한 해인 1988년에 촬영한 사진.
5세 때부터 대학에 다닐 때까지 피아노를 연주했다.

들지 않았다.

나는 날마다 텅 빈 집에 홀로 들어갔다. 누군가 얘기를 나눌 친구가 필요했다. 교제할 사람이 필요했다. 침대에 홀로 누워 밤을 지내는 것은 확실히 내가 꿈꾼 삶의 모습은 아니었다.

나는 진료소 중앙에 있는 카운터로 가서 보조사에게 서류를 건넸다. 그녀는 오늘 오후에 약속이 잡힌 환자들을 진료하는 데 필요한 의료 도구들을 정리해 푸른색 의료 포장지에 담아서 내게 건넸다. 나는 우선 의료용 라텍스 장갑을 몇 벌 꺼내 주머니에 넣은 뒤 진료실로 향했다.

환자용 진료 의자 옆에 비닐을 씌운 철제 접시를 두고 거기에 치경과 치석제거기를 올려놓고 내 이름이 호명되기를 기다렸다. 환자들이 치과대학 학생병원에 도착하면 접수대에서 서류를 작성하고 접수원에게 부탁해 자신의 담당의를 호출한다. 내 환자들은 전에도 예정보다 늦게 도착했으므로 기다리는 일이라면 익숙했다. 지난 이틀간의 일들이 떠올랐다. 부모님 댁에 갔다가 게이라는 사실을 밝히고 쫓겨난 일, 그랜트에게 거절당한 일. 잠시 생각이 스쳐 가는데도 마치 주삿바늘에 찔린 것처럼 통증이 느껴졌다.

그랜트 집으로 이사해서 그와 함께 살 생각에 얼마나 신이 났던가. 내가 바보같이 느껴졌다. 그리고 외로웠다. 홀로 남겨지는 것만큼 끔찍한 것은 없었다. 나는 내가 알고 지내는 다른 모든 사람들처럼 평범하게 살고 싶었다. 사랑하는 사람을 만나 함께 인생을 꾸리고 싶었다. 그 꿈을 이룬 줄 알았는데, 모든 걸 처음부터 다시 시작해야 했다.

나는 외톨이로 남겨질까 봐 늘 두려웠다. 내가 남들과 다르다는 사실을 나는 일찌감치 알았다. 유년 시절 우리 부모님은 여름이면 아이오와 주에 사는 친구 분 댁으로 놀러 가셨다. 친구 분은 아버지와 대학 동기였고, 아이들은 내 또래였다. 우리는 풀장에서 수영을 하고 케이블 방송에서 영화를 보며 시간을 보냈다. 우리 집에는 없는 것들이었다. 그런데 아버지 친구 분이 침실 밑에 성인 잡지인 〈플레이보이 *Playboy*〉와 〈허슬러 *Hustler*〉를 감춰 두었다는 사실을 우리

부모님은 몰랐을 것이다. 아홉 살이었던 나는 그 집에서 이런 잡지를 처음 접했다.

누군가에게 들킬까 봐 조마조마하면서도 흥분되고 호기심이 생겼다. 그런데 내 눈을 사로잡은 것은 여자들이 아니고 남자들이었다. 너무 부끄럽고 혼란스러워 내가 이런 감정을 느꼈다는 사실을 아무에게도 말하지 못했다. 부모님께 야단맞고 아이들에게 놀림 받을 것이 두려웠다. 그 감정이 사라지기만을 바라고 또 바랐다. 하지만 사라지지 않았다.

나는 '평범한' 사람이 되기 위해 무진 애를 썼다. 많지는 않지만 여자 친구도 사귀었다. 하지만 번번이 퇴짜를 당했다. 고등학교 시절에 사귄 여자애는 스페인으로 이주하는 바람에 관계가 끝났다. 대학에서 만난 여자 친구는 나를 차 버리고 전 남자 친구에게 돌아갔다. 시카고에서 사귄 여자 친구는 그녀의 부모님이 나를 반대한다며 관계를 끝냈다. 거절의 상처만 깊어졌다. 내가 다른 남자들과 다르지 않음을 증명하고 정상인의 무리에 들어가는 열쇠와도 같은 만남이었기에 실연에 따르는 좌절감은 더욱 컸다. 하지만 남자들을 보며 느끼는 감정이 여자들에게는 생기지 않는다는 것을 내 마음 깊은 곳에서는 알고 있었다.

그래도 나는 내 성적 욕망이 바뀌기를 원했다. 내 욕망을 무시하려고도 했고, 억누르려고도 해 봤다. 여자들에게 더 관심을 품으려고 안간힘을 썼다. 하지만 어떤 방법도 소용이 없었다. 오랫동안 이 사실을 숨기며 혼자 속으로 괴로워한 끝에 남자에게 끌리는 내 욕망을 부정할 수 없음을 알았다. 나는 내 자신을 있는 그대로 받아들여야 했다.

　루이빌로 거처를 옮긴 뒤 나는 게이 클럽에 출입하기 시작했고, 바텐더 일을 했다. 어쩌다 보니 이중생활을 하고 있었다. 낮에는 치과대학 학생으로, 저녁에는 게이 클럽에서 인기 있는 바텐더로 활약했다. 내게는 그 생활이 자연스러웠다. 적어도 한동안은 그랬다.

- - -

　"크리스 위안. 크리스 위안. 접수창구로 와 주세요." 구내방송에서 들려오는 익숙한 목소리에 나는 다시 현실로 돌아왔다. 환자를 맞으려고 접수창구로 향했는데 환자는 보이지 않았다. 접수원에게 가서 물었다.

　"케이시. 나를 호출한 사람이 누구죠?"

　"제가 했어요." 그녀는 나를 쳐다보면서 서류를 뒤적였다. "어떤 아주머니가 당신을 찾아왔는데 병동 밖에서 기다리겠다고 당신에게 전해 달라고 했어요. 좀 이상했어요."

　"음, 알았어요. 고마워요."

　나는 계단을 내려와서 병동 밖으로 걸어 나왔다. 햇빛에 눈이 부셨으나 길가에 서 있는 한 여자가 보였다. 짧은 갈색 머리에 왜소한 체구의 여자였다. 내가 가까이 다가가자 여자가 돌아섰다.

　설마, 어머니?

"여기서 뭐하세요?" 나는 어리둥절해서 물었다.

"잘 지내니? 크리스토퍼." 어머니는 한 발짝 다가와서 나를 안으며 이렇게 말했다.

"내가 너를 사랑한다는 말을 전하고 싶어서 왔다. 무조건 널 사랑한다."

나는 한 걸음 물러서며 어머니한테서 벗어났다. 우리가 이렇게 다시 만나리라고는 전혀 예상치 못했다. 부모님께 내 비밀을 털어놓음으로써 나는 자유를 얻었다고 생각했다. 내게 자유란, 어머니가 전화를 걸거나 편지를 쓰거나 혹은 루이빌에 찾아와 내 생활을 엿보는 일에서 해방된다는 뜻이었다. 새롭게 찾은 자유가 벌써 내 손아귀에서 빠져나가는 느낌이었다.

어머니는 내게 최후통첩을 했던 사람이었다. 나를 집에서 내쫓은 사람이었다. 모든 것이 게이 친구들이 예상했던 대로 흘러가고 있었다. 이 순간이 오기 전까지는.

나는 어머니를 보며 웃으며 말했다. "그 말씀을 하려고 루이빌까지 오셨어요?"

어머니가 화를 내리라고 생각했는데 그러지 않으셨다. 심지어 다른 사람처럼 보였다. 콕 집어서 말할 수는 없지만 어딘가 달라 보였다. 버럭 화를 낼 사람처럼 보이지 않았다. 어머니는 평온해 보였다.

"크리스토퍼, 내가 너의 선택에 동의하지는 않아도 너를 사랑한다는 사실만은 꼭 알아 주기 바란다. 난 네 엄마고, 언제나 네 엄마로 네 곁에….”

“예, 예, 알았어요.” 나는 중간에 말을 끊고 시계를 들여다봤다. 내 선택이라니! 어머니는 아무 것도 모른다는 생각이 들었다. “이제 들어가 봐야 해요. 환자가 기다릴 거예요. 하실 말씀은 그게 전부죠?”

어머니는 이렇게 말했다. “응…. 그런 것 같아.”

나는 몸을 돌려 병동에 들어가려다가 걸음을 멈추고 물었다. “시카고에는 언제 돌아가실 거예요?” 나는 속으로 어머니가 곧 돌아갈 거라고 대답하기를 바랐다.

“나도 모르겠다. 아직 정한 게 없거든.”

평소와 달랐다. 어머니는 항상 모든 일을 계획했기에 다음에 무엇을 해야 할지도 꿰고 있었다. 어머니는 하나부터 열까지 통제하길 좋아했다. 그런데 지금 계획해 놓은 것이 없다는 말인가? 뭔가 이상한 일이 벌어지고 있었지만 거기에 신경 쓸 겨를이 없었다.

“마음대로 하세요.” 나는 혼잣말을 얼버무리고는 환자들을 진료하기 위해 계단을 올라 병동으로 돌아갔다. 어머니는 무슨 일로 오셨을까?

제5장
······

새로 태어나다

안젤라. 1993년 5월 18일

치 과대학병원을 벗어나는 발걸음이 한결 가벼웠다. 크리스토
퍼를 만나 마음에 담아 두었던 말을 건네고 나니 기분이 좋
았다. 고통스러웠던 커밍아웃 사건에도 불구하고 나는 아들의 얼굴
을 보며 사랑한다는 말을 할 수 있었다. 캄캄하고 기나긴 터널을 지
나고 마침내 내 인생에도 빛이 보이기 시작했다.

길모퉁이에 서서 신호등 불빛이 바뀌길 기다리는 동안 내 삶을 정
리하겠다는 계획을 접었다. 집으로 돌아가 남편을 대면할 자신은 아
직 없었지만, 참으로 오랜만에 아니, 어쩌면 난생처음으로 평온함을
느꼈다. 혼자서 마음을 정리할 시간이 필요했다. 앞으로 어떻게 할지
결정하려면 적잖은 시간이 걸릴지도 모른다.

근처 모텔에 들어가 방을 잡았다. 방으로 들어가려다가 내가 세면
도구조차 소지하고 있지 않다는 사실이 떠올랐다. 하기야 죽을 생각
을 하고 집에서 나온 마당에 그런 걸 챙겼을 리가 없었다. 가까운 편

의점에 가서 진열대를 돌아다니며 칫솔과 치약, 비누를 장바구니에 담았다. 크리스토퍼와 나눈 대화가 머릿속에서 맴돌았다. 그 아이는 헤어지며 "마음대로 하세요"라고 했다. 며칠 전이었으면 그런 공손치 못한 말투에 벌컥 화를 내고는 또 자책에 빠졌을 것이다. 하지만 지금은 괜찮았다. 기분이 좋은 것도 같다. 아들의 불량스런 태도에 예전처럼 휘둘릴 필요가 없다는 생각이 들었다.

나는 폴리 신부가 준 소책자에서 본 말씀을 다시 떠올렸다. 무조건적인 사랑을 베푸시는 하나님에 대해 더 알고 싶은 마음이 샘솟았다. 내 마음은 아주 오래전부터 메마르고 굶주렸다. 누군가에게 속한 삶을 살고 싶었다. 어쩌면 그 대상이 하나님일까? 나는 그분에 대해 더 알고 싶었지만 어디서 시작해야 하는지 몰랐다.

모텔에 돌아온 나는 소책자를 꺼내서 넘겨 보았다. 책자 뒤에 전화번호가 하나 적혀 있었다. 나는 침대에 걸터앉아 옆에 놓인 수화기를 들고 그 번호를 눌렀다. 만약 누군가 전화를 받으면 어떤 말을 꺼내야 할지 몰랐지만 일단 심호흡을 한 번하고 수화기를 귀에 댔다.

수화기 건너에서 들리는 남자 목소리는 친근하고 따뜻했다. 지난 이틀간의 사정을 얘기하는데 그간의 일이 생생하게 떠오르며 눈물이 쏟아졌다. 마음속에 담아 둔 말을 힘들게 쏟아 내고 나니 조금 위로가 되었다. 아픔도 함께 누그러진 듯했다.

내가 이야기를 마치자 그 남자가 말했다. "얼마나 힘드셨을지 잘 알고 있습니다. 이런 일을 겪는 사람이 사모님 한 분만이 아니라는 사실을 아셨으면 합니다. 하지만 사모님께서 아드님을 변화시킬 수 없다는 점을 인식해야 합니다."

눈물을 훔치던 나는 그 말을 듣고 온몸이 굳는 듯했다. 그 말을 받아들일 수 없었다. 어떻게든 내 아들을 고쳐 일을 바로 잡을 방도를 찾아낼 작정이었다.

"선생님, 저는….."

"이런 일은 부모로서 용납하기가 몹시 어려운 일이죠. 이런 일에 경험이 풍부하고 사모님께 도움이 될 만한 여성 한 분이 루이빌에 사는데 그분 전화번호를 드리지요." 나는 펜과 종이를 꺼내 들고 그가 불러 준 번호를 받아 적었다. 그리고 고맙다는 말을 하고 전화를 끊었다.

나는 다시 한 번 심호흡을 하고 다이얼을 돌렸다. 이 사람이 내게 필요한 해답을 갖고 있기를 바라면서. 전화를 받은 상대의 온화한 목소리는 내 마음을 저절로 열리게 만들었다. 그녀의 이름은 디 빙클리였다. 나는 그녀에게 내 사정을 간략히 얘기했다. 얘기를 듣자마자 그녀는 서슴없이 나를 자기 집으로 초대했다. 나는 모텔에서 나와 버스 정거장으로 향했다. 두 번인가 세 번인가 버스를 갈아타고 꽤 걸은 뒤에야 그녀의 집에 도착했다. 현관에 선 순간 두려움이 엄습했다. 나는 다음 단계로 나아갈 준비가 된 걸까?

벨을 누르기 전에 나는 잠시 망설였다. 현관 한쪽에 화분들이 놓여 있는데 나비 한 마리가 날아올라 내 앞을 지나 반대쪽으로 날아갔다. 망설이던 나는 결국 벨을 눌렀다. 앞으로 무슨 일이 생길지 궁금했다.

안쪽에서 발소리가 다가오더니 이내 손잡이가 돌아가고 문이 열렸다. 반짝이는 푸른색 눈동자를 가진 여인이 나를 맞았다. 키가 크고 아름다운 여인이 두 팔을 벌려 나를 반겼다. "안젤라." 그녀의 목소리는 부드럽고 다정했다. "반가워요. 전화 잘하셨어요. 이렇게 어려운 걸음을 해 주시다니 기뻐요."

문지방을 넘지도 않았는데 벌써 눈물이 났다. 누군가 나를 이렇게 반갑게 맞아 준 게 얼마만인지. 그녀는 잘 알지도 못하는 나를 따뜻하게 안아 주며 환영했다.

"들어오세요." 그녀의 목소리는 자상한 어머니처럼 상냥하고 편안했다. 집 안은 깔끔했고 라일락 향기가 났다. 어디선가 온화한 음악이 잔잔히 울려 퍼졌다. 따뜻한 색조로 장식이 된 거실에 들어서니 마치 집에 온 듯 아늑했다. 이 집에 처음 온 이방인이지만 사랑받는 느낌이 들었다.

"이리로 와서 앉으세요." 디가 소파를 가리키며 말했다. "저한테 당신 얘기를 해 주겠어요?"

아무 말도 나오지 않았다. 또다시 눈물이 쏟아졌다. 지난 며칠간 벌어진 일들이 머릿속에 떠오르자 눈물을 참기 힘들었다. 그녀의 진심 어린 관심과 따뜻함에 마음 문이 열리고 댐이 허물어지듯 온갖 감정이 터지고 말았다. 디는 내 어깨를 감싸고 토닥토닥 두드렸다. "괜찮아요. 마음 놓고 우세요." 내가 평정을 되찾자 그녀는 티슈 상자를 내게 건넸다.

내가 말문을 열 때까지 디는 가만히 앉아 기다렸다. 이따금 눈물이 솟구쳐 얘기가 끊겼지만 나는 그녀에게 남김없이 내 얘기를 들려주었다. 결혼 생활이 얼마나 망가졌으며 두 아들이 어떻게 부모의 뜻을 거역하였는지 얘기했다. 나는 인생에서 실패했고, 지금까지의 노고가 모두 물거품이 되는 것을 보면서 두려웠고 또 내 자신이 얼마나 혐오스러웠는지 그대로 얘기했다. 내 아들이 동성애자라고 선포한 그날 나는 자살할 생각이었다고 말했다. 디는 잠자코 내 말을 듣기만 했다.

그리고 폴리 신부가 준 소책자를 읽으면서 내가 어떤 위로를 받았는지 얘기했다. 하지만 거기에 담긴 뜻을 제대로 이해하지는 못했다고 말했다. 디는 내 말을 한마디도 놓치지 않으려는 듯 눈빛을 반짝이며 내 말에 귀를 기울였다. 그녀가 내 짐을 대신 져 주는 기분이 들었다. 그녀는 낯선 사람인 나를 자매처럼 대했다. 그녀는 내게 성경 읽기를 권했다. 내가 성경이 없다고 말하자 그녀는 인근에 있는 기독교 서점으로 나를 데려가 성경을 한 권 사 주었다.

그녀는 앞으로 일주일에 두어 번 지속적으로 만나자고 제안했다. 일종의 멘토가 되어 주겠다는 것이었다. 그녀는 그것을 일대일 양육이라 불렀고, 새로운 길을 나와 함께 걸어가겠노라 약속했다. 이 길이 나를 어디로 인도할지 알지 못했지만 적어도 나는 혼자가 아니었다.

디를 만나고 며칠이 지나서 나는 모텔에서 나와 켄터키 타워로 거

처를 옮겼다. 이곳은 모든 설비를 갖춘 아파트 형태의 숙박업소로 주 단위로 숙박료를 계산한다. 나는 루이빌에 좀 더 오래 머물 생각이었다. 내 안에서 중대한 변화가 일어나고 있었기 때문에 내 생활 기반인 시카고로 너무 일찍 내려가 그 불씨를 꺼뜨리고 싶지 않았다.

내가 어디에 머물고 있는지 남편에게 알리지는 않았다. 나를 찾을 생각도 없었을 테니까 전화가 없어도 개의치 않을 사람이었다. 레온을 생각하면 상처에 소금을 문지르는 것처럼 아프고 쓰렸다. 그러고 나면 또 가슴이 한없이 무너져 내렸다.

새로운 숙소에서 나는 새로운 일상에 정착했고, 디가 건네 준 책들을 읽어 나갔다. 나는 몇 시간이고 꼼짝 않고 앉아 책을 읽었다. 하나님에 대해 알고 싶은 욕구가 그만큼 강했다. 전에는 책을 한 시간만 들고 있어도 잠에 곯아떨어지기 일쑤였다. 사실 대학을 다닐 때도 남자 친구들에게 부탁해 과제물을 읽고 리포트를 쓰게 했을 정도다. 성경을 읽으면서 나는 내 자신에 대해 더 많은 것을 알게 되었다.

하나님을 알아 가는 일에 집중하다 보니 흥미롭게도 크리스토퍼를 변화시키려고 했던 초조함이 사라졌다. 아들을 변화시키기 이전에 내 삶을 위해 해야 할 일들이 무척 많다는 사실을 깨달았다. 내 인생에 두 번째 기회가 주어졌다는 사실에 가슴이 벅차올랐다. 40여 년 동안 내가 믿고 따랐던 모든 가치가 무너지고 새로운 인생을 만난 것이다.

- - -

루이빌에서 머물기로 한 첫 번째 주에 크리스토퍼에게 전화를 걸어 내가 묵고 있는 곳을 알려 주고 나중에 또 통화하자고 말했다. 며칠이 지났을까, 크리스토퍼가 학교에서 학사경고를 받았다는 소식을 전했다. 부학장이 그를 마음에 들어 하지 않아 일부러 그랬다고 하니 아이의 말대로라면 매우 부당한 처사였다.

루이빌에 도착한 뒤 처음 맞는 월요일, 나는 일을 바로잡을 작정으로 부학장을 찾아갔다. 부학장과 대화를 나누면 틀림없이 크리스토퍼 문제를 해결할 수 있을 것이었다. 크리스토퍼가 불량 학생으로 낙인찍히게 놔둘 수는 없었다.

"저는 크리스토퍼의 엄마 되는 안젤라 위안입니다." 비서에게 나를 소개했다. "존슨 부학장님 안에 계신가요?"

"지금 회의 중이신데요. 약속은 하셨나요?" 비서가 물었다.

"아뇨. 여기서 기다려도 될까요?"

그녀는 내게 접수창구 근처에서 기다리면 부학장이 돌아오는 대로 알려 주겠다고 말했다. 디가 영적 성장을 다룬 책의 두 챕터를 읽어 오라고 했던 터라 나는 가방에서 책을 꺼내 모서리가 접힌 곳을 찾아 책장을 넘겼다. 나는 자투리 시간을 최대한 활용하려고 자리를 잡고 앉아 책을 읽기 시작했다. 그때 낯선 낱말이 하나 눈에 띄었다. '때까치주의(shrikism)'였다. 때까치주의는 존 샌드포드와 폴라 샌드포드가 쓴《상한 영의 치유 Healing the Wounded Spirit》(Victory, 1985, pp.241~270)에서 사용한 표현이다.

이 책에 따르면, 때까치는 먹이를 잡으면 바로 먹지 않고 그것을

52

갈기갈기 찢어서 뾰족한 가지에 꽂아 두는 습성이 있다고 한다.

기독교 서적치고는 꽤 잔혹한 이야기를 한다고 생각했다. 자신만 의롭다고 여기며 다른 사람들은 모두 부도덕한 동기에 따라 행동한다고 믿는 사람들을 가리켜 저자는 '때까치형 인간'이라고 명명했다. 요컨대 '나는 항상 옳고 너는 항상 틀리다'라고 믿는 사람이다.

나는 자세를 고쳐 앉았다. '나는 올바르게 살았어. 그게 좋은 것 아닌가? 올바르게 사는 게 맞는 거잖아?'

그 책의 저자는 때까치형 인간의 의로움은 다른 사람들을 공격하기도 한다고 설명했다. 때까치의 습성처럼 뭔가를 갈기갈기 찢어 놓는다는 것이다. 나는 생각에 잠겼다. 내가 옳고 다른 사람들이 틀렸다고 힘주어 주장했던 때를 되돌아보았다. 물론 당시에는 옳고 그름이 분명해 보였지만, 지금 이 책을 읽고 다시 생각해 보니 내 행동이 때까치와 크게 다르지 않은 듯했다.

'사실, 지금 하려는 행동도 그렇지. 내 아들에게 똑바로 하라고 요구하려는 것이잖아.'

자신의 의로움을 내세우는 태도야말로 하나님의 사랑을 이해하는 데 가장 큰 걸림돌이라고 저자는 설명했다. 내가 어떤 사람인지 분명히 보이기 시작했다. 나는 때까치처럼 내 의로움만 앞세워 부학장실을 찾은 것이다. 나는 그가 틀렸고 내가 옳다는 사실을 보여 줄 태세가 되어 있었다. 그들이 바라는 대로 놔두지 않고 내 뜻대로 일을 주도할 생각이었다. 그 순간 지금까지 한 번도 보지 못했던 내 실체를 여실히 확인했다. 나는 죄인이었다. 크리스토퍼나 다른 사람보다 하나도 나을 게 없는 사람이었다. 나의 사악함을 깨닫고 나니 섬뜩했다. 하지만 내가 어떤 병인지 깨달았으니 치유법도 알아낼 수 있을 터였다. 지난 며칠간 내가 읽은 내용이 모두 이해가 되었다. 나는 스스로 의롭다고 여기는 때까지형 인간이었고, 죄인이었다.

나는 책을 덮고 자리에서 일어났다. 부학장을 만나고 싶은 생각이 싹 사라졌다. 그 자리에서 한시라도 빨리 벗어나고 싶었다. 책을 가방에 집어넣고 나는 조용히 문 쪽으로 걸어갔다.

엘리베이터를 타려면 부학장실을 지나쳐야 했는데 너무 부끄러워서 부학장이나 그의 비서 얼굴을 볼 수가 없었다. 나는 숨을 죽이고 몰래 계단 입구로 가서 까치걸음으로 잽싸게 계단을 내려왔다. 도중에 누구랑 마주치면 어떡하나 하는 생각에 심장이 방망이질 쳤다.

건물을 나오면서 내 죄의 무게를 더욱 실감했다. 하지만 놀랍게도 한편으로는 해방감을 느꼈다. 나는 죄인이지만 그럼에도 하나님의 사랑을 받고 있다는 확신이 들었다. 내 안에 생명의 기운이 솟구쳤다.

문을 밀어젖히고 밖으로 나와 심호흡을 한 번 했다. 아름답고 화창한 날이었다. 나는 깡충깡충 뛰다시피 거리를 걸었다. 내가 흠투성이라는 깨달음을 얻고 나니 기쁨이 몰려왔다. 내게는 정답이 없었고, 앞으로도 그럴 것이다. 하지만 상관없다. 완벽할 필요가 없었다. 하늘에 계신 아버지는 그래도 나를 사랑하시기 때문이다. "나는 죄인입니다! 나는 죄인입니다!"라고 크게 소리치고 싶은 마음이 굴뚝같았다.

제6장

나를 바꾸려고 하지 마세요!

크리스토퍼, 1993년 5월 26일

오월의 어느 따스한 오후, 나는 어머니와 점심을 함께하기 위해 루이빌 시내 5번가를 향해 길을 재촉했다. 어머니는 켄터키 타워로 거처를 옮겼다. 무하마드 알리 거리에 들어서자 검은색 차양이 드리운 짙은 벽돌색 건물이 눈에 들어왔다. 입구에 도착하니 약간 숨이 가빴다. 문을 열고 비좁은 로비에 들어서니 먼지 냄새가 나고 얼굴에선 땀방울이 흘러내렸다.

실내가 어둑해서 눈이 적응하는 데 시간이 좀 걸렸다. 건물은 낡고, 바닥과 벽은 온통 검은색이었다. 싸구려 양복 차림의 키가 큰 경비원이 카운터 뒤에 서 있었다.

"안젤라 위안 부인을 찾아왔습니다."

그는 방명록에 내 서명을 받고는 뒤쪽의 엘리베이터 로비를 가리켰다. 어머니가 묵고 있는 층으로 가기 위해 비좁은 구식 엘리베이터에 들어선 순간 마치 과거로 돌아가는 타임머신을 탄 기분이었다.

"잘 왔어, 크리스토퍼. 배고프지?" 어머니는 문을 열고 새로운 거처로 나를 안내했다. 근사한 데라고는 한 군데도 찾아볼 수 없는 곳이었다. 카펫은 곳곳이 헤어졌고 가구들도 낡았다. 나는 조그만 아파트를 둘러보았다. 어머니는 집에서 거의 아무것도 가져오지 않았다. 주방 싱크대에 몇 가지 찬거리가 보이고, 작은 식탁에는 샌드위치와 음료수가 놓여 있었다. 그리고 여기저기에 책들이 흩어져 있었다. 어머니가 이제껏 본 적 없는 옷을 입고 계신 것이 그제야 눈에 들어왔다.

"엄마, 그 옷은 어디서 난 거예요?"

"어? 이거…. 근처 구세군회관에서 얻었지. 집에서 옷을 하나도 안 가져왔거든." 어머니는 식탁으로 걸어가며 미소를 지었다. "밥 먹자. 넌 바쁘잖아. 배도 고플 테고."

우리는 함께 작은 식탁에 앉았고, 나는 샌드위치를 집어 들었다. 내가 막 한 입 베어 먹으려 하는데 어머니가 말했다. "식사하기 전에 우리 기도할까?"

기도라고? 어머니는 이제껏 식전 기도를 하신 적이 없었다. 뭐라고 대답을 해야 할까 망설이는 사이 어머니는 내 손을 잡고 우리가 함께하는 이 시간에 축복을 내려 달라고 하나님께 기도했다.

"아멘." 어머니는 고개를 들고 미소를 지어 보였다. "너는 치즈와 버터가 녹아들 수 있게 빵을 굽는 걸 좋아하지. 샌드위치가 네 입맛에 맞았으면 좋겠다."

"예…. 맞아요." 나는 한입 베어 물며 말했다. 식탁 주변에 놓인 책 더미가 눈에 들어왔다. 근처에는 노트 한 권과 펜이 놓여 있었고, 책 제목들은 내가 한 번도 접한 적이 없는 것들이었다. 모두 영혼이나 종교에 관한 책들로 보였다. 맨 위에는 검은색 가죽으로 감싸인 두툼한 책이 한 권 놓여 있었다.

"엄마, 저거 성경이에요?"

어머니는 나를 바라보았다. "응." 살짝 주저하는 모습이었다.

나는 어안이 벙벙해서 어머니를 다시 쳐다보았다.

"요새 만나는 아주머니가 한 분 있는데 그분이 기독교인이야…" 하고 어머니는 말끝을 흐렸다.

무슨 영문일까? 내게 잘 보이려고 이러시나, 아니면 모범을 보이고 싶어서 이러시나? 내가 미리 알았으면 그런 이유로 '종교에 의지하는 것'은 별로 좋은 방법이 아니라고 말씀 드렸을 것이다.

방 안을 둘러보다가 이상한 물건들이 눈에 띄어 깜짝 놀랐다. 창문턱에 십자가 모양으로 묶인 두 개의 잔가지가 놓여 있었다. 창문 아래쪽 바닥에는 작은 베개가 하나 있고 그 옆에는 티슈 상자가 놓여 있었다. 그리고 그 옆에 "기도문"이라고 적힌 노트가 있었다. 노트 위에는 "하나님이 세상을 이토록 사랑하사"라고 적힌 책갈피가 놓여 있었다. 그러고 보니 어머니는 십자가 목걸이를 걸고 있었다.

대체 무슨 일이 일어난 걸까? 어머니는 기독교인이나 종교라면 위선적이라고 질색하는 분이었다. 그런 어머니가 기독교인이 된다는 것은 나로서는 상상조차 할 수 없는 일이었다. 시카고의 동네 사람들은 우스갯소리로 눈앞에 예수가 직접 나타나도 어머니는 믿지 않을 거라고도 했다. 눈에 보이는 것들마다 너무 이상했다. 나는 자리에서 일어나 황급히 떠날 준비를 했다.

"무슨 일이야? 크리스토퍼?"

"아무것도 아니에요, 엄마. 가 봐야 해서요."

"샌드위치 다 먹고 가야지? 아직 제대로 먹지도 않았잖니."

"아니… 아니에요. 서둘러 가 봐야 해요. 학교에 늦을 것 같아요. 나중에 또 봬요. 괜찮죠?"

"크리스토퍼, 잠깐만. 떠나기 전에 너를 위해 내가 기도해도 될까?"

"그건… 엄마 혼자 해도 되잖아요. 안녕히 계세요."

나는 복도를 지나 엘리베이터가 있는 곳으로 왔다. 1층에 내려가기 위해 버튼을 누르는 중에도 어머니에게 뭔가 괴상한 일이 일어나고 있다는 생각을 떨칠 수가 없었다. 무슨 일인지는 몰라도 어쨌든 영 마음에 들지 않았다.

- - -

몇 주 뒤에 나는 어머니를 모시고 잘 알지도 못하는 루이빌의 어떤 동네로 차를 몰았다. '내가 어쩌자고 같이 나선 걸까.' 나는 속으로 후회했다. 주차를 하고 어머니와 나는 인도로 걸어 나왔다. 길가에 나무들이 즐비한 한적한 고급 주택가였다. 땅거미가 져서 가로등이 환하게 거리를 비춰 주었다. 우리는 해군에서 은퇴하고 법조계에 몸담고 있는 존 제퍼슨 대령을 만나러 가는 길이었다. 어머니는 그가 동성애에 대해 '박식하다'고 했다. 난 그를 만나 보겠다고는 했지만 겁이 났다.

우리는 그가 있는 곳에 도착해 육중한 현관문을 열고 안으로 들어갔다. 대령은 우리를 기다리고 있었다. 매력적인 미소로 우리를 맞는 대령은 키가 훤칠하게 컸고, 탄탄한 몸매에 세련미가 넘쳤다. 그는 몸에 잘 맞는 양복에 밝은 빨강색 넥타이 차림이었다. 그리고 한 가지, 그의 사무실은 정말 특별했다. 사무실 인테리어는 흠 잡을 데가 없었다. 적갈색 마호가니 원목에 남북전쟁 시절에 제작된 고풍스런 가구하며 천장부터 바닥까지 이어진 6미터가량 높이의 책장과 장식장이 나란히 놓여 있었다. 벽에 걸린 고급스러운 액자 안에는 푸른 눈동자에 아름다운 금발을 지닌 가족들이 훌륭한 혈통의 골든 리트리버와 함께 찍은 사진이 들어 있었다. 그 옆으로 법률 서적, 성경, 조지 워싱턴의 흉상, 미국 국기 등이 진열되어 있었다. 인테리어를 담당한 사람이 누구인지 내심 궁금했다.

그는 우리에게 자리를 권한 뒤 자기 의자에 몸을 기대어 앉았다. 그는 어머니를 향해 미소를 지어 보이고 나서 나를 보며 이렇게 말했다. "크리스토퍼 군. 어머니께서 자네가 최근에 내린… 결정에 대해 말씀해 주셨네."

속에서 열이 치밀어 올랐지만 감정을 드러내지는 않았다.

"자네가 이 문제를 샅샅이 살펴보았는지 모르겠군. 어머니 말씀으로는 자네가 해병대 출신이라더군. 그래서 하는 말인데, 해병 대 해병으로서 내가 한 가지 얘기해도 되겠나? 흠, 자넨 게이들의… 생활양식에 관한 통계를 알고 있나?"

나는 심호흡을 했다. 예의바른 태도로 대화를 경청하기 위해서는 정신을 바짝 차려야 했다. "그게 뭔가요?"

"한 가지 분명한 것은 게이들은 일반인에 비해 수명이 훨씬 짧아." 그는 우리 어머니를 바라보았다. "이것은 명망 높은 과학자들이 입증한 사실이지."

명망 높은 과학자들? 농담도 심하시네. 동성애에 대해 박식하다는 게 이런 뜻인가? 게이가 다른 사람들보다 일찍 죽는다는 걸 '입증'하려고 통계 자료를 왜곡하는 과학자들이 훌륭하다고? 자신의 성적 지향이 알려지길 원치 않는 게이들이 많고 자신이 게이라는 사실을 아예 부정하고 있는 터에 무슨 수로 대표성을 확보하고, 편향에서 벗어난 표본을 수집한다는 말인가? 이런 연구는 대부분 에이즈로 사망한 게이들에게서 수집한 자료들을 토대로 했다. 평범한 게이들에 관한 얘기도 함께하는 게 어떤가?

그는 계속해서 얘기를 이어갔다. "또 어떤 연구 결과에 따르면 게이들은 대부분 18세 이하 미성년자를 상대로 성관계를 했다고 하네."

진심이세요? 그만하시죠! 내 게이 친구들 중에 십 대 청소년들과 잠자리를 하는 애들은 아무도 없다. 미성년자들과 성관계 경험이 있다고 응답한 사람들에게 그 시점이 언제인지 밝히도록 했다면, 당

사자 역시 대개는 십 대였을 것이다. 그렇게 따지면 이성애자들에게
도 똑같은 설문으로 조사를 한 적이 있는지 궁금했다.

"게다가 하나님은 이런 행위를 비정상적이라고 말씀하시지. 자연
스럽지 않은 일이야. 이 책에 그렇게 쓰여 있어. 성경에 말이야. 삶에
대한 모든 해답을 성경에서 찾을 수 있다네."

대령은 화룡점정 격으로 마지막 한방을 날렸다. "정상인으로 전환
하는 것이 가능하다는 사실을 알고 있나?"

이 사람은 내가 노력하지 않았다고 생각하는 걸까? 정말로 내가
이런 식으로 살고 싶어 한다고 생각하는 거야? 나는 오랫동안 여
자에게 호감을 느끼려고 갖은 방법을 다 썼다. 하나님께 기도도 해
봤다. 하지만 하나님께 드린 간청도, 내가 동원한 그 어떤 방법도 나
를 바꾸지는 못했다. 나는 이렇게 생겨 먹었다. 중국인으로 태어났듯
이, 나는 게이로 태어났다. 하나님이 나를 이렇게 만드신 것이다.

백방으로 노력했지만 나를 바꿀 수 없었고, 하나님도 나를 바꿔
달라는 기도에 답하지 않으셨다. 나는 절대 평범한 사람이 될 수 없
었다. 어째서 제퍼슨 대령 같은 사람들은 이 사실을 깨닫지 못하는
걸까?

우리가 왜 이런 대화를 나누고 있는지 곰곰이 생각했다. 결국 대
령은 이 엉터리 통계 자료와 조악한 연구 결과를 내게 거듭 강조함
으로써 내가 겁을 먹고 이성애자가 되도록 만들려는 것이었다. 그는
내가 이렇게 답하기를 기대했을 것이다. "대령님 말씀이 백번 옳아

요. 게이가 되면 안 되는 거군요! 그렇게 나쁜 건 줄 몰랐어요. 게이로 살면 저렇게 처참하게 살다 단명하게 되는군요. 이제 정상인으로 살아야겠어요. 어머니께서 저를 이곳에 데려와 줘서 정말 다행이에요. 이제 돌아가면 아내를 얻고 아이를 낳아 정상적인 가정을 꾸려야겠어요!"

하고 싶은 말은 태산 같았지만 목구멍 끝에 걸려 넘어오지 않았다. 그의 비뚤어진 사고와 오류투성이 논리, 일관되지 못한 연구 결과를 반박하기 위한 자료는 얼마든지 많았다. 하지만 솔직히 그렇게 수고할 만한 가치가 있을까 싶었다.

그래서 난 그가 하는 말을 그냥 흘려듣기로 마음먹었다. 그는 종교에 대해, 변화 가능성에 대해, 또 나를 도와줄 만한 상담사에 대해 쓸데없는 소리를 늘어놓았다. 얼마 있다가 어머니는 대령에게 시간을 내어 준 것에 감사 인사를 했다. 나는 대령과 악수도 하지 않은 채 사무실에서 나왔다. 이곳에 오겠다고 허락한 내 자신을 탓하면서. 바보 같으니.

차로 돌아오면서 어머니는 대령이 소개해 준 상담사를 만나 볼 의향이 있는지 물었다. 나는 어머니를 바라보고 말했다. "아뇨. 어머니께서 만나 보는 게 어때요? 정신과 상담이 필요한 사람은 어머니지 제가 아니에요. 게다가 저를 바꾸려고 루이빌에 오신 거라면 시간 낭비하고 계신 거예요." 나는 차에 들어가 쾅 하고 문을 닫았다.

- - -

62

어머니가 루이빌에 머문 지 한 달 하고도 보름 남짓 되었을까, 아버지와 형이 어머니를 모시러 왔다. 어머니는 집에 가기 전에 한 시간 반가량 떨어진 렉싱턴에 있는 애즈베리대학에서 열리는 기독교 집회에 가고 싶어 했다. 결과적으로는 가족 모두가 그 행사에 참여했다. 나는 지금도 어떻게 어머니가 우리를 그 집회에 끌어들였는지 이해가 안 간다. 어머니에게는 사람을 설득하는 능력이 있는 것 같다.

집회에 참가하려고 등록 테이블로 갔는데 거기 모인 사람들이 좀 이상했다. 그러면서도 너무나 익숙했다. 남자들은 유난히 옷을 잘 차려 입고 과도하게 친절했으며, 여자들은 짧은 머리에 청바지를 입고 테니스화를 신었다. 그제야 어떻게 돌아가는 판인지 감이 왔다. 이 집회는 대령이 언급했던 사람들, 그러니까 동성애자에서 이성애자로 돌아온 사람들을 위한 모임이었다. 어머니가 나를 이곳에 끌고 온 이유가 있었던 것이다. 몇 주 전에 나는 어머니에게 성소수자 부모와 가족, 친구들을 위한 모임에 가 볼 것을 제안했지만 어머니는 한 번도 가지 않았다. 그 대신 어머니는 우리를 이곳에 끌고 왔다. 나는 등록 테이블 너머에 걸려 있는 표어를 보았다. 거기에는 "엑소더스"(탈출, 혹은 성경의 출애굽기를 가리키는 말이기도 하다 —옮긴이)라고 쓰여 있었다.

우리는 각각 명찰을 받고 강당으로 안내를 받아 들어갔다. 우리 가족은 모여 있는 무리와 좀 떨어져서 발코니 쪽에 자리를 잡고 앉왔다. 음악과 함께 집회가 시작되었다. 앞에 나온 기타 연주자가 첫 번째 마디를 연주했을 뿐인데 어머니는 눈물을 떨구기 시작했다. 그저 눈물만 흘린 게 아니라 온몸을 비틀며 오열을 했다. 감정을 주체하지 못하고 쏟아 내는 어머니를 보니 몹시 당혹스러웠다. 강사가 강연을 하는 동안에도 어머니는 그렇게 내내 눈물을 흘리셨다. 다른 사람들의 시야에서 벗어난 곳에 자리를 잡은 것이 그나마 다행이었다. 나는 한시라도 빨리 그 자리를 뜨고 싶어 미칠 지경이었다.

하지만 이 강연회가 끝나고 나자 어머니는 부모를 위한 워크숍에도 참석하겠다고 했다. 그래서 형과 나는 하는 수 없이 '동성애 감정'을 제어하는 방법을 다루는 워크숍에 참석했다. 강의실을 둘러보니 남자들이 서로 포옹하며 환담을 나누고 있었다. 루이빌의 게이 동네인 하이랜드에 와 있는 착각이 들었다. 형과 내가 뒤쪽 책상에 앉아 있는데 유난히 화려하게 꾸민 남자가 성큼성큼 들어오더니 "남자에게 끌리는 법을 배우는 워크숍이 여기인가요?" 하고 소리쳤다. 그러자 다른 남자들이 소리 내어 웃으며 그에게 어서 들어와 앉으라고 손짓을 했다. 게이가 이른바 '치유를 받으면' 이렇게 되는 거야? 이 강의실에 있는 남자들은 브로드웨이 뮤지컬에 등장하는 게이보다 훨씬 더 게이 같았다.

내가 아는 진짜 게이들은 이성애자인 것처럼 가장하지 않았다. 내 게이 친구들 중에는 이 강의실의 사내들처럼 이성애자인 척하면서 여성적으로 보이는 녀석들이 하나도 없었다.

"언니들이 왜 이렇게 많아." 나는 혼자 중얼거렸다. 나는 절대 이런 짓은 할 수 없었다. 자신의 정체성을 부정하는 이런 짓 말이다. 저들은 자기 자신을 속이고 있을 뿐이야. 아마도 어머니는 내가 바뀌기를 바라는 마음에 이곳에 데려왔을 테다. 하지만 이곳에서 나는 내 정체성, 곧 나는 게이라는 사실을 더 확실히 확인했을 뿐이다. 나는 어머니가 곧 시카고로 가시면 내 삶을 간섭하지 못할 거라는 생각으로 이날 하루를 버텼다.

제7장

걸음마

안젤라. 1993년 6월 29일

시카고로 돌아가는 여정은 6주 전 루이빌에 갈 때와는 사뭇 달랐다. 마치 평생을 떠나 있다가 다시 돌아가는 기분이었다. 기차에 몸을 싣고 시카고를 떠났던 그 여인과 지금 돌아가는 여인은 다른 사람이었다. 이토록 짧은 시간에 그렇게 많은 것이 바뀔 수 있다는 게 놀라웠다.

엑소더스 집회를 마친 뒤 크리스토퍼를 루이빌에 내려 주고 우리는 그 길로 집으로 내려왔다. 시카고로 내려가는 7시간 내내 대화는 거의 없었다. 내가 6주나 집을 비웠는데 레온과 스티븐이 무슨 생각을 하는지 궁금했다. 전에도 집을 나간 적이 있지만 이렇게 오래도록 집을 비운 적은 없었다. 또 내 인생에 이렇게 급격한 변화가 생긴 것도 처음이었다.

65번 도로를 달리는 동안 나는 차창에 머리를 기대었다. 사방으로 너른 들판이 펼쳐져 있었다. 몇 시간 내내 눈에 보이는 것이라고는 광활한 평지뿐이었다. 간혹 농가가 한두 채 눈에 띄었는데, 세속에서 벗어나 안전하고 견고해 보였다.

지난 6주 동안 내 삶은 저 농가처럼 단순하고 고요했다. 집안 살림과 치과 운영, 임대 건물 관리라는 일상에서 완전히 떠나 있었다. 아무 것도 신경 쓸 일 없이, 그리스도 안에서 누리는 새 삶에만 오롯이 집중할 수 있었다. 땅거미가 지고 어두워질수록 이제 막 알아가는 새 삶의 기쁨에서 영영 멀어지는 것만 같았다. 레온의 얼굴을 바라보니 집에 돌아가는 것이 두려웠다. 또다시 언쟁을 벌이고, 상처받고, 다른 사람들에게 내 가치를 끊임없이 입증하면서 살아가는 예전의 생활을 반복하기는 싫었다.

다시 레온과 함께 살아갈 수 있을지 확신이 서지 않았다. 레온은 외동아들이라서 부모와 누나들이 떠받들다시피 하며 길렀다. 그의 부모님은 아들이 잘못을 해도 타이르지도 않고 제대로 훈육하지도 않았다. 그래서인지 레온은 자기랑 언쟁을 벌이는 것은 무조건 잘못된 일이고 피해야 할 일이라고 생각했다. 하지만 나는 사람이 서로 대립하는 것은 지극히 정상적인 일이고 인생에서 꼭 필요한 요소라고 생각했다. 건전한 논쟁을 벌이지 않고 어떻게 친밀한 관계를 다질 수 있는가 말이다.

우리 집 차고에 도착했다. 상처뿐인 예전의 그 생활이 나를 기다리고 있었다. 서로 거절하고, 외면하고, 불편한 침묵으로 일관하는 삶이 반복될 터이다.

큰아들 스티븐은 가방을 챙겨 자기 아파트로 돌아갔다. 나는 두 눈을 꼭 감고 두 손으로 안전벨트를 부여잡았다. 레온은 가방을 꺼내고 트렁크 문을 닫았다.

"지금 들어갈 거야?" 레온이 물었다.

"아니." 나는 작은 소리로 중얼거렸다. 그는 집 안으로 들어갔고, 나는 안전벨트도 풀지 않은 채 자동차에 그대로 앉아 있었다. 여기 이대로 영원히 머물 수 있으면 좋겠다, 라고 생각하면서.

자동차 엔진이 식으면서 이따금 들리는 쇳소리를 제외하면 차고는 무덤처럼 고요했다. 차고의 불빛은 흐릿했지만 익숙한 집 안 풍경이 눈에 들어왔다. 먼 여행에서 돌아온 보통 사람들에게는 편안한 안식처가 되겠지만, 내게는 목숨을 끊기로 결심했던 몇 주 전의 삶을 상기시키는 장소였다.

레온은 잠자리에 들었을 테다. 내가 아직 차에 있다는 사실이 그에게는 아무 문제가 되지 않는 듯했다. 진즉 잠에 곯아떨어졌을지도 모른다.

왼쪽에는 집 안으로 들어가는 문이 있었다. 그리고 내 뒤에는 바깥세상으로 난 문, 자유로 통하는 문이 있었다. 물론 내가 이끌리는 쪽은 세상으로 난 문이었다.

이곳을 그냥 떠나 버릴까? 하나님은 내가 여기에 있기를 원하시는가? 이런 결혼 생활, 이런 인생을 살며 고통을 감당해야 하는가? 나는 갈림길에 서 있었다. 여기 남아야 하나 아니면 떠나야 하나? 둘

중에 어느 길이 더 편한지 눈에 보였다. 그러나 둘 중에 어느 길을 선택해야 하는지도 눈에 보였다. 하지만 내게 그 길을 헤쳐 나갈 힘이 있을까?

자동차 엔진에서 나는 쇳소리는 여전했다. 차고 어디선가 귀뚜라미 울음소리도 들렸다. 차고의 전등이 꺼졌을 때부터 나는 안전벨트를 붙들고 어둠 속에 앉아 있었다. 어느 길을 선택해야 할까, 그 선택의 무게에 짓눌려 가슴이 답답했다. 그러다가 까무룩 잠이 들고 말았다. 안전벨트를 붙잡고 있던 손에 힘이 빠지면서 두 손이 무릎 위로 털썩 떨어졌다.

– – –

아침 햇살이 차고의 문틈을 통해 들어왔다. 길거리에서 자동차들이 오가는 소리가 들렸다. 바깥세상은 이미 깨어나 하루를 시작하고 있었다. 따뜻한 기운이 차고에 퍼지는 게 느껴졌다. 그때 루이빌에서 암송한 성서 구절이 떠올랐다. "이것들이 아침마다 새로우니 주의 성실하심이 크시도소이다"(예레미야애가 3장 23절). 그래, 이날 아침도 마찬가지였다. 내 인생은 끝난 게 아니라 이제 막 시작됐다.

나는 심호흡을 하고 문고리를 잡았다. 그리고 기도했다. "주님, 이 새날을 맞이할 힘을 주소서. 이 가족 안에서 제가 그리스도의 빛이 되게 도와주세요." 나는 차에서 나와 집으로 들어갔다.

낯익은 주방에 들어섰지만 그 자리에 서 있는 게 어색했다. 방금 수술을 마친 듯, 머리부터 발끝까지 온몸이 붕대로 칭칭 감겨 있는 기분이었다. 상처가 모두 아물려면 시간이 필요했다. 고통스런 기억이 너무 생생했기 때문에 아직 세상을 직면할 상태는 아니었다. 내게는 안전한 장소, 지성소가 필요했다.

안방으로 들어가는데 안방 욕실에 있는 1.2m×1.8m 크기의 샤워실이 눈에 들어왔다. 큼직한 타일로 마감처리가 되어 있고 뒤쪽에는 붙박이 의자가 설치되어 있었다. 의자 위쪽으로는 벽면에 움푹 들어간 공간이 있어 샴푸와 비누를 올려놓을 수 있었다. 집을 지은 지 채 일 년도 안 되었고, 손님용 욕실을 이용하느라 아직 안방 샤워실은 쓴 적이 없었다. 이 샤워실을 보자 한 가지 좋은 생각이 떠올랐다.

나는 여행 가방을 뒤져 내가 직접 만든 십자가를 찾아냈다. 루이빌에 있을 때 저녁에 길을 걷다가 나뭇가지 두 개를 발견하고 그것들을 끈으로 엮어 만든 십자가였다. 십자가 크기가 움푹 들어간 벽면 공간에 딱 맞았다. 나는 성경을 꺼내 의자 위에 올려 두었다. 또 작은 베개를 찾아 샤워실 바닥에 놓았다. 천장에 달린 전등 불빛이 은은하게 샤워실을 비췄다. 나는 의자 앞에 무릎을 꿇었다. 내가 무릎 꿇고 기도할 수 있는 새로운 처소를 찾은 것이다. 십자가를 올려다보며 감사의 기도를 올리자 모든 일이 잘 풀릴 것 같은 평온함이 찾아들었다.

나는 성경을 펼쳐 읽으면서 아침마다 제일 먼저 이 의식을 거행하기로 결심했다. 어떤 날을 만나든지 하나님과 나만의 이 공간에서 기도를 올리는 것으로 하루 일과를 시작할 것이다. 이곳은 나만의

지성소다. 내게 필요한 것을 정확히 알고 계시는 하나님께서 우리 집에 이 작은 천국을 예비하셨다. 기도를 하는 동안 새날을 헤쳐 나갈 기운을 넘치도록 부어 주시는 듯한 기분이 들었다.

－－－

7월의 어느 따스한 아침이었다. 기도실에서 무릎을 꿇고 성경을 읽는데 루이빌에 있는 디에게 전화가 왔다. 시카고에 거주하는 아들 집에 가는데, 마침 우리 집에서 멀지 않은 곳이라 남편과 함께 우리 집에 묵어도 되는지 물었다. 나는 한 치도 망설이지 않고 그녀를 초대했다. 디의 얼굴을 볼 생각을 하니 신바람이 났다.

디가 남편과 함께 우리 집에 왔다. 나는 디와 포옹을 나누고 그들을 레온에게 소개했다. 레온은 평소처럼 손님들을 따뜻하게 맞이했지만, 동시에 걱정스런 눈빛이었다. 우리는 1층에 있는 치과와 2층에 있는 집을 두루 소개하고, 그들이 묵을 크리스토퍼의 방으로 안내했다.

그들이 짐을 푼 뒤에 나는 디에게 내 기도실을 보여 주었다. 주로 사용하는 영어 성경과 중국어 성경 외에 나는 몇 가지 다른 번역본도 추가로 구입했다. 성경책은 모두 기도실로 사용하고 있는 샤워실 의자에 놓여 있었다. 성경 옆에는 연필꽂이를 두고 색상별로 여러 개의 펜과 형광펜을 꽂아 놓았다. 타일 벽면에는 기도 제목을 적은 접착식 메모지가 빽빽하게 붙어 있었다. 처음 구입해 쓰던 스프링노트는 이미 다 썼고, 그 위에는 새로 구입한 노트가 놓여 있는데 그것

역시 다 써 가는 중이었다.

나는 디에게 집에 돌아온 후로 한 친구를 만났는데, 그녀와 함께 성경도 공부하고 양육을 받고 있노라고 얘기했다. 이 친구는 나를 성경 공부반에 초대했지만 나는 아직 사람들을 만날 마음의 준비가 안 되었다. 그 단계까지 나아가려면 시간이 필요했다.

"주일에 우리와 함께 교회에 나가지 않을래요?" 디가 말했다. "걸음마 단계 아시죠." 사실 나는 이미 두어 달을 기독교인으로 살면서도 아직 교회에 나가지는 않았다.

"아녜요." 내가 대답했다. "저는 아직도 두려워요. 아직 교회에 나가 사람들과 어울릴 준비가 안 되었어요."

"교회는 사람을 만나는 곳이 아니에요, 안젤라. 하나님을 예배하는 곳이죠."

"하지만 너무 불안해요. 사람들 얼굴을 볼 수 있을지 모르겠어요. 혹시라도 제가 아는 사람들을 만나면 어떻게 해요? 내 결혼 생활이나 크리스토퍼에게 무슨 일이 있는지 설명하고 싶지 않아요. 나를 아는 사람들은 나한테 무슨 일이 일어났는지 금방 눈치 챌 거예요."

"당신이 아는 사람을 만날 일은 없을 거예요." 디가 말했다. "아무도 당신 속마음을 꿰뚫어 보지는 못해요. 그리고 내가 곁에서 난처한 일이 생기지 않도록 하겠어요. 우리는 하나님을 예배하고 그분의 말씀을 들으러 가는 거예요. 교회에 가면 하나님께서 은혜를 내려 주실 거예요. 아니, 반드시 내려 주십니다. 우리와 함께 가요. 네?"

나는 결국 고집을 꺾고 함께 가기로 승낙했다. 이제 그들은 레온을 설득해야 했다.

디와 그녀의 남편 벤은 묘안을 짜냈다. 레온은 대학 시절, 성당에서 세례를 받았다. 그것을 알고 벤은 레온과 함께 가톨릭교회의 새벽 미사에 참여하기로 자원했다. 그리고 미사가 끝나면 벤이 레온을 데리고 교회로 와서 나랑 디와 함께 아침 예배에 참여하기로 했다.

교회에 간 첫날, 자리를 잡고 앉았는데 놀라우리만치 내 마음이 편안했다. 음악가들이 찬송가를 연주하고, 사람들이 웃는 얼굴로 포옹을 나누고 환담을 나누면서 차례차례 자리를 잡았다. 주변을 둘러보는데 왈칵 눈물이 차올랐다. 나는 기뻤고 또 행복했다. 마침내 집에 돌아온 기분이었다. 치유와 희망을 맛본 뜨거운 눈물이 흘러내렸다. 지난 세월에 대한 부끄러움과 자기연민을 떨쳐 내고 자유를 얻은 기분이었다.

제8장

새로 찾은 사랑

크리스토퍼. 1993년 8월 20일

마치 동화 속 주인공이 된 기분이었다. 내 평생 가장 아름다운 생일 파티였다. 8월 하순이었지만 그날 저녁은 미풍이 불어 믿기지 않을 만큼 시원했다. 커다란 오크나무 가지에 매달린 전등불이 살랑살랑 흔들리고, 오십여 명의 손님들이 화기애애하게 담소를 나누는 사이로 지붕에 달린 풍경에서 짤랑거리는 소리가 간간히 들려왔다. 올드 루이빌에 있는 작은 언덕배기의 잔디밭은 깔끔하게 손질되어 아름다웠고, 친구들은 잔디밭 여기저기에 삼삼오오 모여 있었다.

이 사람들은 나의 특별한 날을 함께 축하하기 위해 찾아왔다. 스물세 번째 생일을 맞은 나는 마침내 내가 있어야 할 자리를 찾은 느낌이었다. 그랜트와 헤어진 지 겨우 석 달이 지났지만 벌써 오래 전 일인 듯 희미했다. 내가 사는 동네는 루이빌에서도 아름답고 유서 깊은 곳으로 고풍스런 벽돌집이 모여 있는 주택가 주변으로 수백 년이 넘는 고목들이 즐비했다. 나는 이곳에 있는 커다란 고택의 원룸 아파트를 구해 지내고 있었다. 내 친구들을 모두 초대해 파티를 열어 준 사람은 사실 이곳 집주인 더그였다.

잔디밭 너머에 더그가 서 있는 모습이 보였다. 조경가인 더그는 최근 커밍아웃한 친구들을 포착하는 촉이 좋았다. 그는 화이트와인을 홀짝거리며 내가 한 번도 본 적 없는 남자와 얘기를 나누고 있었다. 말쑥한 차림새에 운동으로 다져진 근육질 몸매를 지닌 남자는 한 손에 맥주를 들고 있었다. 티셔츠 아래 감춰진 어깨 근육이 꿈틀거렸다. 그 남자는 여기에 모인 나머지 사람들과는 어울리지 않는 남자였다. 그러니까 다른 사람들이 '게이임을 자랑스러워하는 게이'라고 할 때 이 친구는 '모범적인 미국인의 전형'이었다. 더그가 와인을 더 마시려고 그 자리를 떴을 때 나는 더그에게 다가가 새 친구에 대해 물었다.

"저 친군 누구야?" 나는 마치 무도회에 처음 참석한 십 대 소년처럼 호기심에 가득 차 있었다.

"케빈이야." 더그가 말했다. "굉장한 물건이지. 안 그래? 일하다가 만났어. 저 친구도 조경가야."

"그렇군." 나는 케빈 쪽을 쳐다보며 말했다. "우리 쪽이야?"

"아니." 더그가 웃으며 말했다. "저 친구는 게이가 아니야. 적어도 아직까진. 아내가 전 남친을 찾아 떠났대. 정말 게이인데 정작 본인만 모르고 있는 것 아니냐며 우리가 저 친구를 놀리고 있지. 혹시 알아? 네 다음 상대가 될지."

케빈이 우리 쪽으로 걸어오며 미소를 지어보였다. 더그는 씩 웃으며 손을 흔들어 보였다. "저 친구 소개시켜 줄까?"

"물론 그래 주면 좋지." 나는 흔쾌히 대답했다. "아니, 잠깐만 기다려." 나는 피트니스센터에 다니며 다진 몸매가 확실하게 드러나도록 셔츠를 바지 안으로 집어넣었다.

나는 더그를 뒤따라 잔디밭을 가로질러 걸었다. 가장 좋은 모습으로 첫인상을 심어 주기 위해 그 짧은 순간에도 머리를 굴렸다. 나뭇가지에 매달린 전등에서 불빛이 은은하게 비추었다. 나는 긴장하지 않으려고 최선을 다했다.

"케빈, 이리 와서 생일 파티 주인공 좀 만나 봐."

"안녕하세요, 크리스예요."

다행스럽게도 케빈은 내게 호감이 있는 듯했다. 나는 그가 하는 일에 대해 물었고, 그는 조경 설계에 대해 설명했다. 그는 내가 다니는 학교와 치의학에 대해 물었다. 그보다 내가 요즘 몸 만들기에 열중하고 있다는 사실을 케빈이 눈치 챘다는 게 중요하다. 공교롭게도 우리는 똑같은 피트니스센터에 다니고 있었다. 나는 처음으로 보디빌딩 대회를 준비하는 중이라고 얘기했고, 그는 운동을 함께하자고 제안했다. 어떻게 이런 제안을 거절하겠는가?

두어 시간 뒤에 케빈과 나는 사람들 발길이 뜸한 외진 곳에 함께 앉아 있었다. 나는 기분 좋게 달아올랐다. 와인과 맥주의 술기운 때문이 아니었다. 케빈은 시내에 사는 한 부자가 의뢰한 조경 설계 건에 대해 얘기하고 있었다. 방금 그를 만났지만 나는 이미 그에게 푹 빠져 버렸다.

케빈이 주변을 둘러보며 말했다. "다들 집에 돌아간 것 같아요." 그러고 보니 마당은 텅 비었고 몇몇 뒤처진 친구들이 작별인사를 나누고 있었다.

"와, 시간이 벌써 이렇게 되었네요."

케빈도 집에 돌아가기 위해 일어섰다. 그리고 내가 하고 싶은 말을 꺼내기도 전에 그가 먼저 이렇게 말했다. "내 전화번호를 줄게요." 첫눈에 반한 연인들처럼 우리는 서로 어색한 웃음을 지었다. 그의 명함을 받아드는 내 손이 살짝 떨렸다.

새로운 사랑에 빠지면 늘 그렇듯이, 이튿날 아침 눈을 뜬 나는 삶의 열정이 다시 살아나는 기분이었다. 처음 만났을 때 담백하던 우리의 대화는 며칠 만에 끈적하게 바뀌어 있었다. 처음 만나고 얼마 지나지 않아 우리는 함께 클럽에 갔고 그는 내 집에서 하룻밤을 묵었다. 그를 알고 지낸 지는 얼마 되지 않았지만, 케빈은 내가 정착할 수 있는 사람이었다. 아내와 헤어진 뒤로 누이 집에 머물고 있다는 사실을 알고 나서 나는 케빈에게 내 집으로 이사 올 것을 권했다.

일주일도 되지 않아 케빈은 내 아파트에 짐을 풀었다. 나는 옷장에 케빈의 물건들을 넣을 공간을 만들면서 내 마음에도 그를 받아들일 공간을 만들었다.

케빈은 당시 더그의 회사에서 일하며 조경가로서 고객망을 구축하고 있었다. 그는 근무 시간이 긴 편이었다. 여름과 가을에는 특히 바빴다. 나는 학교에 있다가 보통 5시경에 귀가했다. 저녁때가 되면 조리법을 살피고, 식료품점에 가서 장을 보고, 케빈이 집에 돌아올 시간에 맞춰 저녁을 준비했다. 저녁을 먹고 나면 우리는 피트니스센터에 가서 운동을 했고, 평일에는 클럽에서 함께 바텐더 일을 했다.

우리 관계는 잘 풀렸지만, 내 학교생활은 그렇지 못했다. 클럽에서 보내는 시간이 많을수록 학점이 뚝뚝 떨어졌다. 케빈을 만났을 때 나는 이미 학사경고를 받은 상태였다. 부학장은 나를 퇴학시킬 작정이었다. 학업을 계속하려면 3~4학년 과정을 다시 들어야만 했다. 다시 수업을 듣느라 신경이 곤두서고 감정 소모도 심했지만 케빈이 그때마다 옆에서 나를 격려했다. 학업에서는 좌절을 맛보고 고전을 면치 못했지만 누군가와 안정적인 관계를 유지하고 있다는 점에서는 만족스러웠다.

케빈은 과묵한 편이어서 무슨 생각을 하는지 그 속이 궁금할 때가 많았다. 나는 신비감을 주는 그에게 매료되었고 그의 속을 들여다보는 것이 즐거웠다. 그는 느긋한 성격이었고 평소 자기주장을 고집스럽게 세우는 편은 아니었다. 하지만 케빈이 절대 양보하지 않는 주제가 있었는데, 그것은 바로 성경과 동성애였다.

케빈은 기독교 집안에서 자랐다. 그는 이혼 전에도 아내와 함께 교회에 다녔고, 동성애는 옳지 못하다고 굳게 믿었다. 성경에 동성애는 죄악이라고 쓰여 있다고 케빈은 주장했지만, 나는 거기에 절대 동의할 수 없었다.

"나는 이렇게 태어난 거야!" 내가 그에게 말했다. "당신도 마찬가지고. 우리가 선택한 게 아니라고. 그런데 어떻게 이게 죄가 될 수 있어?"

하지만 케빈은 요지부동이었다. "아니, 크리스. 이 문제만큼은 네가 틀렸어. 그것은 죄야. 더 볼 것도 없어. 더구나 이 주제는 내가 얘기하기 싫어하는 것 잘 알잖아."

"말도 안 돼. 하나님은 우리를 이런 식으로 창조했고 우리를 사랑하셔. 우리를 이렇게 만드신 분이 이것을 죄라고 말할 리 없어! 우리가 자신의 모습대로 살아가는 게 어떻게 죄가 될 수 있어? 하나님이 우리들의 사랑을 부정할 리가 없어."

얘기가 이쯤 되면 케빈은 입을 굳게 다물었다. 다른 일이라면 내가 원하는 방식을 관철시켰지만 이 문제만큼은 케빈이 한 치도 물러서지 않았다.

이 문제만 빼면 우리는 다툴 일이 없었다. 그 해, 그러니까 1994년은 내 평생 가장 행복했던 시간이라고 해도 좋았다.

12월 초, 케빈과 내가 만난 지 16개월쯤 지났을 때 내 꿈같은 삶은 파국을 맞았다. 케빈은 이제 '이사 나갈' 준비가 되었다고 내게 말했다.

주방에서 그 얘기를 듣던 나는 정신이 아뜩했다. 설마, 잘못 들었겠지. 느닷없이 이게 무슨 소리인가.

"크리스. 우린 일 년 넘게 함께 지냈어. 넌 내 첫 번째 애인이야. 하지만 좀 떨어져 지내야 할 것 같아."

심장이 멎고, 머리가 핑 도는 것 같았다. 이럴 수는 없어.

"정말 미안해, 크리스. 위로가 될지 모르겠지만, 너 때문에 나가는 건 아니야. 정말이야."

내가 어디로 가느냐고 물었더니 더그 집에서 지내기로 했다는 게 아닌가. 조경 사업 말고도 둘 사이에 모종의 관계가 진행 중이라는 의심이 들었다.

케빈은 자기 물건을 챙겨 운동 가방에 넣더니 그 길로 떠났다. 그날 밤 나는 침대에 홀로 누워 울면서 밤을 지새웠다.

아침이 밝아오자 나는 수화기를 들고 오랫동안 누른 적 없는 번호로 전화를 걸었다. 어머니였다. 나는 눈이 퉁퉁 붓도록 울며 모든 사연을 털어놓았다. 케빈과 내가 얼마나 행복했는지, 어떻게 갑자기 헤어졌는지, 내가 얼마나 상처를 받았는지.

어머니는 내 말을 잠자코 듣고 계시다가 나 때문에 마음이 아프다고 하셨다. 어머니는 하나님에 대해 이런저런 얘기를 했는데 그건 별로 중요하지 않았다. 나는 내 말을 들어 줄 사람이 필요했다. 케빈에게만 정신을 쏟은 탓에 내 곁에는 친한 친구들도 별로 남아 있지 않았다. 모든 게 순식간에 달라져 있었다.

- - - -

12월 중순의 일이었다. 클럽의 조명등이 현란하게 번쩍이고, 사람들은 요란한 음악의 리듬에 맞춰 몸을 흔들었다. 강렬한 리듬을 따라 내 가슴도 쿵쿵 울렸다. 나는 새로 사귄 친구 필과 에디랑 클럽을 찾았다. 두 친구도 최근에 실연을 당한 터였다. 우리 세 사람은 이를테면 실연의 아픔을 달래기 위해 '한마음으로 똘똘 뭉친' 삼총사였다.

"열흘이나 지났어." 시끄러운 음악 때문에 나는 소리를 지르다시피 말했다.

"뭐가 열흘이 지났다는 말이야?" 필이 물었다. 그는 산타 모자를 똑바로 고쳐 쓰며 말했다. "명심해. 그 찌질이들 얘기라면 꺼내지 않기로 약속했잖아."

"그래. 맞아." 말은 그렇게 했지만 마음은 그게 아니었다.

"오늘밤 신나게 즐겨 보는 거야, 알았지? 즐거운 연휴잖아!" 필이 칵테일을 한 모금 홀짝거리며 말했다.

"케빈이 너한테 해명조차 하지 않았다니 믿을 수가 없어" 하고 에디가 한마디 거들었다.

"그래. 더그 자식 하는 짓이 완전 양아치야. 케빈더러 자기 집으로 바로 들어오라고 했대. 기가 막힌다." 내가 말했다.

"솔직히 이런 얘기 해 봤자 기분만 망쳐." 필이 끼어들었다. "여기 재미 보러 왔지, 그 웃긴 애들 얘기하러 온 게 아니잖아. 내가 몇 번이나 말해야 알아들어? 헤어진 남친 얘기는 이제 그만!"

필이 우리 쪽으로 몸을 바싹 기울이며 얘기할 때 댄스 음악이 쿵작쿵작 요란하게 울려 퍼졌다. 그는 우리 두 사람에게 들릴 정도로만 소리를 높여 이렇게 얘기했다. "기분 살려 줄까? 이럴 때 쓸 만한 물건을 내가 아는데."

"뭔데?" 내가 물었다.

"엑스터시. 저쪽 뒤에서 물건 파는 사람이 있대. 어때 한번 해 볼래?"

내가 제대로 들은 건지 순간 내 귀를 의심했다. 클럽에서 놀긴 해도 마약에는 한 번도 손대지 않았다. 나는 파티를 즐겼고 내 친구들도 적잖이 엑스터시를 복용했지만, 나는 한 번도 엑스터시를 시도해 본 적이 없었다. 대마초는 몇 번 피워 봤지만 내 취향이 아니었다. 바텐더로 일하면서 손님에게 규정보다 더 많은 양의 술을 따라 주기는 해도 정작 나는 술도 별로 즐기지 않았다.

"글쎄, 한 번도 해 본 적이 없어서." 나는 에디의 반응을 살피며 말했다.

"누군 해 봤냐? 그런데 우리 모두 실연의 아픔을 견뎌 냈잖아, 안 그래? 그러니 일상에서 벗어나 신나게 즐겨도 되지 않겠어? 크리스마스가 한 주 남았으니 우리 자신에게 주는 크리스마스 선물이라고 생각하자."

에디가 어깨를 으쓱해 보였다. 내가 말릴 새도 없이 필이 끼어들어 말했다. "좋았어. 내 곧 돌아오지!"

나는 에디를 바라보며 물었다. "정말 괜찮겠어?"

"여기 죽치고 앉아서 내가 그레그나 떠올리며 질질 짜고, 네가 울상으로 케빈 얘기나 하는 꼴을 지켜볼 생각이었다면 차라리 집에 처박혀 있는 게 낫지. 일단 여기 왔으니까, 맘껏 즐기자고!"

에디와 나는 바에 있는 필을 찾아가 합류했다. 필은 소음을 뚫고 큰 소리로 바텐더에게 외쳤다. "여기 생수 세 병 줘요!" 바텐더가 플라스틱 생수병 세 개를 그에게 건넸다. 필은 몸을 돌려 우리를 보고 말했다. "화장실로 가자." 그는 건너편 구석을 가리켰다.

우리 셋은 모두 화장실 한 칸에 들어갔다. 필이 손을 펼치자 흰색 알약 세 개가 보였다. 생긴 게 영락없이 아스피린 같아서 아무 위험이 없어 보였다. 코로 흡입하는 가루가 아니었다. 불을 붙여 피워야 하는 것도 아니고, 주삿바늘이 필요하지도 않았다.

우리는 한 알씩 알약을 집어 들고 서로 얼굴을 쳐다보았다. 내가 제일 먼저 알약을 집어 들고서 이렇게 말했다. "건배! 삼총사를 위하여!"

"건배!"

우리는 알약을 살짝 맞부딪힌 뒤에 입속에 넣었다. 생수병 뚜껑을 따는데 알약의 쓴맛이 올라와 절로 얼굴이 찌푸려졌다. 알약이 정말 쓰디썼다. 에디는 알약을 삼키면서 오만상을 찡그렸다.

"이거 약효가 올라올 때까지 얼마나 걸린대?" 내가 필에게 물었다.

"보통 삼십 분 걸린대."

"딱 좋네. 우리들의 노래가 나오고 있으니까!"

화장실에서 나오는데 클럽 스피커에서 "우리는 가족(We Are

Family)"의 후렴구가 흘러 나왔다. 우리는 무대로 나가 어깨동무를 하고 음악에 맞춰 펄쩍펄쩍 뛰면서 노래를 따라 불렀다.

우리는 그 뒤로도 노래에 맞춰 흥에 겨워 춤을 췄다. 몇 곡이나 흘렀을까. 약효를 감지하기도 전에 머리가 핑 돌면서 속이 메스꺼웠다. 무대 가까이에 있는 난간을 붙들려다가 실수로 다른 사람의 음료를 엎질렀다. 디스코 조명을 따라 사방이 빙빙 도는 느낌이어서 눈을 질끈 감았다. 땀이 비 오듯 흘러내리기 시작했다. 속에서 천불이 나듯 뜨거웠다. 그런 열감은 처음이었다. 선풍기 쪽으로 더듬거리며 나아가다가 내 발에 걸려 넘어질 뻔했다. 다행히 쓰레기통이 근처에 있어 쓰레기통을 붙잡고 몇 번이고 속을 게워냈다.

그러다가 갑자기 메스꺼운 느낌이 사라지고 한 번도 경험하지 못한 자극이 몰려왔다. 이가 덜덜 떨리기 시작했다. 추워서가 아니라 오감이 감당할 수 없을 만큼 많은 자극이 쏟아졌기 때문이다. 머리부터 발끝까지 그리고 이어서 등줄기를 따라 온몸이 짜릿했다. 말로는 그 기분을 다 설명하지 못한다.

황홀한 떨림이 계속해서 온몸을 휘감았다. 눈을 뜰 수는 없었지만 의식은 완전히 깨어 있었다. 내 몸의 모든 신경세포들이 속사포에 공격당한 듯 생생하게 깨어나고 오감이 확장되는 기분이었다. 손으로 팔을 감싸 안고 문질러댔다. 다리에 힘이 풀리고 몽롱하니 기분이 너무 좋았다. 온몸의 털이 곤두서고 전신에 소름이 돋았다.

나는 실내 바닥과 벽, 천장을 비추며 여기저기 움직이는 불빛들을 눈으로 좇았다. 불빛은 이리저리 내달리며 마치 유성처럼 꼬리를 길게 늘어뜨렸다. 사방에서 불빛들이 튀어나와 살아 움직였다. 그 빛줄기들이 사랑스러웠다. 음악도 좋았다. 친구들도 좋았다. 내 인생이 사랑스러웠다. 모든 것이 사랑스러웠다.

이런 경험은 난생처음이었다. 경이로웠다. 케빈을 처음 만나 사랑에 빠졌을 때처럼 행복한 기분이 들었다. 아니, 수천 배는 더 강력한 행복감이었다. 사람하고 관계 맺을 필요가 있을까? 나는 사랑보다 몇 배는 더 좋은 물건을 발견했다.

제9장

모래성 같은 결혼 생활

안젤라. 1994년 12월 27일

나는 자리에서 일어나 몸을 한 번 풀고 기도실로 사용하는 샤워실에서 나왔다. 아침마다 거행하는 성경 읽기와 기도를 마친 후였다. 화요일이었다. 발걸음을 떼면서 오늘 아침에 해야 하는 일들에 대해 생각했다. 제일 먼저 해야 할 일은 빨래였다. 주방을 지나 크리스토퍼 방으로 가서 침대에서 시트와 베갯잇을 빼냈다.

크리스토퍼가 크리스마스 연휴를 우리와 함께 보내려고 주말 이틀 동안 집에 머물렀다. 가족이 함께 있으니 구름 위를 거니는 기분이었다. 하지만 이틀이 지나자 그 아이는 루이빌로 돌아가고 싶은 기색이 역력했다. 몇 주 전에 받은 전화도 그렇고, 나는 내심 크리스토퍼가 좀 더 오래 머물지 않을까 기대했다.

크리스토퍼가 나한테 전화를 거는 일도 드물었지만, 남자 친구인 케빈에 대해 털어놓은 것은 더욱 이례적인 일이었다. 나는 크리스토퍼 때문에 마음이 아팠다. 자식이 상처를 받았는데 어떤 어머니가 아프지 않겠는가? 당장이라도 다가가 아들을 안아 주고 싶었다. 마음 놓고 기대어 울라고 내 어깨를 빌려 주고 싶었다. 내 아들이 있는 곳에 가서 모든 게 괜찮아질 거라고 알려 주고 싶었다.

크리스토퍼가 감정을 토로하는 동안 나는 이 실연의 고통이 계기가 되어 크리스토퍼가 그리스도를 만나게 될지도 모른다는 생각, 아니 희망을 품었다. 나는 그 아이에게 사람은 자고로 남자건 여자건 영혼의 허전함을 채워 주지 못한다는 사실을 알려 주고 싶었다. 이건 오직 그리스도만이 가능하다.

나는 침대 시트를 세탁기 속에 넣고 세제를 뿌린 뒤에 뚜껑을 닫았다. 세탁기 속에 물이 쏟아져 들어오는 것을 보고는 크리스마스 장식을 아직 치우지 않은 거실로 나왔다. 연휴 동안 입을 닫고 지내는 크리스토퍼를 보면서 나는 마음이 편치 않았다. 나흘 전 집에 온 크리스토퍼에게 얼마 전에 전화로 통화할 때 내게 보였던 세심함과 솔직함은 찾아볼 수 없었다. 크리스토퍼는 슬픈 기색을 내비치지 않았다. 루이빌에서 언제 나쁜 일이 있었냐는 듯 태연하게 행동했다. 나는 아들에게 케빈에 대해 묻지는 않았지만 무슨 일인가 벌어지고 있음을 직감했다.

＿＿＿

우리 집안이 소중하게 여기는 가치와 양육 방식에 두 아들이 반기를 들었을 때 레온과 내가 아이들을 망쳤음을 이해하기는 어렵지 않았다. 우리는 두 아들에게 모범적인 부모가 되지 못했다. 그동안 해결하지 못한 부부 문제가 결국 가족 모두의 인생을 좌지우지하는 기분이었다. 레온과 나는 사사건건 언쟁을 벌였다. 내가 번듯한 가정을 꾸리려고 애를 쓸수록 화목한 가정에서 더 멀어졌다. 나는 두 아들이 안정감을 느낄 수 있는 안식처를 만드는 데 실패했다. 남편과 한바탕 싸우고 나면 나는 어린 녀석들을 데리고 며칠이든 몇 주든 집을 나간 적도 많았다. 돌아보면 내 삶은 짜증투성이였고, 내 불행은 온통 레온의 책임이라고 생각했다. 남편만 바뀌면 행복해질 수 있다고 믿었다. 그렇다고 레온이 불륜을 저지른 건 아니었다. 남편은 술도 마시지 않았고, 도박도 하지 않았다. 사치스러운 취미 같은 것도 없었다. 다만 다정한 구석이 없고 이기적이었다.

우리가 벌인 싸움이 아이들에게 얼마나 안 좋은 영향을 미치는지 처음에 나는 몰랐다. 크리스토퍼가 다섯 살 때 그린 그림이 하나 있다. 그림 속에서 레온과 나는 권투 선수처럼 링 위에 서 있었다. 사각의 링 한쪽에는 시부모님이, 그 반대쪽에는 친정 부모님이 응원을 보내고 있었고, 관중석에서는 두 명의 어린 소년이 눈물을 흘리고 있었다. 그림을 보고 너무 마음이 아파서 견디기가 힘들었다.

친정 부모님은 시아버지 될 분이 군대에 몸담고 있는데다 형편이 넉넉지 않다는 이유로 레온을 반대했다. 부모님은 내가 사회적으로 번듯한 사람에게 시집가기를 바랐기 때문에 레온이 좋은 배필이 아니라고 생각했다. 하지만 나는 레온과 결혼하겠다고 고집을 부렸다. 부모님의 말씀을 거역하자 아버지는 내 뺨을 때렸다. 평생 한 번뿐이었던 사건이다. 따귀를 맞는 것은 중국 문화권에서는 매우 수치스러운 일이다. 하지만 나는 레온과 함께하는 삶이 더 중요하다고 생각했다. 사랑으로 모든 것을 극복해 낼 수 있다고 믿었다.

레온의 부모님께서는 나를 지지하고 격려했다. 적어도 처음에는 그랬다. 그분들은 내가 레온과 결혼하는 것을 반겼다. 대만에 있는 동해대학에 다니며 우리가 데이트할 때 그분들은 항상 나를 칭찬하며 레온에게 시집오면 얼마나 좋겠냐고 말씀하셨다. 위안 가문의 조상님들이 쌓은 공덕으로 나를 만나게 된 거라고 그분들은 믿었다. 또 한 점쟁이는 내가 남편에게 훌륭한 배필이 될 거라고 그분들에게 말했다. 하지만 레온과 내가 미국으로 건너와 결혼하고 나서는 모든 게 달라졌다.

레온은 집안 최초로 미국으로 건너온 사람이었고, 대학원까지 입학한 유일한 자식이었다. 그는 대만에서 화물선을 타고 파나마 운하를 통과해 1964년 10월, 53일 만에 미국 동부 해안에 위치한 엘리스 아일랜드에 도착했다. 나는 몇 주 뒤에 그를 뒤따라 로스앤젤레스에 도착했다. 1965년 9월 11일, 우리는 드디어 뉴욕에서 결혼식을 올렸다. 예식은 센트럴파크에 있는 가톨릭 성당에서 간단히 치렀다. 결혼 날짜는 내 아버지의 상선이 뉴욕 항구에 입항하는 주에 맞춘 것이었다. 정해 놓고 보니 그날은 공교롭게도 내 생일이었다. 아버지께 우리가 결혼식을 올린다고 미리 말씀드릴 용기는 내지 못했다. 결국 아버지는 내 결혼식에 참석하는 것밖에 달리 선택의 여지가 없었다.

중국에는 신랑 측이 결혼식 잔치 비용을 부담하는 전통이 있다. 그래서 레온의 가족들은 식을 치르고 얼마 후, 우리 집안 식구들이 거주하는 대만에서 연회를 마련했다. 레온과 나는 시간을 낼 수 없어 그 연회에 참석하지 못하고 나중에 소식을 전해 들었다. 저녁에 만찬이 끝날 즈음에 와인을 적잖이 마신 레온의 어머니가 자리에서 일어나 내 어머니 쪽을 바라보며 이렇게 말했다고 한다. "내 아들은 효심이 깊은 아들이었어요. 그런데 안젤라와 결혼하더니 불효막심한 놈이 되었답니다." 모인 사람들은 내 어머니를 질책하는 눈길로 바라보았고, 어머니는 쥐구멍에라도 들어가고 싶은 심정이었다고 한다. 나는 이 소식을 전해 듣고 기가 막혔다.

나는 시부모님의 태도가 급변한 이유를 레온이 미국에 온 첫 해에 고향으로 돈을 제대로 부치지 못했던 사실에서 찾을 수밖에 없었다. 미국에 와서 레온은 뉴저지 주의 호보켄 시에 있는 스티븐스공과대학의 박사과정에 들어가기 전에 대부분의 시간을 식당 웨이터 보조로 일했다. 그리고 결혼하고는 바로 학기를 시작했다. 우리는 월세도 간신히 내는 처지였지만 그럼에도 대만에는 돈을 부쳤다. 시부모님은 황금의 나라 미국에서는 길거리도 모두 금으로 포장되어 있고 땅을 파면 돈이 나오는 줄로 생각했다. 그래서 레온이 돈을 두둑하게 보내 오기를 기대했다. 그러니까 레온이 돈을 부치지 않으면, 내가 그 돈을 모두 탕진했거나 레온이 돈을 못 부치게 내가 막고 있는 게 틀림없다고 시부모님은 생각한 것이다.

시부모님을 기쁘게 해 드리려고 나는 최선을 다했다. 캔자스대학에 전액 장학금을 받고 입학할 기회가 있었음에도 레온이 학업을 마칠 때까지 뒷바라지하려고 이를 포기했다. 은행 직원으로 일하면서내가 버는 돈은 겨우 250달러였다. 그것도 세전 금액이었는데 나는그 돈에서 매월 친정에 50달러를 보내고, 동일한 금액을 시댁에 보냈다. 하지만 시부모님은 늘 돈이 적다고 불만이었다. 배은망덕한자식이라고 레온을 꾸짖었다. 심지어 월세와 수업료를 내는 게 뭐가그리 중요하냐고 호통을 쳤다. 그분들에게는 대만에 돈을 부치는 것보다 중요한 일은 없었다. 우리가 당신들을 사랑한다는 것을 보여줄 수 있는 방법은 그것밖에 없다고 믿는 분들이었다. 나는 편지를보내 상황을 개선해 보려고 했지만 아들이 직접 쓴 편지만 받고 싶다는 답장이 돌아왔다.

레온은 엄청난 중압감을 느꼈고, 결국 부모님의 비현실적인 요구에 굴복했다. 무엇보다 레온은 부모님의 말씀을 거역하기 싫어했다.시부모님의 말씀에 따르면 부모를 거역하는 사람은 가장 뜨거운 지옥 불에 떨어진다고 했다. 그는 부모님에게 그만한 돈이 꼭 필요한게 아닌데도 고향으로 더 큰돈을 보내고 싶어 했다. 그렇지 않아도빡빡한 형편에 학비는 줄일 수가 없으니 결국 식료품과 생활비로 써야 할 돈을 줄일 수밖에 없었다. 이 때문에 우리는 언쟁을 벌였지만,레온은 내 말에는 아랑곳하지 않고 수표책에 큰 금액을 적어 넣었다.레온은 부모님께 편지를 쓸 때마다 이런 문구로 시작했다. "제가 불효막심한 자식이라 송구할 뿐입니다." 이런 레온을 볼 때마다 나는 가슴이 무너졌다.

싸우면서 레온이 내뱉는 말들은 우리 관계를 더욱 악화시켰다. 그는 이런 말을 했다. "당신이 뭘 해도 소용없어. 아무리 열심히 노력해도 어머니가 살아 계시는 한 당신은 절대 좋은 아내가 되지 못해." 그리고 자기는 어머니에게 늘 이런 말을 들었다고 했다. "인생에서 어머니는 한 사람뿐이지만, 아내는 벽에 칠해진 페인트처럼 언제든 바꿀 수 있어." 나는 그가 왜 내게 그런 잔인한 말들을 퍼붓는지 도무지 이해할 수 없었다.

결혼식을 올리기 전만 해도 우리가 완벽한 결혼 생활을 꾸려 나갈 수 있으리라고 굳게 믿었다. 하지만 결혼한 지 불과 한 달이 지났을 무렵부터 우리는 하루가 멀다 하고 싸우기만 했다. 그나마 부부싸움이라도 하지 않는 날에는 레온은 입을 꾹 다물고 나에게 말도 걸지 않았다. 싸움보다는 침묵이 낫지 않느냐고 생각할지 모르지만, 나는 남편에게 사랑 받고, 관심 받고, 지지 받고 싶은 마음이 간절했다. 크리스토퍼가 게이라고 밝히고 나서 집을 나갔던 날에도 나는 레온이 나서서 어떤 조치를 취해 주기를 바랐다. 집을 나가려고 하는 아이는 남도 아니고 자기 아들이 아닌가.

하지만 그는 가타부타 말이 없었다. 억장이 무너져 내리는 그 순간에도 레온은 나를 외면했다. 내가 루이빌에서 6주를 보내고 시카고에 돌아와서야 남편은 비로소 상처와 갈등에 대해 입을 열었다.

우리는 마침내 수십 년 동안 외면하던 부부 갈등의 뿌리를 들여다보기 시작했다.

우리 집에 머물던 디와 그의 남편이 우리를 교회에 인도한 이후로 나는 줄곧 교회를 다녔다. 놀랍게도 레온이 나를 따라나섰고, 남편도 복음에 마음을 열기 시작했다. 게다가 목사님을 만나 부부 상담도 받겠다고 동의했다. 우리는 이를 계기로 결혼 생활을 돌아보기 시작했다. 상담을 받던 어느 날인가 목사님은, 어머니에게 효도해야 한다는 레온의 중압감을 감지하고 핵심을 찌르는 질문을 던졌다. "당신의 어머니가 이 방에 지금 앉아 계시다고 생각해 보세요. 어머니께 아내를 사랑한다고 말할 수 있겠습니까? 안젤라가 당신에게 좋은 아내라고 얘기할 수 있나요?"

가슴이 덜컥 내려앉았다. 레온이 뭐라고 대답할지 걱정되고, 목사님이 대놓고 그런 질문을 하신 게 놀라웠다. 레온은 목사님을 한 번 쳐다보고는 고개를 숙이며 말했다. "아니요." 그는 목소리가 떨렸다. "전 못 해요."

대답을 듣고 나니 마음이 아팠지만 한시름 놓은 기분이 들기도 했다. 오래전부터 나는 남편에게 어머니보다 못한 사람이라고 생각하며 살았다. 한 번도 이 문제를 속 시원히 얘기한 적이 없었고, 이 문제를 꺼내려고만 하면 레온은 버럭 화를 냈다. 하지만 목사님과 만난 자리에서는 말싸움을 하거나 분노하는 일 없이 이 문제를 드러내 놓고 말할 수 있었다. 나도 레온도 변화를 경험하기 시작했다.

1993년 가을, 레온은 성경 공부반에 참석하기 시작했고, 그리스도에게 자신의 삶을 바치기로 했다. 그는 성경을 인간이 기록한 책이 아니라 하나님의 말씀으로 보기 시작했다. 하나님은 그의 강퍅함을 녹이시고, 레온은 자신이 우리 가정의 영적 지도자가 되어야 한다는 책임감을 품게 되었다. 또 레온은 자신이 가족을 먹여 살리는 공급자일 뿐 아니라 든든한 보호자가 되어야 한다는 사실을 깨달았다.

나도 성경 공부반에 들어갔다. 공부반을 이끌던 리더, 뮤리엘이 내 멘토가 되었다. 그녀는 하나님과 동행하는 모범을 보였고, 하나님의 은혜 안에서 감사하고 인내하는 법을 가르쳤다. 또 성경과 기도를 나침반 삼아 살도록 인도했다. 뮤리엘은 중보기도 용사로서 나와 레온, 그리고 크리스토퍼를 위해 헌신적으로 기도했다. 그녀의 남편은 레온과 가까운 사이가 되었다. 이들 부부는 우리가 직면한 문제들을 헤쳐 나갈 수 있도록 곁에서 지원하고, 우리 부부가 하나님 안에서 치유 받는 여정을 함께 걸었다.

우리 부부 사이는 큰 진전이 있었다. 더 이상 우리는 대화를 기피하거나 두려워하지 않았다. 물론 의견 대립은 여전히 있었지만 차이점을 절충하며 좋은 해법을 도출하는 법을 배워 나갔다. 예전에는 이혼밖에 길이 없는 듯했는데 하나님의 은혜로 이혼 생각도 접었다. 우리가 아무리 달라도 하나님께서 우리를 결혼에 이르게 했고 '한 몸'으로 만드셨다는 사실을 깨달았기 때문이다. 내가 유년기에 꿈꾸었던 동화 같은 결혼 생활과는 거리가 멀었지만 이 길이 내가 가야 할 길이었다.

= = =

띠링. 세탁이 종료되었음을 알리는 벨소리가 울렸다. 나는 소파에서 일어나 안도의 한숨을 쉬었다. 희망의 끈을 잡은 후로 내 인생은 훨씬 견딜 만해졌고, 때로는 즐거웠다. 거실 벽에는 여러 해 전에 찍은 가족사진이 걸려 있었다. 그때랑 지금, 레온과 나 사이에는 많은 변화가 일어났다. 사진 속의 우리는 제법 그럴 듯해 보였지만 돌아보면 그때 내 삶은 비참했다. '이제 우리 사이에도 희망이 생겼어. 우리 미래는 밝을 거야.' 나는 속으로 되뇌었다.

나는 사진 속의 크리스토퍼를 한동안 바라보았다. 내 아들의 미래도 우리처럼 밝기를 염원하면서.

제10장

마약 사업

크리스토퍼. 1994년 12월 30일

호 주머니에 현찰이 제대로 들어 있는지 손을 넣어 다시 확인
했다. 50달러짜리 여섯 장이었다. 지폐를 깊숙이 찔러 넣고
나서 아파트 문을 두드렸다. 문이 열리면서 목소리가 들렸다. "어이
크리스! 어여 들어와!"

"안녕? 브래드. 직접 거래하도록 허락해 줘서 고마워."

"뭘 그런 걸로."

아파트 안은 마약 중개상의 아지트라기보다는 평범한 총각이 사
는 집으로 보였다. 소파와 의자 두어 개, 그리고 탁자에는 소다 캔
한 병과 감자칩 봉지가 뜯긴 채 놓여 있었다. 방바닥에는 지저분한
빨랫감이 여기저기 뒹굴고 있었다. 브래드는 내가 다니는 피트니스
센터에서 알게 된 친구였다. 이렇게 밖에서 그를 만난 것은 처음이
었다. 그는 찢어진 컷오프 청바지에 티셔츠를 걸쳐 입고, 샌들을 신
고 있었다. 마약 중개상 차림새가 원래 이렇던가?

"슈퍼맨(슈퍼맨 로고가 새겨진 엑스터시 ─옮긴이)을 사고 싶다며?" 그는 카운터에 놓인 엑스터시를 보여 주며 내게 물었다.

나는 알약을 바라보며 고개를 끄덕였다.

"한 번 하는 데 30달러야."

"30달러라. 품질은 좋겠지?" 내가 물었다.

브래드가 고개를 끄덕였다. "물론 좋은 물건이지."

"순도가 얼마야? 약효는 얼마나 지속되는데? 화끈하게 신세계를 체험하고 싶거든."

브래드가 나를 흘겨보며 말했다. "이봐, 지금 날 의심하는 거야? 너도 잘 알잖아. 나는 허접한 물건은 취급하지 않아. 내 말 믿으라고. 등급 높은 물건이라니까."

"내일 저녁은 중요한 날이거든. 확실히 돈값 하는 물건인지 확인하고 싶어서 그래."

"이런, 이런. 어머니가 아들 교육은 제대로 시키셨군." 브래드가 킬킬거리며 말했다.

"맞아. 어머니 딴에는."

"네 마음에 들 거야. 루이빌에서 이보다 더 좋은 물건은 못 구해. 내 엑스터시는 서부 해안에서 온 거야. 좋은 물건은 죄다 거기에서 오거든. 이거 한 방이면 클럽에서 밤새 뒹굴 수 있어. 춤추러 가면 눈앞에 죽여주는 불빛 쇼가 펼쳐질 거야. 뒤끝도 깔끔하고 얌전해. 끝내주는 신년 파티를 즐길 수 있을 걸."

나는 50달러짜리 지폐를 꺼냈다. "250달러에 열 개 어때?"

브래드가 휘파람 소리를 내며 말했다. "어이구, 직접 팔아 보시려고?"

"걱정 붙들어 매. 네 구역은 건들지 않을 테니까. 내 비용 정도만 뽑으려고 하는 거야. 더구나 넌 피트니스센터에서 게이들은 상대 안 하잖아. 내가 주로 다니는 곳은 넌 발길도 안 하니까. 뭐, 생각이 바뀌면 모를까." 나는 씩 웃으며 이렇게 덧붙였다. "하지만 우리 클럽 쪽 애들은 너처럼 우락부락한 이성애자가 접근하면 겁먹을 걸."

"그렇긴 하지. 알다시피 난 그쪽 일에 관심 없어." 그쪽 일이란 게 이가 되는 것을 의미했다. "그건 그렇고. 성질 급하네. 초짜가 단번에 뭉치로 넘어가다니. 한 2주 됐냐?" 웃음을 터뜨리며 그가 말했다. "좋아, 너한테는 250달러에 열 개 주지. 물건을 팔 수 있다면 언제든 환영이야. 뒷북이지만, 너한테 주는 크리스마스 선물이라고 치자."

브래드는 흰색 알약을 열 개 세어서 봉투에 집어넣었다. 그러고는 봉투를 내게 건네고 돈을 받았다. 내가 문을 열고 나가려는데 그가 뒤에서 말했다. "이봐, 네가 100개를 현찰로 살 수 있으면 훨씬 짭짤한 거래도 가능해."

나는 그렇게 마약 중개상으로서 첫발을 떼었다. 처음에 내 목표는 약값을 깎아서 그 돈으로 내가 쓸 약값을 충당하는 것이었다. 250달러에 열 개를 구입하면 270달러에 아홉 개를 팔 수 있었다. 그러면 한 개를 공짜로 얻고 20달러가 내 몫으로 떨어졌다.

엑스터시는 불티나게 팔렸다. 나는 클럽에서 오랫동안 일했기 때문에 클럽에 출입하는 사람들을 잘 알고 있었다. 게다가 나는 붙임성도 좋고 사업가 기질을 타고나서 장사 감각이 있었다. 주말 파티가 시작되기도 전에 아홉 개를 몽땅 팔아치웠다. 불과 며칠 후에 나는 또다시 브래드의 아파트를 들렀고 스무 개를 더 구매했다. 그것도 다 팔고 나는 개수를 더 늘렸다.

1995년 1월, 학자금 대출금을 손에 넣은 나는 처음으로 대량 구매에 나섰다. 나는 수표를 현찰로 바꿔 2~3천 달러 정도를 들고 브래드를 찾았다. 그는 내게 엑스터시 100개를 건넸다. 이로써 내 마약 사업은 본격적인 궤도에 올랐다.

전에는 클럽 문을 닫는 새벽 4시가 되면 고단했으나, 엑스터시를 복용하고 나서부터는 근무 후에도 아침까지 몇 시간이고 파티를 즐길 힘이 솟았다. 처음에는 토요일에만 약물을 복용하기로 다짐했지만, 몇 개월도 되지 않아 금요일 밤에도 약물에 손을 댔다. 그리고 일요일에도 약물과 함께 시간을 보냈다. 공부도, 학교 수업도 뒷전으로 밀려났다. 꼬박꼬박 수업에 나가는 것은 더 이상 내 삶의 우선순위가 아니었다. 그러자 학사지원부에서는 매일 아침 학교에 도착하는 대로 부학장 사무실에 가서 내가 서명을 하고, 점심을 먹고 돌아왔을 때에도 마찬가지로 서류에 서명하도록 요구했다. 학교 측에서는 내가 학교에 실제로 있었는지 알고 싶어 했다. 하지만 나는 수업이나 진료가 있어 학교에 갔을 때도 그런 절차를 거칠 마음이 없었다. 너무 성가시고 번거로운 일이었다.

학업을 등한시하는 동안 마약 중개 사업은 쭉쭉 성장했다. 내슈빌과 애틀랜타에서 열리는 게이 행사에 참여하기 위해 주말 여행을 떠나게 되면서부터는 더 많은 마약을 구비하게 되었다. 엑스터시뿐만이 아니라 코카인, 케타민, 애시드, 환각 버섯, 메스암페타민까지. 결국 마약을 하고 또 마약을 파는 게 내 삶이 되었다.

- - -

1995년 연휴 주말이었다. 나는 내슈빌에서 온 친구들과 함께 플로리다 주의 펜사콜라를 향해 장거리 여행을 떠났다. 동성애자 수천 명이 전국 각지에서 몰려들어 펜사콜라 해변과 펜사콜라 시민회관을 게이들의 메카로 만들었다. 우리가 목요일 오후에 도착했을 때 해변에는 웃통을 벗은 채 태닝을 하는 몸짱 사내들이 인산인해를 이루고 있었다.

아름답게 펼쳐진 새하얀 모래사장에는 수백여 개의 대형 천막이 정교하게 설치되어 있었고, 그 안에는 소파와 샹들리에, 미니 바, 분수대, 뜨거운 욕조에 심지어 디스코 볼을 갖춘 댄스 무대까지 있었다. 대형 스피커에서는 웨더걸스의 "하늘에서 비처럼 남자들이 내려와(It's Raining Men)"가 쩌렁쩌렁 울려 퍼졌다.

"하늘에서 비처럼 남자들이 내리네! 할렐루야!(It's raining men! Hallelujah!) 하늘에서 비처럼 남자들이 내리네! 아멘!(It's raining men! Amen!)"

정말이지 이런 광경은 난생처음이었다. 수십만 명의 게이들이 한 곳에 모여 최고로 즐거운 한때를 보내고 있었다. 메인 행사는 아직 시작도 하지 않았다. 대형 집회는 토요일 저녁에 시민회관에서 열릴 예정이었다. 평소에 심심했던 펜사콜라 거리는 젊은 게이 남자들로 붐볐다.

시민회관 밖에서는 한 무리의 기독교 시위자들이 몰려드는 사람들을 향해 성경을 흔들어 보이며 구호가 적힌 팻말을 들고 있었다.

"회개하라! 지옥불이 기다린다!

동성애는 가증스런 짓이다!

－레위기 18장 22절"

기독교인들의 오만방자한 태도에 기가 찼다. 그들은 뻔뻔하게도 이곳까지 와서 나를 정죄했다! 내가 이렇게 태어났다는 이유만으로 정죄하는 그들의 하나님이나 그들의 어리석은 종교에 나는 눈곱만큼도 관심이 없었다. 기독교인들의 얼굴에 드러난 증오감을 보며 어쩌면 저토록 무지할 수 있을까 싶어 불쌍하기까지 했다. 우리는 그 지역을 행진하며 거룩한 체하는 시위자들을 약 올리고 비웃어 주었다. 우리와 함께 행사를 즐기던 이성애자 여자들 중 쉬나가 다정한 미소를 지어 보이며 시위대에게 다가가더니 이렇게 말했다.

"여기까지 오셔서 우리의 행복을 염려해 주시니 고마워요."

시위대는 그녀가 다가오자 조금 물러섰다. 쉬나가 가장자리에 서 있던 한 여성 시위자의 손을 덥석 잡고는 그에게 "우리를 위해 기도해 주실래요?"라고 부탁했다.

처음에는 시위자가 무슨 말을 해야 할지 몰라 당황했으나 곧 평정을 되찾았다. "그래요…. 그럼요. 당신을 위해 기도할게요."

"정말 고마워요." 쉬나는 머리를 숙이고 기도하는 자세를 취하더니 이렇게 부탁했다. "오늘 디제이가 분위기를 제대로 띄워 주도록 기도해 주세요. 댄스 무대에 귀여운 남자들이 많이 올라오도록 기도해 주세요. 내가 먹은 약이 확실히 효과를 내서 오늘 완전 뿅 가도록 기도해 주세요."

시위대 여성은 흠칫 놀라더니 쉬나의 손을 뿌리쳤다. 우리는 그 모습을 보고 미친 듯이 웃으며 시민회관을 향해 계속 걸었다.

그해 펜사콜라 행사는 '빅 톱(Big Top)'이라는 타이틀 아래 서커스 테마를 사용했다. 댄스 무대로 진입하는 주요 입구들은 모두 거대한 어릿광대 머리 모양이었다. 어릿광대 입속으로 들어가면서 나는 음악을 느낄 수 있었다. 그저 귀로 소리를 들은 것이 아니라 온몸으로 느꼈다. 음향 시스템은 더할 나위 없이 훌륭했다. 소리가 웅장하면서도 귀가 찢어지는 소음은 전혀 없었다. 루이빌이나 내슈빌에서의 음향과는 비교가 되지 않았다.

댄스 무대는 그야말로 압도적이었다. 군중보다 더 높은 위치에 설치된 무대에는 근육질의 무용수들이 있었고, 그 아래에서는 대부분 웃통을 벗은 수천 명의 사내들이 음악에 맞춰 몸을 흔들었다. 밝고 화려한 색상의 댄스 무대의 외곽에는 칵테일 바가 늘어서 있고, 바텐더들은 엑스터시 복용으로 탈수 증세를 보이는 행사 참가자들에게 생수를 팔았다. 행사에 참가한 사람들은 아는 얼굴이든 모르는 얼굴이든 함께 어울려 웃고 춤을 추었다. 내 주위에 있는 사람들은 서로 포옹을 나누며 작년 게이 행사 이후 만나지 못했던 친구들과 행복한 재회의 순간을 만끽했다.

내가 댄스 무대를 비집고 지나가는 동안 처음 보는 사람들이 친근한 얼굴로 계속해서 "한 번 불래?"라고 권했다.

"그거 좋지." 나는 고개를 숙이고 그 친구들의 엄지 끝에 묻은 혹은 작은 유리병 위에 묻은 흰색 가루를 코로 흡입했다. 코카인인지 케타민인지 모르겠지만, 내 엑스터시의 효과를 한층 더 끌어올렸다. 모든 것이 루이빌에서 보았던 것보다 더 근사했고 더 강렬했다. 컨벤션센터 한가운데 서서 나는 두 팔을 활짝 벌리고 굳이 누구에게랄 것 없이 이렇게 외쳤다. "여기가 천국이야!"

＿ ＿ ＿

루이빌에 돌아온 나는 마약 사업을 크게 확장했고, 덕분에 게이 행사에 자주 참가할 수 있을 만큼 주머니가 두둑해졌다. 주말만 되면 나는 로스앤젤레스, 몬트리올, 마이애미, 뉴올리언스, 샌프란시스코를 향해 날아갔다. 내 동기들 즉, 학자금에 의지해 근근이 생활하며 성실하게 공부하는 학생들은 내가 사는 방식에 혀를 내둘렀다.

나는 게이 포르노 스타들과 남자 모델들을 만났다. 잡지 선반에 놓인 〈멘즈헬스 *Men's Health*〉나 〈멘즈피트니스 *Men's Fitness*〉의 표지를 장식한 남자가 누구인지 다 알아볼 정도였다. 그렇게 몇 달이 지나자, 이제 루이빌은 다음 번 게이 행사에 참여할 때까지 약물을 팔아 경비를 마련하기 위해 잠깐 머무는 장소로만 느껴졌다. 나는 어제의 내가 아니었다. 내가 새로 사귄 친구들은 훨씬 멋지고 돈도 많았고, 좁아터진 루이빌 동네의 친구들보다 훨씬 매력적으로 보였다.

켄터키 주에서 보내는 시간보다 다른 주에서 보내는 시간이 갈수록 많아졌다. 1995년 8월, 나는 애틀랜타에서 매년 열리는 하틀랜타 리버 엑스포 행사에 가서 토요일 메인 파티에 참석했다. 댄스 무대 한 쪽에서 춤을 추는 동안 에드 돌웨트을 만났다. 사람들은 그를 미스터 에드라 불렀다. 에드는 로스앤젤레스 출신으로 등급이 높은 엑스터시를 취급했다. 그는 게이 행사에서 양질의 엑스터시를 취급하는 사람으로 이름을 알리다가 사업에 뛰어들었다. 그는 명함에, 수신자부담 전화번호도 갖추고 있었다.

에드와 나는 만나자마자 의기투합해 동업자가 되었다. 이튿날 나는 15번가의 한 호텔 방에 들어가 그에게 엑스터시를 200개 구입했다. 루이빌로 돌아온 후에는 에드가 내게 엑스터시와 케타민을 페덱스로 보내면, 나는 그에게 우편환을 부쳤다. 나는 에디를 따라 여러 게이 행사에 함께 참석했다. 거기서 그는 마약을 공급하고 나는 마약을 판매했다. 기가 막힌 조합이었다.

에드의 엑스터시는 민트 사탕처럼 보였기 때문에 나는 그것들을 알토이드라는 민트 사탕 용기에 담아서 팔았다. 불필요한 주의를 끌지 않기 위해서였다. 댄스 무대에서 친구에게 민트 사탕을 건네는 일은 지극히 평범한 일이기 때문에 의심을 살 일이 없었다. 에드의 엑스터시가 흰색 캡슐 모양으로 바뀌고 나서는 틱택 사탕 용기로 바꿨다. "틱택 하나 얻을 수 있어?"라고 말하는 것이 엑스터시를 구매하는 암호로 통했다.

나는 아버지가 치과를 경영하는 모습을 보면서 배운 것들을 내 사업에도 적용했다. 어떻게 하면 이 사업을 더 키울 수 있을까, 나는 늘 머리를 굴렸다. 나는 댄스 무대에서 거래할 때마다 에드의 관행을 따라 수신자부담 전화번호가 적힌 내 명함을 건네며 말했다. "나중에 필요한 게 생기면, 뭐든지, 이 번호로 연락해요." 에드와 페덱스 덕분에 내 사업은 하루아침에 전국망을 갖추게 되었다. 내 호출기는 밤낮을 가리지 않고 울렸다.

대학원을 다닐 때 구했던 그 아파트는 통신판매 센터로 탈바꿈했다. 나는 어떤 규모의 주문이든 소화할 수 있었다. 엑스터시 두 개를 노스캐롤라이나에 보내 달라고? 문제없다. 내가 당신이 보낸 자기앞수표를 손에 넣으면, 당신은 내가 보낸 약물을 받게 된다. 케타민 8병을 오하이오에 보내기? 우편으로 보내면 된다. 코카인 1온스를 콜로라도에 보내 달라고? 일도 아니다! 주말 전에 받아볼 수 있다. 나는 전국 각지에 있는 친구들과 새로운 고객들에게 마약을 판매했다. 그중에는 루이빌에 거주하는 치과대학생들도 있고 심지어 내지도교수들 가운데 한 명도 고객이었다!

나는 이중생활을 했다. 물론, 두 개 다 완벽하게 성공하지는 못했지만, 낮에는 치과대학생으로 살았고, 밤에는 전국적으로 마약을 거래하는 중개상으로 살았다. 하지만 나는 밤일을 훨씬 좋아했다. 명예와 부, 마약과 섹스, 무엇을 더 바라겠는가?

- - -

1995년 늦가을, 아파트에 있는데 전화벨이 울렸다. 나는 수화기를 들었다.

"여보세요?"

"지금 길게 말 못해. 감시당하고 있으니 조심해."

목소리로 보아 내슈빌에 있는 친구 중 한 명인데, 워낙 두려움에 떨고 있어서 정확히 분간하기는 어려웠다.

"끊어야겠어."

딸깍. 심장이 요동치기 시작했다. 나는 아파트 안을 둘러보았다. 누군가 내 방을 급습한다면 나는 꼼짝없이 현행범으로 붙잡힐 판이었다. 작은 투명봉지, 저울, 약을 담는 주걱, 일정한 용량으로 나눠 담을 접시들, 택배 장비, 그리고 불법 약물들. 아파트에는 다량의 엑스터시와 반쯤 남은 케타민 상자, 그리고 소량의 코카인과 메스암페타민이 있었다.

저 길 건너에 선글라스를 쓰고 귀에는 이어피스를 착용한 마약단속국 요원들이 번호판 없는 차량 안에서 망원경으로 내 일거수일

투족을 감시하는 모습이 떠올랐다. 나는 즉시 방 안의 불을 끄고 창밖을 내다보았다. 길거리에 차량 몇 대가 주차되어 있었다. 저 차량 가운데 하나가 잠복 요원의 것일 수 있다. 나는 블라인드를 내리고 커다란 더플백을 꺼내 모든 마약과 관련 도구들을 쑤셔 넣었다.

더플백을 들고 자동차로 가는데 누군가 나를 감시하고 있다는 생각에 겁이 잔뜩 났다. 나는 속으로 되뇌었다. '침착해. 태연하게 행동하면 돼. 더플백을 차에 싣는 게 뭐 어때서. 너만 그런 거 아니야. 다른 사람들도 다들 그런다고.'

나는 프레스턴 거리의 치과대학을 향해 1마일 가량 운전했다. 나를 미행하는 사람은 아무도 없는 것 같았다. 나는 그 블록을 한 바퀴 돌았다. 분명 미행하는 차량은 없었다. 나는 건물 뒤쪽에 차를 세우고 뒷좌석에 놓아둔 더플백을 꺼내 들고 계단을 통해 건물 안으로 들어갔다. 꽤 오랫동안 사물함을 사용하지 않았지만 다행히 비밀번호를 외우고 있었다. 나는 문을 열고 증거물을 쑤셔 넣은 뒤 조마조마한 마음으로 차량으로 돌아왔다.

그러고 나서는 아무 일도 없었다. 매일 밤 누군가 문을 두드리는 건 아닌지 귀를 쫑긋했지만 아무 소리도 들리지 않았다. 차를 몰고 나갈 때마다 나를 뒤쫓는 차량이 있는지 룸미러로 확인했으나 그런 차량도 없었다. 동네에서 낯선 사람을 볼 때마다 그가 혹시 마약단속국 요원은 아닌지 의심부터 했다.

신원미상의 친구로부터 전화 한 통화를 받은 이후 나는 착실하게 살았다. 클럽에서 마약을 파는 일도 그만두었다. 호출기에도 응답하지 않았다. 수업에 들어가 공부를 했다. 남아도는 시간에 무엇을 할 수 있었겠는가? 감시의 위험이 사라지기 전까지 파티는 어림도 없는 일이었다. 아무 일도 생기지 않자 급기야는 장난 전화가 아닌지 의심이 들었다. 하지만 전화를 건 친구는 정말로 잔뜩 겁에 질린 상태였다.

경고 전화를 받은 지 두 주가 지난 어느 날 아침, 수업에 늦은 나는 치과대학 캠퍼스에서 시속 25마일 구간을 조금 빠른 속도로 달리고 있었다. 신호등 앞에서 정지 신호를 받고 차를 세우려는데 차량 한 대가 뒤에서 빠르게 달려오더니 내 앞을 가로막았다. 이어서 다른 차량 두 대가 내 왼편과 뒤편에 급정거했다.

신호등에 파란불이 들어와 깜빡거리는데, 차량에서 남자 두 명이 튀어나왔다. 내가 차에서 내리려고 하자 그들은 "꼼짝 마. 손들어!"라고 외쳤다.

"왜 그러세요, 경관님?" 내가 과속했기 때문이라고 짐작했다. 그런데 문득 교통 단속 치고는 대응이 좀 과하지 않나, 하는 생각이 들었다. 나는 짐짓 아무 것도 모르는 순진한 학생처럼 "제가 과속했나요?"라고 물었다.

"크리스 위안?"

도대체 어떻게 내 이름을 알았지?

"그렇습니다."

"얘기 좀 하지. 당신은 묵비권을 행사할 권리가 있고 당신이 하는 말은 법정에서 불리하게 사용될 수 있으며, 당신은 변호사를 선임할 권리가 있다….”

나는 태연한 척하려고 애를 썼다. 이 사람들이 지금 내게 피의자 권리를 읽어 주는 거야? 대체 왜?

“그러죠. 무슨 일로 그러시는데요?”

“우리는 당신이 암페타민을 유통시키고 있다는 정황을 포착했다.” 경관 하나가 이렇게 말하면서 나를 돌려세우고 두 손을 자동차 지붕 위에 올리게 만들었다.

“정말요? 제가요?” 나는 믿기지 않는다는 듯이 고개를 저었고, 순진한 학생이 당황하는 모습을 연출하려고 갖은 애를 썼다.

경관 하나가 내 몸을 위에서부터 아래로 더듬으며 수색했고 다른 한 명은 차량 내부를 살폈다. 그들은 “아무것도 없잖아”라고 말하듯 고개를 저었고, 심문을 계속했다.

“에드 돌웨트를 아나?”

“그럼요. 8월부터 사귀는 사이입니다.” 원래 거짓말에는 젬병이었지만, 하다 보니 거짓말도 조금씩 늘었다. 그들은 내가 에드와 아는 사이임을 파악하고 있었다. 그러니 에드가 내 마약 공급책이라기보다는 애인으로 알게 하는 편이 더 좋은 작전이었다.

“그 자가 마약상이라는 사실을 알고 있나?”

나는 그들을 바라보며 흠칫 놀라는 표정을 지었다.

“에드가요? 설마요?”

"네 아파트를 수색할 영장은 없다. 우리가 수색할 수 있도록 협조해 줄 수 있겠나?"

"물론이에요." 마침 아파트를 깨끗하게 정리한 상태라 나는 속으로 회심의 미소를 지었다. "좋을 대로 하시죠. 근데 찾는 사람이 진짜 그 에드 돌웨트 맞아요?"

나는 서류에 서명했고, 경찰은 나를 따라 아파트에 들어갔다. 그들이 데려온 마약 탐지견들 때문에 내심 불안했다. 개들이 마약 잔여물 냄새를 맡고 미친 듯이 짖을까 봐 두려웠다. 하지만 그들은 빈손으로 돌아갔다. 그들이 찾은 것은 성인용품 몇 개와 포르노그래피 잡지들뿐이었다. 경관들의 얼굴에 놀라움이 스쳐 가는 것을 나는 조용히 지켜보았다.

경찰은 범죄 현장을 낚을 것으로 기대했겠지만 아파트에 마약의 흔적은 없었다. 그들은 떠나면서 내게 사과했고, 나는 너그럽게 사과를 받아들였다. 여유를 부리지 못할 이유가 없었다. 내가 이겼다. 한 번 혐의를 벗었으니 앞으로 움직이기도 편해졌다. 내가 자발적으로 수색에 협조한 마당에 아무것도 발견하지 못했으니 경찰은 당분간 수색영장을 또 받기 힘들 것이다.

그들은 나를 쉽게 건드릴 수 없었다.

그날 이후 나는 치과대학 사물함에서 다시 더플백을 꺼내 왔다. 나는 사업을 확장할 계획을 세우고 다시 현업에 복귀했다.

제11장

하나님께 맡기라

안젤라, 1996년 3월 19일

레온의 환자 가운데 한 명의 서류 작업을 마치는데 전화벨이 울렸다. 수화기를 들었을 때 한동안 듣지 못했던 낯익은 목소리가 들려와 가슴이 덜컥했다.

"엄마, 저 학교에서 또 문제가 생겼어요." 수화기 건너편에서 크리스토퍼의 괴로워하는 목소리가 들렸다.

"이번엔 무슨 일이니?"

"학교에서 저를 제명시킨대요. 저, 다음 주에 존슨 부학장과 면담해요. 저한테 두 번의 기회는 없을 거라고 하더군요."

나는 숨이 멎는 줄 알았다. "너 지금 '제명'이라고 했니? 전처럼 경고가 아니고?"

"아뇨, 엄마. 제명이요."

"네가 졸업한다는 편지도 받았는데." 바로 지난주에 남편은 졸업식에 참석해 크리스토퍼에게 석사 후드를 씌워 주라는 초대장을 받았다. 우리는 두어 달 전부터 졸업식에 참여할 계획을 세우고 여행 준비를 하고 있었다.

"알아요. 저도 방금 석사모랑 가운이랑 후드를 주문했는데, 이게 말이 돼요?" 크리스토퍼가 물었다. "어쨌든 지금 그게 문제가 아니에요. 부학장은 제가 루이빌에 온 이래로 계속 벼르고 있었어요. 이제 전 끝장이에요."

"하지만 넌 국가자격증 시험도 모두 통과했잖니."

"주립 면허 시험이 남긴 했죠. 그 시험은 졸업을 해야 치를 수 있어요. 졸업 못 하면 의대 학위도 없어요. 학위가 없으면 자격증도 못 따고, 자격증이 없으면 의사가 될 수 없어요!" 크리스토퍼의 목소리는 독선과 자기 연민, 그리고 분노로 떨렸다.

"이 사람들이 내게 이런 짓을 하다니 믿기세요? 졸업이 코앞인데! 부학장이면 이렇게 마음대로 해도 되는 거예요? 이럴 거면 진즉 퇴학시킬 것이지. 참, 그러면 4년 치 등록금은 챙길 수가 없었겠네요. 학자금만 8만 달러 날렸어요! 의사 생활을 못 하면 그 돈을 어떻게 갚아요?"

나는 잠자코 앉아 있었다. 크리스토퍼에게 기대했던 꿈들이 멀리 사라지고 있었다. 나는 아들이 낳은 아이들의 할머니가 되고 싶었지만, 그런 일은 일어나지 않을 것이다. 나는 그 아들이 치과의사가 되어 우리가 새로 지은 병원에서 함께 일하기를 바랐지만 이제 그 가능성도 사라졌다.

나는 수없이 기도했다. '주님, 머나먼 이국에서 방황하는 이 탕자를 당신께 인도할 수 있다면 무슨 일이든 하소서.' 어쩌면 이것이 내 기도에 대한 응답인지도 모른다. 내가 기다렸던 인생의 바닥, 어쩌면 이를 계기로 크리스토퍼가 예수님께 두 손 들고 나아갈 수 있지 않을까? 그럼에도 아들이 이 같은 일을 겪는 것을 지켜보는 마음은 찢어졌다. 학위도, 직업도, 미래도 없을 아들을 생각하니 가슴이 미어지는 아픔을 느꼈다.

"나보다 훨씬 못한 애들이 수두룩해요." 크리스토퍼가 다시 말을 이어갔다. "이건 순전히 개인적인 앙갚음이에요. 존슨 부학장은 나를 싫어하니까요. 이건 부당해요!" 크리스토퍼는 조금 있다 어조를 싹 바꾸어 말을 이어갔다. 후회나 뉘우침이 아닌 영악한 목소리, 뭔가 농간을 부리는 느낌마저 들었다. "엄마, 몇 해 전에도 저처럼 한 학생이 제명당할 위기였어요. 그 선배 아버지는 의사예요. 치의학계에서 인맥이 상당한 분이었죠."

나는 이 아이가 무슨 얘기를 하려는지 짐작이 갔다.

크리스토퍼는 계속 말을 이었다. "그 선배 아버지가 학교로 와서 존슨 부학장보다 직급이 높은 로빈슨 학장과 담판을 지었죠. 학교를 고소하겠다고 위협했대요."

나는 크리스토퍼의 말투가 영 거슬렸지만 어쨌든 그 아이의 미래가 달린 일이었다. 레온과 나는 미국에 오려고 많은 것을 희생했고 따라서 우리 아이들은 더 나은 삶을 살아야 했다. "있잖니, 크리스토퍼. 여기도 문제가 많단다. 이 문제에 대해 아빠와 의논해야겠다. 나중에 전화해도 되겠니? 이번엔 엄마 전화 받을 거야?"

"그럼요, 엄마. 받을게요."

나는 전화를 끊었지만 어떻게 해야 할지 몰랐다. 여느 중국인 부모라면 누구나 그들이 지닌 힘을 최대한 써서 자녀들에게 양질의 교육과 번듯한 직업, 탄탄한 미래를 만들어 주려고 나설 것이다. 하지만 나는 옳은 일을 하고 싶었다. 나는 하나님의 뜻을 따르고 싶었다. 하나님의 뜻은 무엇일까?

나는 금식 기도에 들어가 하나님께 지혜와 분별력을 구했다. 그분의 뜻이 어떤 건지는 알지 못했지만, 남편과 내가 그 아이의 인생에서 비켜나 하나님이 크리스토퍼의 삶에 역사하시도록 해야 한다는 것만은 틀림없었다.

- - -

한 주 뒤에 레온과 나는 루이빌로 날아가 로빈슨 학장을 만났다. 3년 전쯤에 내가 앉아 있던 바로 그 장소였지만 이번에는 내 마음가짐이 그때와는 사뭇 달랐다. 지난번에 나는 크리스토퍼를 위해 존슨 부학장의 판단이 틀렸음을 입증하고 잘못을 따지려고 이곳에 왔었다. 그때 나는 독선에 사로잡혀 있었다. 이번에는 마음이 차분하게 가라앉았다. 하나님은 약속하신 대로 이 문제를 해결하실 것이다.

하나님은 요 몇 년 사이 나를 놀랍게 변화시키셨다. 과거에 나는 내 아들이 부학장실에 불려 다닌다는 사실에 얼굴을 들 수 없을 정도로 수치심을 느꼈다. 그러나 그리스도를 영접하고 내가 바로 용서받을 죄인임을 깨달은 후로는 부모를 거역하는 크리스토퍼나 나나 별반 다르지 않다는 사실을 알게 되었다. 크리스토퍼의 허물이 더 크게 보였을 뿐, 사실 우리는 모두 죄인이다. 그리고 이 깨달음 덕분에 나는 다른 사람들의 시선과 평가에서 한결 자유로울 수 있었다.

대기실에서 레온과 나는 크리스토퍼 맞은편에 나란히 앉아 있었다. 치과의사로서 발을 내딛기도 전에 자신의 진로를 좌지우지할 수 있는 책임자에게 잘 보이려고 크리스토퍼는 양복에 넥타이까지 한껏 차려입었다.

레온은 로욜라 치과대학이 1993년에 폐쇄되기 전까지 그곳에서 학생들을 가르쳤고, 루이빌 치과대학에서는 그를 겸임교수 물망에 올려놓고 있었다. 그리고 로욜라에 있다가 루이빌에 와서 학과장을 지내는 교수 한 명도 남편과 친분이 있었다. 레온이 학사지원부에 압력을 넣는 것은 그리 어려운 일이 아니었다. 다른 건 몰라도 크리스토퍼가 5월에 의학 학위를 들고 졸업할 수 있게 만들 힘은 있었다.

벽에 걸린 시곗바늘이 움직이는 소리만 들릴 뿐 실내는 조용했다. 다시 기다림의 시간이 왔다. 나는 늘 뭔가를 기다리는 인생이었다. 예전에는 기다리는 일이 끔찍이도 싫어서 어떻게든 일을 진척시키려고 온갖 수단을 강구했지만, 지금은 하나님 안에서 기다림을 훈련받는 중이었다. 며칠 전 아침 묵상 시간에 시편 46편을 읽었다. "너희는 가만히 있어 내가 하나님 됨을 알지어다"(시편 46편 10절). 내 뜻대로 일을 밀어붙이는 습관을 버리고, 하나님의 때와 그분의 방식대로 일이 이루어지도록 하나님께 맡겨야 한다는 사실을 깨달았다. 어쩌면 이번 일이 내가 고대하던 그 순간이기를 나는 간절히 바랐다.

크리스토퍼가 주님께 돌아오려면 바닥을 치는 단계가 필요했다. 1994년에 학사경고를 받았을 때 나는 아들이 전환점을 맞길 바랐다. 그 다음에는 케빈과의 이별이 혹시 전환점이 되지 않을까 기대를 품었다. 그리고 지금은 퇴학이라는 위협이 기폭제가 되어 크리스토퍼가 그리스도에게 굴복하기를 바라고 있었다. 이보다 더한 불상사가 일어나는 것은 바라지 않았다.

로빈슨 학장의 비서가 드디어 사무실에 들어와도 좋다는 말을 했다. 우리는 존슨 부학장보다 직급이 높은 로빈슨 학장을 만나러 왔다. 그는 따뜻한 미소로 문 앞에서 우리를 맞이하며 악수를 나누었다. "위안 박사님, 위안 부인. 이렇게 다시 뵙게 되어 반갑습니다." 그는 크리스토퍼와도 악수를 나누며 인사했다. "안녕, 크리스."

로빈슨 학장은 너그럽고 위엄이 있는 사람이었다. 무척 껄끄러울 수 있는 상황이었지만 그는 정중하고 교양 있게 처신했다. 하지만 우리 사이에는 긴장감이 감돌았다. 학장도 학교를 상대로 소송이 벌어지는 사태는 원하지 않았다.

그는 우리 세 사람을 자리로 안내하고는 자신의 책상으로 돌아가 앉았다. "위안 박사님, 위안 부인. 아시다시피, 크리스토퍼는 이미 성인입니다. 제가 성인의 학업 문제로 학부모와 상담하는 일은 극히

116

이례적인 일입니다." 그는 연필을 들고 책상 가장자리를 가볍게 두드렸다. "하지만 서로의 입장을 존중해 생산적으로 이 문제를 풀어갈 방법을 찾으리라고 확신합니다."

레온은 그 말에 동의했다. "네, 학장님이 이렇게 시간을 내 주시니 저희도 감사합니다."

이어서 내가 말했다. "로빈슨 박사님. 몇 개월만 지나면 6년간의 결실인 학위를 받고 졸업할 예정인 학생을 이렇게 제명한다는 건 심각한 사안입니다. 이 아이는 로욜라에서 2년, 여기서 2년, 그리고 학사경고 때문에 다시 2년을 공부했습니다."

로빈슨 학장이 말했다. "그렇습니다. 위안 부인. 그 사실은 저도 잘 알고 있지만…."

레온이 끼어들었다. "로빈슨 학장님. 지난 4년 동안 수업료를 지불하기 위해 크리스토퍼가 많은 학자금을 대출받았다는 사실을 잘 아실 것입니다. 전문학위를 취득하지 못하면 이 아이는 그 돈을 갚을 길이 없습니다."

로빈슨 학장이 무슨 말인가 꺼내려고 입을 열었지만 내가 다시 말을 이었다. "학장님. 저는 지난 며칠 동안 온힘을 다해 기도했어요. 이 일로 하나님께서 크리스토퍼의 인생에 뜻하신 바가 무엇이든 남편과 저는 그 일에 방해가 되면 안 된다고 생각해요."

로빈슨 학장은 방금 내가 한 말을 이해하지 못하겠다는 듯 의아한 얼굴로 우리를 쳐다보았다. 크리스토퍼는 불안한 눈길로 레온과 나,

그리고 학장을 훔쳐보았다.

"학장님, 제가 드리고 싶은 말씀은 우리가 학교의 결정에 어떤 식으로든 영향력을 행사해서는 안 된다는 것이에요. 학장님과 학사지원부에서 심사숙고하셨겠지요. 모든 요소를 살펴보고 옳다고 여기는 판단을 내리시리라 믿어요. 왜 학교에서 크리스토퍼를 제명하려고 하는지 크리스토퍼는 우리에게 그 이유를 자세히 알려 주지 않았지만, 우리는 학사지원부가 올바른 처분을 내릴 거라 믿습니다."

로빈슨 학장은 무슨 말을 해야 할지 알지 못했다. 잠시 침묵이 있었고, 내가 말을 다시 이었다. "학교 측의 처분에 아무 힘을 쓰지 않으려고 이렇게 학장님을 찾는 부모는 거의 못 보셨을 거예요. 하지만 우리는 크리스토퍼에게 옳은 결정이 내려지기를 바랍니다." 나는 심호흡을 했다. "사실 크리스토퍼가 의사가 되는 일은 중요하지 않아요. 중요한 것은 크리스토퍼가 그리스도의 제자가 되는 거예요." 나는 남편을 잠깐 쳐다보고 말을 이었다. "남편과 저는 학장님이 무슨 결정을 내리시든 지지하겠다는 말씀을 드리려고 루이빌에서 날아온 거예요. 저는 제 아들이 하나님께 돌아오기만을 기도한답니다."

로빈슨 학장은 말없이 우리를 바라보았다. 할 말을 잃은 표정이었다. 크리스토퍼의 얼굴이 점점 벌겋게 달아올랐다. 의자 손잡이를 꽉 움켜진 그 아이의 눈에서 분노가 읽혔다.

크리스토퍼가 이 일로 우리를 향해 또다시 분노를 새기게 된 점이 마음 아프지만, 아들에 대한 하나님의 역사를 훼방하지는 않았다는 사실에 나는 마음이 놓였다. 설령 그것이 아들의 진로를 내려놓는 문제일지라도, 우리는 하나님 뜻에 복종하는 것을 삶의 최우선 순위로 삼고 있다는 마음가짐과 그 의지를 이번 기회에 확고히 하게 되었다. 나도 내 아들이 고통과 어려움을 겪는 것은 바라지 않는다. 그러나 이사야 55장 8절의 말씀처럼 하나님의 길은 내 길과 다르며, 자녀가 자신의 행동에 책임지게 하는 것이 진정한 사랑을 보여 주는 유일한 길일 때도 있다. 실은 그날 아침 나는 잠언 3장 12절을 읽은 터였다. "여호와께서 그 사랑하시는 자를 징계하시기를."

우리는 사무실을 걸어 나와 엘리베이터를 타고 내려왔다. 3월의 햇살이 밝게 빛났다. 크리스토퍼는 방금 일어난 일에 화가 나서 씩씩거리며 우리보다 앞서 걸어갔다.

나는 레온을 바라보며 말했다. "이 일이 끝나서 정말 기뻐."

"나도 그래." 그는 내 손을 꼭 잡으며 이렇게 말했다. "이걸로 정말 끝이었으면 좋겠어. 더 이상 악화되는 일은 없어야 할 텐데."

제12장
·······

끝내주는 게이 파티

크리스토퍼. 1996년 4월 7일

에드 돌웨트가 내 어깨를 두드리며 귀에 대고 소리쳤다. "코니, 조던을 만나봐!" 이만여 명의 남자들이 댄스 무대에서 춤추는 소리와 쿵쾅거리는 음악 때문에 에드가 뭐라 하는지 알아듣기가 어려웠다. 부활절 주말에 우리는 화이트 파티에 참가했다. 가장 크고 또 신나게 즐길 수 있는 게이 축제 중 하나였다.

몸을 돌린 순간 나는 놀라서 할 말을 잃었다. 조던은 말보로 담배 모델 급의 훤칠한 키에 금발머리였다. 그의 얼굴은 잡지 사진과 영화에서 수없이 보았다. 그러니까 내가 익히 아는 얼굴이었다. 나는 그와 악수를 나눴다. "당신은 톰○○." 그가 영화에 등장해서 사용하는 이름을 불렀다.

그는 완벽한 살인미소를 날리며 말했다. "맞아요. 하지만 친구들한테는 조던이에요."

"크리스예요. 에드는 저를 코니라고 부르죠." 내가 대답했다.

"에드 친구라면 저한테도 친구죠."

게이 포르노그래피 세계에서 조던은 슈퍼스타였다. 두어 해 전에
는 포르노 업계에서 오스카상으로 불리는 상을 수상하기도 했다. 조
던을 비롯해 거기에 있는 많은 얼굴들이 눈에 익었다. 눈을 돌리는
곳마다 알 만한 모델과 배우들이 보였다. 포르노 업계 사람들만 온
것이 아니었다. 이름난 잡지, 영화, 텔레비전 쇼에 등장하는 모델과
배우들도 있었다. 나는 아름다운 사람들에게 둘러싸여 있었다. 방금
나는 그중에서도 손에 꼽히는 유명 인사를 소개받은 것이었다. 나는
그저 어안이 벙벙했다.

어릴 때 조롱당하고 놀림당하던 중국인 꼬맹이가 슈퍼스타들과
어깨동무를 하고 있을 줄 누가 알았겠는가. 치과대학에서 쫓겨난 나
는 자유의 몸으로 전국에서 열리는 게이 행사와 마약 판매에 집중할
수 있었다. 나는 게이 행사에서 매력을 발산하기 시작했다. 성격이
사교적이고 재미있는 점도 한몫했지만, 더 중요한 것은 내게 양질의
약물이 있었기 때문이다. 나는 게이 커뮤니티에서 대형급 스타들이
즐겨 찾는 판매상이었다.

조던과 나는 주말 동안 환상적인 시간을 보냈다. 함께 춤추고, 웃
고, 사람들에게는 우리가 한 시에 태어났으나 헤어진 쌍둥이였다고
소개했다. 조던은 내게 친구 이상의 관심은 보이지 않았지만 나는
그의 친구가 된 것에 만족했다. 그래서 루이빌로 돌아가고 난 뒤 화
요일 아침에 그의 전화를 받고 깜짝 놀랐다. "팜 스프링에서는 진짜

즐거웠어"라고 그가 말했다.

"나도. 끝내주는 파티였지. 손에 꼽을 정도로."

"저기, 샌프란시스코로 와서 나를 만나지 않을래? 나는 상용고객이라 마일리지가 있으니까 넌 비행기 값을 낼 필요 없어."

우리가 흔히 경험하는 화요병이라고 생각했다. 조던과 나는 주말 내내 엑스터시에 취해 있었다. 그러니까 월요일에 약효가 떨어지고 나면 화요일에는 기분이 영 별로였다. 도파민 분비를 촉진하던 약물 효과가 사라지고 나면 기분이 한없이 가라앉았다. 주말 내내 파티를 즐긴 후에는 많은 사람들이 우울감에 사로잡힌다. 심지어 자살 충동을 겪기도 한다. 화요병이 찾아오면 홀로 보내기가 쉽지 않았다.

"그럼, 나야 좋지."

금요일에 내가 샌프란시스코 국제공항에 도착하니 조던이 마중 나와 있었다. 나는 조던의 집에 짐을 푼 뒤 그의 오토바이를 함께 타고 드라이브에 나서기로 했다. 조던은 내게 승마용 가죽 바지 한 벌을 빌려 주었다. 조던은 키가 크고 우람한 근육질이었던지라 나한테는 옷이 너무 컸다. 나는 단을 접어 올리고 벨트를 조여 맸다. 그러고 나서 우리는 오토바이를 타고 태평양 연안 고속도로를 달렸다. 한참을 달리다가 차트하우스에서 잠시 멈췄다. 몬타라 주립 해변이 내려다보이는 아름다운 레스토랑이었다. 하늘은 푸르고, 햇살은 따스하고, 바다는 빛을 받아 수평선까지 반짝였다.

헬멧을 손에 들고 레스토랑에 들어가 대기석에서 자리가 나기를 기다렸다. 한가해 보이는 웨이터 몇 명이 우리의 복장을 눈치 챘다.

"오토바이 타나 봐요?"

"어, 맞아요." 조던이 대답했다.

"어떤 종류 타요?" 웨이터가 물었다.

"할리요. 팻보이."

"죽이네요." 웨이터가 고개를 끄덕이며 말했다. "난 스포츠스터 1200을 샀어요. 신상이죠." 그는 내게 몸을 돌리며 물었다. "당신은 요? 어떤 거 타요?"

"어, 우린 같이 타고 왔어요." 나는 씩 웃으며 말했다.

웨이터는 나를 한 번 쳐다보고 그 다음에 조던을 쳐다보더니 우리가 입은 가죽 바지를 차례로 훑어보았다. "아… 그래요. 그런가 보네요." 웨이터들이 의아해하며 자리를 뜨는 것을 보며 조던과 나는 낄 낄거리며 웃었다. 샌프란시스코에서 게이 커플을 보는 건 흔한 일이지만, 우리가 흔히 보는 게이 커플로 보이지는 않았을 것이다. 더구나 우리는 그냥 친구 사이였을 뿐이다. 조던은 미친 듯 주말을 보낸 뒤 외로웠고, 나는 그의 기분을 달래 주려고 왔을 뿐이다.

우리는 맛있는 바닷가재 요리를 먹으며 바다 저편으로 해가 지는 풍경을 감상했다. 내 몫은 내가 계산하겠다고 했지만 조던은 자신이 초대한 것이니 자기가 내겠다며 극구 말렸다. 참 이상하네, 하고 생각했다. 웨이트리스에게 신용카드를 건네는 동안 우리는 눈을 맞췄다. 잠깐 사이지만 그의 눈길에서 특별함이 느껴져 가슴이 고동쳤다. 나를 친구 이상으로 생각하는 것일까?

밤늦게까지 클럽에서 놀다가 우리는 이튿날 새벽에야 잠을 청했다. 조던의 침대에서 잠이 깬 나는 혹시 꿈이 아닌가 싶어 내 볼을 꼬집어 보았다. 꿈이 아니었네?

3주 뒤에 조던은 주말을 보내려고 루이빌로 날아왔다. 켄터키 더비 경마대회가 있었고, 이는 일반인뿐 아니라 게이 커뮤니티에서도 거대한 파티가 열린다는 의미였다. 나는 루이빌 클럽에서는 이미 인지도가 높았지만 유명 스타를 대동한 만큼 사람들 사이에서 더욱 돋보였다. 조던과 나는 다량의 마약을 함께 팔고 이익을 나눠 가졌다.

루이빌에 머물던 조던은 출연이 예정되어 있는 게이 클럽에 가기 위해 시카고로 떠났다. 며칠 후에 쿡 카운티 병원에서 조던에게 전화가 걸려왔다.

"크리스, 나 아파." 목이 쉬고 기운 없는 조던의 목소리가 들렸다. 그는 기침을 했다. 예사 기침이 아니라 가슴 깊은 곳에서 울리는 기침이었다. "넌 잘 모르겠지만… 나 정말 아파. 여기 병원이야."

조던은 샌프란시스코에서 나와 보냈던 첫날, 자신이 HIV(Human Immunodeficiency Virus: 인간 면역 결핍 바이러스로, 후천성 면역 결핍 증후군 즉, 에이즈를 일으키는 원인 바이러스다 ―편집자) 양성 판정을 받았노라고 말했다. 물론, 이후 주변 사람들에게 밝힌 적은 없다.

"HIV 감염이랑 관련 있어?" 내가 물었다.

"어. 폐렴이라나 봐." 그는 다시 기침을 했고, 기침은 쉬이 수그러들지 않았다. 나와 함께 지난 몇 주간 파티를 즐겼던 이 우람한 남자가 폐렴으로 병원에 누워 있는 모습이 상상이 되지 않았다.

앞뒤 생각 없이 나는 차를 타고 시카고로 출발했다. 쿡 카운티 병원 로비에 들어서는데, 고약한 냄새가 코를 찔렀다. 병원에서 흔히 맡는 소독약 냄새가 아니었다. 영문은 모르지만 그것은 틀림없이 지린내였다.

조던을 만나러 갔더니 간호사들이 그가 격리 치료를 받고 있다고 알려 주었다. 그들은 내게 마스크와 가운을 입혀 그의 병실로 안내했다. 그를 보니 내가 상상하던 것보다 상태가 훨씬 심각했다. 일주일 만에 5킬로그램 가까이 살이 빠지고, 얼굴은 수척했다. 바로 얼마 전만 해도 조던은 게이들의 아이콘이었고 그는 언제나 그를 따르는 사람들에게 둘러싸여 있었다. 그런데 지금 그는 혼자였다. 쿡 카운티 병원은 부유하고 유명한 사람들이 아플 때 찾아오는 곳이 아니다. 돈 없고 힘없는 사람들이 병들었을 때 찾아오는 공립병원이었다.

조던을 만나러 온 사람은 내가 유일했다. 파티에서 만난 친구들도, 포르노 업계 동료들도, 가족도 그를 보러 오지 않았다. 만약 내가 루이빌에서 오지 않았다면 조던은 남은 밤을 차갑고 어두운 병실에서 홀로 지샜을 터이다. 슈퍼스타임에도 불구하고 그와 함께하려고 병원을 찾은 사람은 나뿐이었다.

= = =

조던은 밤새 잠을 설쳤다. 차창 밖으로 보이는 이 도시에는 한때 우리 집이었던 곳이 있었다. 시카고에 머문 지 이틀쯤 지났다. 최소한 여기 왔다는 사실만이라도 어머니에게 알리지 않으면 나중에라도 죄송한 마음이 들 것 같았다. 하지만 실은, 외로웠다. 조던 같은 대형 스타가 앙상한 해골로 바뀌어 가는 모습을 지켜보고 있자니 겁이 났다. 내게 위안을 줄 수 있는 사람이 그리웠다. 머릿속에서는 그래서는 절대 안 된다고 소리를 쳤지만 나는 전화기를 들고 집으로 전화를 걸었다.

부모님은 내 목소리를 듣고 반가워하며 당장 병원에 오겠다고 하셨다. 그분들이 함께해 줬으면 했지만 부모님을 만나 어떻게 해야할지 알 수가 없었다. 그분들은 조던을 친구가 아니라 '적'으로 간주할 게 뻔했고, 나는 부모님 입에서 무슨 말이 나올지 두려웠다. 어머니는 자기주장이 강한 분이었고, 조던의 병세가 항생제를 맞으면서상당히 호전되긴 했어도 약해질 대로 약해진 상태였기 때문이다. 그분들에게 병원에 오지 말라고 말할 참이었지만 전화는 이미 끊긴 뒤였고, 다시 전화를 걸었을 땐 두 분이 벌써 길을 나선 것 같았다.

조던은 천천히 병원 복도를 걸었고, 나는 그의 곁에 서서 정맥주사 용액이 걸린 링거 거치대를 끌었다. 간호사 대기소 근처의 모퉁이를 돌자 홀 저편에 있는 널찍한 이중문을 통해 부모님이 들어오시는 모습이 보였다. 나는 바싹 긴장했다.

"우리 부모님이 오셨어." 내가 말했다.

조던은 두 분이 오는 방향을 보다가 다시 나를 쳐다보았다. "방으로 돌아가자. 두 분을 뵙고 싶어."

아버지와 어머니는 내가 그랬듯이 가운을 입고 살균된 마스크를 착용했다. 두 분이 병실에 들어섰을 때 나는 초조하게 두 분 눈치를 살폈다. 하지만 조던을 지그시 바라보는 어머니의 눈길을 보고 내 염려는 눈 녹듯이 사라졌다. 마스크 위로 보이는 어머니 눈에는 연민과 사랑이 가득 담겨 있었다. 어머니와 아버지는 나를 따뜻하게 안아 주셨고, 방을 가로질러 조던의 침대에 다가가 조던을 끌어안았다.

부모님은 조던의 침대 옆에 앉아 얘기하고 웃으며 우리 두 사람과 30분쯤 시간을 보냈다. 심각한 얘기는 하나도 나오지 않았다. 우리 네 사람은 그저 오래 알고 지낸 친구들처럼 대화를 나눴다. 나는 부모님이 나와 특히 조던에게 보여 준 포용과 애정에 적잖이 놀랐다. 그 갑갑한 병실에서 내가 그때 떠올린 생각은, 파티에서 조던을 추앙하던 수많은 친구들과 팬들 대신 정작 그의 침대를 지킨 이들은 조던이 처음 본 사람들, 내 부모님이라는 사실이었다. 조던에게 누군가의 도움이 가장 절실한 순간에 두 분은 조던과 함께했다.

조던은 병을 이겨냈다. 하지만 우리 연애는 그러지 못했고, 조던과는 친구 사이로 남았다. 나는 루이빌을 떠나고 싶어 몸이 근질거렸다. 잘나가는 사람들과 파티를 즐기며 전국의 도시를 돌아다니면서부터 루이빌은 구닥다리로 보이기 시작했다. 루이빌 친구들은 비행기를 타고 이동하는 내 생활 속도를 쫓아올 수 없었다. 그래서 나는 특별한 게이 행사가 없을 때면 차를 타고 애틀랜타로 가서 주말 동안 클럽에서 놀았다.

= = =

8월 중순, 무더운 주말이었다. 1996년 하계올림픽이 애틀랜타에서 막을 내렸지만 도시는 여전히 활기와 에너지로 넘쳤다. 다시 하틀랜타 축제가 돌아왔으니까 내가 에드 돌웨트를 만난 지도 1년이 지났다. 일요일 밤, 나는 헤레틱 바에 갔다가 데렉이라는 남자를 만났다. 다부진 체격에 갈색 턱수염을 기른 데렉은 상남자였다. 우리는 보자마자 죽이 맞았다.

데렉은 나를 그의 아파트로 데려갔고 나는 거기서 하룻밤을 묵었다. 이튿날 아침 그가 아침식사를 준비할 때 나는 그에게 말했다.

"있잖아. 나 애틀랜타로 이사 올 생각이야."

"이사? 어디로?"

"아직은 몰라. 내 친구 채드와 제프도 내슈빌에 있다가 이쪽으로 이사 온 거 알지? 걔들은 폰스 데 레온에 집을 얻었어. 나도 그쪽으로 갈 수도 있고."

"내가 사는 동네는 어때?" 그는 접시에 스크램블 에그를 올려놓고 나를 돌아보며 물었다.

"좋지, 여기 근사해. 내가 사는 루이빌 동네보다 훨씬 좋아."

"그럼 우리 집으로 이사 올래?"

"정말? 진심이야?"

"그래. 진심이야. 이리 와서 나랑 플레처랑 함께 지내." 플레처는 그가 키우는 불테리어였다.

"내 짐들이 몽땅 루이빌에 있어."

"그러면 가져오자고. 이번 주에 함께 가자. 이사하는 건 내가 도와주지."

그 주에 데렉과 플레처와 나는 루이빌로 가서 내 짐을 싸 가지고 애틀랜타로 왔다. 그날은 내 26번째 생일이었고, 내 인생에서 흥미로운 또 하나의 스토리가 시작되는 날이었다. 우리가 테네시 주의 구불구불한 언덕을 달리고 있는데 내 휴대전화 벨이 울렸다. 에드 돌웨트의 애인이었던 루크가 LA에서 내게 전화를 걸어 온 것이다.

"크리스, 나쁜 소식이야." 루크의 목소리가 갈라졌다. "에드가 어제 죽었어."

통화 종료 버튼을 누른 내 손이 맥없이 무릎 위에 떨어졌다. 데렉이 무슨 일이냐고 물었지만 나는 잠시 아무 말도 하지 못했다. 내 머릿속에서는 에드와 함께했던 순간들이 영화 필름처럼 돌아갔다. 클럽에서 만났던 장면, 통화하면서 들었던 목소리, 함께 즐기던 파티, 그리고 조던 말고도 수많은 사람들을 소개시켜 주던 그의 모습이 떠올랐다. 나를 '크레이지 코니'라고 불러 주는 사람이 세상에서 갑자기 사라졌다. 사업상 조언을 해 줄 사람도 이제 없다. 나는 에드에게 지금 내가 몸담고 있는 세계, 그러니까 마약과 파티, 인생을 즐기는 법을 배웠다. 에드는 내가 알고 지내는 사람들 중에 후천성면역결핍증(에이즈)으로 사망한 첫 번째 사람이었다. 그를 잃어버린 충격은 컸다. 그 일만 아니었다면 이날은 내 인생에서 가장 행복한 순간이 될 수도 있었을 것이다.

● ● ●

데렉과의 생활은 시작부터 기복이 심했다. 처음 몇 주간 데렉은 나를 얼마나 많이 사랑하는지, 또 내가 그의 집으로 이사 와서 얼마나 기쁜지 아침마다 내게 고백했다. 우리는 하나가 된 기분, 마치 그의 영혼과 나의 영혼이 하나로 묶인 기분이었다. 하지만 실상 우리 사이의 열정은 엑스터시에 의존할 때가 많았다. 우리 사이는 좋고 나쁠 때가 극명하게 차이나는 강렬한 관계였다.

10월 초, 데렉은 일요일 저녁에 밖에 나가고 싶어 했고 나는 그러고 싶지 않았다. 그런데도 그는 옷을 차려입고 혼자 외출했다. 나는 밤새도록 그가 돌아오기를 기다렸지만 그는 돌아오지 않았다. 아침에야 나타난 그에게 어디에 갔었는지 물었더니 데렉은 화를 내며 따로 나가 살 집을 알아보라고 했다. 그래서 나는 짐을 싸기 시작했다. 우리 두 사람이 함께 찍은 사진이 든 액자를 챙기려는데 그가 득달같이 달려와서 액자를 붙들더니 "이건 내거야"라고 말했다.

내가 놔 주질 않자 그가 내 목을 조르기 시작했다. 물론 그동안에도 의견 대립은 있었지만 한 번도 몸싸움을 벌인 적은 없었다. 숨이 막혔다. 내가 사랑했던 사람이 내게 이런 짓을 할 수 있다는 사실에 충격을 받았다. 데렉은 내가 유일한 사랑이라고 수도 없이 고백했었다. 나를 죽일 듯이 내 목을 단단히 조여 오는 그의 손아귀에서 나는 벗어날 수가 없었다. 마침내 그가 옥죄었던 손을 풀어 주며 나를 내려놓았다. 허공에 붕 떠 있던 내 양발이 바닥에 닿자 그는 나를 밀치고 소리쳤다. "꺼져!" 내 물건들을 챙겨서 문밖으로 걸어 나오는데 눈물이 왈칵 쏟아졌다.

데렉에게 성을 내고 분노했어야 마땅하지만 나는 그와의 관계를 정리하지 못했다. 그에게 목 졸려 죽을 뻔했지만 나는 여전히 그를 사랑했다. 그 일이 있고 몇 개월 동안 우리는 다시 합치려고 노력했다. 그의 집에서 하룻밤 묵던 날, 그가 내게 처음 듣는 얘기를 꺼냈다. 그 비밀을 털어놓는 일이 쉽지 않았을 텐데 그가 내게 마음을 열었다는 사실이 기뻤다. 그는 감정이 북받치는지 잠시 말을 멈추더니 어깨를 떨구며 바닥에 주저앉았다. 눈물이 그의 뺨을 타고 흘러내렸다. 그는 나를 보면서 자신이 HIV 양성 판정자라고 얘기했다. 그동안 그는 내게 그 말을 꺼내기가 두려웠다고 했다. 내가 그를 사랑하지 않게 될까 봐, 내가 그를 떠날까 봐 겁이 났다고 했다.

그가 내게 용서를 구한 적은 없지만, 나는 소리 내어 우는 그에게 다가가 그를 용서해 주었다. 그의 고백이 지닌 의미를 깨달았지만 나는 화조차 나지 않았다. 나는 그가 가엽게 느껴졌다. HIV 양성 판정을 받았다는 사실만으로도 그는 불행했다. 이제 그는 나를 감염시켰을지도 모른다는 사실을 안고 살아가야 했다. 나는 가까이 다가가 두 팔로 그를 안아 주었다.

"괜찮아. 괜찮아."

나는 에이즈를 유발하는 바이러스에 감염된 사람과 성적인 관계를 가졌고, 그는 그때까지 그 사실을 내게 말하지 않았다. 하지만 이상하게도 오히려 홀가분한 심정이었다. 나는 이제 바이러스에 감염되었을지 궁금해할 필요가 없었다. 검사를 받을 필요도 없어졌다. 검사를 받는다고 달라질 일도 없을 것이다. 혹시 감염될까 봐 전전긍긍할 이유가 없어진 것이다. 그 선을 이미 넘었으니까.

데렉과 함께 울면서 나는 그와 아주 내밀한 부분까지 공유하는 기분이었다. 그리고 게이 커뮤니티에서도 확실한 기반을 갖게 된 느낌이었다. 하기야 게이 커뮤니티 핵심층에 속하는 이들과 똑같은 위치에 서게 된 셈이니까. 그 사실이 조금은 내게 위안이 되었다. HIV 양성 판정자들은 게이 커뮤니티에서 명사 대우를 받았다. 그들은 게이 매거진에 소개되고, 유명세를 탔다. 에이즈는 분명 끔찍한 병이었지만, 나는 왠지 영웅이 된 듯 어깨가 으쓱했다.

제13장

수치스러운 기억

안젤라, 1997년 1월 20일

월요일이었다. 내가 항상 금식하는 날이다. 루이빌을 향해 떠났다가 새로운 인생을 만나고 시카고로 돌아온 지 3년 반이나 지났다. 그 후 월요일마다 물 이외에는 일체 금식을 하며 크리스토퍼를 위해 중보기도를 했다. 하지만 이날은 지난주에 우리 집에 오신 내 아버지를 위해서도 금식기도를 했다. 나는 아버지 사진을 붙들고 기도실에 들어가 무릎을 꿇었다. 아버지는 책임감으로 똘똘 뭉친 근면한 사람이었다. 그는 무뚝뚝하고 엄격하고 냉혹했으며 무엇보다 아주 완고한 분이었다.

평생을 고되게 일하며 자수성가한 아버지는 여든셋에 마침내 그리스도께 삶을 헌신하기로 했다. 영원히 기록에 남기고 싶은 순간이었다. 아버지는 거실바닥에 무릎을 꿇고 하나님께 회개 기도를 올렸다. 그런 뒤에 아버지는 나를 안아 주셨다. 아버지 품에 안긴 적은 그때가 처음이었다. 아버지가 우는 모습을 본 것도 처음이었다. 아버지는 슬퍼서 우는 게 아니라 기뻐서 운다고 말씀하셨다.

　이제 어머니만 마음을 열면 되었다. 두 분은 이혼한 지 3년이 넘었다. 함께 살 때도 두 분은 각방을 썼고 서로 함께 있는 경우가 거의 없었다. 두 분 사이에 풀리지 않은 문제가 오랜 세월 켜켜이 쌓여 갈등의 골은 갈수록 깊어졌다. 어릴 때 나는 부모님이 이혼하는 것만은 절대로 볼 수가 없었다. 어머니에 대해 알고 있는 어두운 비밀을 아버지께 절대 얘기하지 않기로 굳게 다짐한 것도 그래서였다.

■ ■ ■

　다섯 살쯤 되었을까. 그때 나는 윤기 나는 검은 머리칼을 땋아 어깨까지 늘어뜨린 귀엽고 통통한 계집애였다. 그날 밤 침대에서 일어났을 때 나는 헐렁한 파자마 차림이었다. 상선 선원이었던 아버지는 바다에 나가 계셨고 나는 어머니와 한 침대에서 잤다. 중국인 아이들에게는 흔한 일이었다. 그런데 자다가 눈이 갑자기 떠졌다. 뭔가 이상했다.

　내가 느끼는 진동의 정체가 무엇인지 궁금했다. 떨컥. 떨컥. 떨컥. 나무로 된 침대 머리판이 벽에 부딪혔다. 몸을 돌리자 어머니 몸 위에 검은 형태의 어떤 것이 웅크린 자세로 있는 것이 보였다. 탄성과 신음 소리가 들리는데 속이 메슥거리고 구역질이 올라왔다. 나는 비명을 질렀다. 그 소리는 한밤중의 공기를 뚫고 날카롭게 울려 퍼졌다. 오늘까지도 그 소리의 기억이 생생하다. 내가 발길질을 세차게 해대자 침대 시트가 젖혀지며 방바닥으로 떨어졌다. 달빛에 드러난 것은 어머니가 근무하는 사무실에서 보았던 아저씨였다. 벌거벗은 그는 펄쩍 뛰어오르더니 바지를 집어 들어 사타구니를 가렸다. 어머니는 고개를 돌려 나를 쳐다보면서 그 남자를 방 밖으로 내보냈다.

나는 무릎을 가슴까지 바싹 당겨 앉아 목 놓아 울고, 울고 또 울었다. 아버지를 불렀지만 아버지는 그 자리에 없었다. 수천 마일 떨어진 칠흑 같은 망망대해에 있었다. 아무도 나를 위로해 주러 오지 않았다. 모든 게 다 괜찮아질 거라고 나를 다독여 주는 사람은 아무도 없었다. 나는 조그만 가슴을 들썩거리며 목이 메도록 울었다.

잔뜩 겁이 나고 부끄럽기도 했지만 무엇보다 더러웠다. 아예 기억 속에서 지워 버리려고 애썼지만 그럴 수가 없었다. 다른 사내의 몸과 내 어머니의 몸이 뒤엉킨 이미지는 내 머릿속에서 끊임없이 재생되었다. 나는 그 기억을 깊이깊이 봉인해 세상에 드러나지 않게 해야 했다. 이 기억은 아버지한테 영원히 감춰야 할 어두운 비밀이었으니까.

이튿날 새벽 동이 터올 때 나는 우리 집 뒤쪽에 있는 밭으로 걸어 들어갔다. 어머니는 나를 찾으러 오지 않았고, 어디 갔는지 보이지도 않았다. 나는 질척한 땅에 무릎을 꿇고 앉아 땅을 파기 시작했다. 조그만 맨손으로 힘껏 풀들을 파헤치자 축축한 땅이 드러났다. 나는 손가락에 딱딱한 것이 만져질 때까지 땅을 팠다. 무 뿌리였다. 나는 그것을 땅에서 뽑아 부들부들 떨리는 내 손바닥 위에 올려놓았다. 눈물이 뺨을 타고 흘러내렸다. 뿌리는 흙투성이였지만 흙더미 사이로 하얀 껍질이 드러났다.

어머니가 낯선 남자와 사랑을 나누는 장면이 머릿속에 떠오르자 들썩거리던 가슴이 진정되는가 싶더니 다시 흐느낌이 거세졌다. 나는 지저분한 손으로 무를 부여잡고 이로 물어뜯고 씹기 시작했다. 흙 알갱이와 무즙, 그리고 무 잎사귀의 달착지근한 맛이 한꺼번에 입안에 들어왔다. 나는 무즙이 다 빠질 때까지 꼭꼭 씹었다. 그리고 남은 찌꺼기를 손에 뱉어 땅에 묻었다. 악몽 같은 비밀을 함께 묻어 버리고 싶었다. 나는 상해의 붉은 토양 속 깊은 곳에 이 악몽을 묻어 버리고 싶었다. 두 번 다시 떠오르지 않도록. 그런 다음 나는 무를 또 하나 뽑아들고, 씹고, 뱉고, 묻는 과정을 반복했다. 다섯 살짜리 계집 아이는 이런 식으로라도 그 끔찍한 경험을 처리하고 싶었다.

나는 어머니에 관한 이 추악한 진실에서 벗어나고 싶었지만, 남자들이 우리 집에 계속 들락거리는 통에 잊으려야 잊을 수가 없었다. 남자들은 아버지가 상선을 타고 멀리 떠나 있는 날에는 어머니와 함께 우리 집을 '방문'했다. 구역질이 났다. 어머니는 그 아저씨들을 보고 삼촌이라고 부르라 했지만 나는 따르지 않았다. 그들 얼굴에 침을 뱉고 싶은 마음이 굴뚝같았지만 그렇게는 못하고 역겨움과 혐오감 가득한 표정으로 그들을 쏘아보기만 했다. 어머니는 그런 내게 불 같이 화를 냈고, 그럴 때마다 나는 밖으로 달려 나가 무밭을 찾았다. 흙을 파내느라 내 손은 지저분하고 거칠어졌고 손톱 밑에는 새까맣게 흙 때가 끼었다. 내 기억 속에는 저 땅 밑 어두운 곳에 묻어 두어야 할 것들이 너무 많았다. 어린 소녀가 감당하지 못할 충격적인 장면들은 내 유년기의 순수함을 파괴했고, 내 마음과 영혼을 병들게 했다.

- - -

오랜 세월 비밀을 파묻은 채로 사는 것은 부모님은 물론, 남편이나 아이들과의 관계에 악영향을 미쳤다. 다행히 지금은 하나님의 은혜로 지난 일들을 어떻게 다뤄야 하는지 알게 되었다. 나는 금식을 하면서 하나님 앞에 과거의 비밀들을 내려놓고 상처를 치유 받는 법을 익히기 시작했다.

크리스토퍼가 동성애를 숨기느라 오랫동안 겪었을 괴로움을 나는 이해할 수 있었다. 아무도 자신의 고통을 이해할 수 없고 아무도 자기를 이해하지 못할 거라고 크리스토퍼가 생각한 이유를 나는 모르지 않았다. 아들이 자신의 잘못도 아닌 일로 어떠한 수치심과 죄책감을 견뎌야 했는지 나는 이해할 수 있었다. 그가 마침내 '커밍아웃'을 했을 때 얼마나 홀가분한 심정이었을지 짐작이 되고도 남는다. 이제 나는 그가 모든 짐을 내려놓고 그리스도에게 나아가기를 바랄 뿐이었다. 가족이 그를 사랑하고, 하나님은 그를 더욱 사랑하신다는 사실을 아들이 깨닫기 바랐다. 하지만 남편과 내가 크리스토퍼를 사랑해도 그의 곁에는 게이 친구들이 지키고 있었다.

나는 크리스토퍼가 놀이터에서 친구들과 노는 어린 아이라고 생각했다. 나는 아들의 마음을 얻으려고 노력했지만 아들은 나를 모른척했다. 집에 들어오라고 말해도 그 아이는 친구들과 노느라 정신이 없었다. 크리스토퍼는 자신이 진짜 가족이라고 여기는 친구들에게 애착이 강했다. 나는 아들이 친구들보다는 가족이나 특히 하나님과의 관계를 인생의 우선순위로 삼게 되기를 기도했다.

두어 해 전부터 나는 아들에게 일주일에 몇 번씩 카드를 보내고 있다. 우리가 그를 잊지 않고 생각하고 있음을 알리는 방편이었다. 아들이 우리 전화는 받지 않아도 카드는 받을 테지. 적어도 복음의 씨앗은 심어 놓을 수 있겠다고 생각했다. 나는 기독교 인사말 카드를 묶음으로 구입해 항상 너를 위해 기도하고 있다고 간단하게 글을 남겼다. 내게 깨달음을 준 성경 구절을 적기도 했다. 그리고 하단에는 항상 '사랑하는 엄마가'라고 썼다.

나는 크리스토퍼에게 하나님의 사랑을 알려 주고 싶었다. 또 그가 무슨 짓을 했든, 그에게 무슨 일이 일어났든, 우리 집 문은 항상 열려 있다는 사실을 알리고 싶었다. 하나님은 내 삶 깊숙이 뿌리를 내렸다. 아주 힘든 시험에서도 견고하게 설 수 있는 뿌리였다. 크리스토퍼에게 어떤 일이 예비되어 있는지는 몰라도 조만간 사건이 터질 것 같은 느낌이 들었다.

제14장

황홀한 인생

크리스토퍼. 1997년 봄

"**쇼**타임 30분 전!" 스테레오 스피커를 통해 흘러나오는 음악 소리 때문에 나는 목소리를 높였다. 토요일 저녁 5시 30분쯤 내 친구인 잭과 빌리와 맥이 나를 거들어 '영업시간'을 준비하고 있었다.

나는 약물을 판매하는 일시와 횟수를 제한했다. 판매 시간은 금요일과 토요일 저녁 6시부터 10시까지였다. 이렇게 하지 않으면 사람들이 시도 때도 없이 밤낮으로 내 아파트를 찾아왔다. 그래서 발표한 새로운 정책이 클럽에 가기 전에 약을 마련하고 싶으면 내 영업시간에 맞춰 와야 한다는 것이었다.

"헤이, 빌리. 25그램짜리 아이스(메스암페타민을 가리키는 말—옮긴이) 주머니 몇 개나 있어?" 빌리는 내 침대에 앉아 디지털 저울로 크리스털 메스를 25밀리그램씩 재서 1인치 크기의 지퍼백 비닐봉투에 담느라 분주했다. "몇 시간 안에 못해도 100개는 나갈 테고, 클럽에서 팔려면 100개는 더 필요하지."

"착착 진행되고 있어, 크리스." 빌리가 외쳤다. "금고에 100개가 있고, 여기 내가 100개 가지고 있어."

잭은 내 드레스룸에서 전동 커피그라인더를 이용해 코카인 조각을 분쇄하고 있었다. 그라인더는 코카인 덩어리를 솜털처럼 곱게 분쇄하는 데 안성맞춤이었다. "제대로 갈아, 잭. 지난번 코크가 고르지 않다는 말이 나왔으니까."

"그렇게 합죠. 고객 만족이 최우선 과업 아닙니까! 한 번 만족한 고객은 단골 고객이 되는 법이지요!" 잭은 사람을 웃기는 재주가 있었다. 우리는 스피커를 통해 흘러나오는 아바의 "댄싱 퀸(Dancing Queen)"을 따라 부르기 시작했다.

나는 잭의 옆을 지나 금고로 갔다. 거기에는 색상별로 구별해 둔 나일론 가방이 있었다. 파란색 가방에는 아이스, 녹색 가방에는 코카인이 들어 있다. 보라색 가방에는 엑스터시, 그리고 빨간색 가방이 가장 큰데 거기에는 내가 특별히 취급하는 체리 향이 나는 케타민, 즉 스페셜 K가 담긴 작은 유리병들이 가득 들어 있었다. 흰색 가방에는 바리움, 스테로이드, 각성제 등의 잡다한 약물을 모두 담아 두었다.

맥은 우리 아파트를 정리하다가 내게 우편물을 한 꾸러미 가져왔다. "이봐, 코니. 이것들은 어떻게 할까? 대부분 청구서인 것 같은데."

"책상 서류함에 그냥 넣어 둬." 나는 책상 한쪽을 가리키며 말했다.

"화요일에 월터가 와서 처리할 거야. 그런 일은 그 친구가 전담이지."

"오, 이건 뭐지?" 맥은 밝은 색상의 봉투를 내게 내밀며 물었다. "네 어머니가 또 카드를 보냈어. 다정도 하셔라."

"맞아. 보나마나 기독교 전도지겠지." 나는 봉투를 열고 혹시 다른 게 들어 있지는 않은지 살폈다. "돈은 안 들어 있군. 내가 카드를 어디에 보관하는지 알지? 거기에 넣어 둬." 나는 쓰레기통을 가리키며 말했다. 맥은 카드를 쓰레기통에 던졌다.

현관문에서 벨이 울렸다. 나는 시계를 확인하며 말했다. "진짜 어이없네. 아직 6시도 안 됐는데 문을 두드리네. 맥, 잠깐만 나가 봐 줄래? 쟤네한테 몇 분 더 기다리라고 그래." 나는 금고에서 현찰이 가득 든 봉투를 꺼내 거스름돈으로 사용할 10달러와 20달러짜리 지폐가 충분한지 확인했다.

"크리스, 카일이야." 맥이 말했다. "선약했다고 하는데, 들여보낼까?"

"아, 맞아. 들여보내."

카일은 동네 마약상이었다. 미리 약속을 잡고 약을 대량으로 구입하는 사람은 영업시간 외에도 방문이 가능했다. 거실로 걸어 들어오는 녀석의 모습은 지난주보다 더 핼쑥하고, 약에 찌들어 도무지 생기라고는 없었다. 그렇지 않아도 비쩍 마른 녀석인데, 이날은 산송장 꼴로 나타났다.

"이봐, 카일." 내가 그의 등을 토닥이며 말했다. "몸 좀 챙겨야겠어. 밥 꼭 챙겨 먹으라고!"

"알았어. 미… 미안해, 크리스. 내가 좀 늦었지. 열쇠를 찾을 수 없어가지고, 그래서 음… 한 시간이나 걸렸어. 음… 차를 타고 여기 오는데, 음… 길을 잃어서….

길을 잃었다고? 여기 수백 번은 왔잖아, 하고 나는 속으로 생각했다.

"뭐 그랬다 치고, 오긴 왔잖아. 얼마나 필요해?"

"티… 티나 2온스 구할 수 있을까?" 티나는 내가 파는 물건 중에 가장 등급이 높은 크리스털 메스암페타민이었다. '티나'를 입에 올린 순간부터 흥분한 카일의 동공이 열리기 시작하더니 왕방울만 한 눈동자가 더 커졌다.

"어디 보자." 나는 장부를 살피며 말했다. "지난번에 내가 아주 후하게 쳐 줬네. 내가 또 사람이 좋잖아. 그 가격에 똑같이 줄게. 2온스에 3,200달러야."

"오, 잘됐네." 카일은 가방을 뒤적이더니 두꺼운 봉투를 꺼냈다.

"고액권 맞겠지?" 내가 말했다.

"그럼, 물론이지. 지폐를 깔끔하게 묶어 두었지. 가… 같은 면으로 정리해서, 네 마음에 드… 꼭 들 거야. 내가 다리미질도 했어. 모두 네, 네가 좋아하는 식으로… 다리미질해서 펴 놨어." 카일은 손을 덜덜 떨며 100달러짜리 세 뭉치와 두 장을 내게 건넸다. 나는 디지털 저울 근처에 지폐 세 뭉치를 내려놓고 지폐를 묶어 둔 종이끈을 제거했다. 그리고 한 묶음씩 저울에 올려 밀리그램 단위까지 꼼꼼히 쟀다.

"좋아, 딱 3,200달러처럼 보이네. 맥, 이 돈을 금고에 넣고 우리 카일에게 티나 2온스 갖다 줘."

카일은 자신의 손바닥만 한 약 봉지 두 개를 받아들고 그것을 백팩에 집어넣었다. 그는 나가다가 문간에 발이 걸려 하마터면 넘어질 뻔했다. 다행히 넘어지진 않았지만 그 바람에 "영업시간: 오후 6시 ~10시"라고 적혀 있는 내 화이트보드를 쓰러뜨렸다. 그는 아까부터 문 밖에 서서 기다리는 사람들 곁을 지나쳐 걸었다. "문 열었어?" 하고 누군가 그에게 물었다.

"난 서, 서, 선약을 했거든." 문이 닫히는 사이 카일이 더듬거리며 대답하는 소리가 들렸다. 나는 한숨을 내쉬며 '나사 빠진 약쟁이!'라고 생각했다. 우리 네 사람은 서둘러 마지막 준비 작업을 했다.

"이봐, 빌리. 긴 의자에 있는 쿠션들 좀 정리해. 잭, 양초에 불 좀 켜자고. 이제 사업 개시하니까 음악 볼륨도 높이고." 문을 열어 보니 이층 계단 아래로 죽 늘어선 사람들이 보였다. 다행히 내 이웃들은 미혼 남녀나 게이가 많았고, 그들 역시 파티를 즐기는 사람들이었다. 그들 중 다수가 내 고객들이었다. 우리 집 근처에서는 가족들이나 아이들은 본 적이 없다. 게다가 여기는 애틀랜타에서도 게이들의 수도로 취급받는 미드타운이었다.

"다들 안녕! 아름다운 밤이야. 어서들 오라고. 한 번에 열 명씩 들어와."

사람들은 걸어 들어오며 친근하게 잡담을 나눴다. 이들은 거실에 자리를 잡고 앉아 순서를 기다렸다. 빌리가 노트에 주문서를 작성했고, 맥이 고객들을 침실로 안내했으며, 잭과 내가 주문 받은 물건들을 꺼냈다. 우리는 돈을 세어 확인하고 약을 넘겼다.

"종이봉투? 아님 비닐봉투?" 잭이 이렇게 물은 뒤에 엑스터시 두어 개를 작은 봉지에 담았다. 꿈을 꾸는 것 같았다. 현실이 아니라 마치 게임을 하고 있는 것 같았다.

10시가 되어 가는데도 사람들은 꾸역꾸역 모여들었다. 빌리는 소량 주문을 받으려고 바쁘게 뛰어다녔다. 11시가 되어서야 영업을 마치고, 우리는 파티에 갈 준비를 서둘렀다. 제일 먼저 찍는 곳은 그 시즌에 게이들의 장소로 떠오른 블루 클럽이었다. 그곳이 새벽 4시에 문을 닫으면 애틀랜타에서 24시간 운영하는 나이트클럽인 백스트리트로 자리를 옮겼다. 술집이 영업을 마친 후에도 그냥 떠나기 아쉬운 사람들은 대부분 그곳으로 몰려들었다.

새로 뽑은 스포츠카를 주차장에 세우면서 둘러보니 클럽 앞에 줄이 길게 늘어서 있었다. 우리가 곧장 클럽 정문으로 발길을 옮기자 보안요원이 길을 터 주었다. 우리는 줄을 서서 기다릴 일도, 입장료를 낼 일도 없었다. 잭과 빌리, 맥, 그리고 나는 윗옷을 벗고, 깜빡이는 자전거 안전 조명을 벨트에 부착했다. 약이 필요한 파티 참가자들은 어두운 곳에서도 우리를 쉽게 식별할 수 있었다. 손님들로 붐비는 객실을 지나가는 우리를 막아서고 물건을 사려는 사람들에게 나는 "댄스 무대에서 보자"라고 말했다. 나는 땀에 젖은 수백여 명의 남자들에게 둘러싸여 신나는 음악의 비트를 느끼며 약을 판매할 생각이었다.

우리가 메인 댄스 무대로 통하는 계단에 오르자 자석에 이끌리듯 우리를 향해 다가서는 수많은 육체들의 물결이 눈에 들어왔다. 모두가 우리가 밝히는 불빛을 바라보았다. 우리는 길을 뚫고 계단을 내려가 나란히 자리를 잡고 서서 댄스 무대에서 약을 팔았다. 사람들은 줄을 서서 주문하기 시작했다.

"어떤 걸로 드릴까?" 내가 물었다.

"엑스 두 개하고 케이 1그램. 체리 케이(케타민) 갖고 있어?"

"물론. 110달러야. 잔돈은 있겠지? 우린 거스름돈은 내주지 않아."

"여기 있수다."

그는 구깃구깃한 지폐를 내 손에 쥐어 주었다. 나는 액수를 확인하려고 지폐를 펼쳐 보았지만 실내가 너무 어두워 숫자가 보이지 않았다. 그래서 지폐를 높이 쳐들고 클럽 조명이 내 쪽으로 비출 때까지 기다렸다가 잽싸게 돈을 셌다. 틀림없었다. 나는 틱택 사탕 용기를 꺼냈다.

"손 줘 봐."

"여기서?"

"그래. 이건 민트 사탕이잖아. 그치?" 나는 한쪽 눈을 찡긋하며 말했다.

"알았어." 그는 주위를 둘러보며 말했다. "내 케이는 어떻게 할 거야?"

"네 앞주머니를 확인해 봐." 나는 이미 작은 케타민 유리병을 그의 바지 호주머니에 넣어 두었다. 그는 놀란 토끼처럼 눈이 동그래져서는 자리를 떴다.

"안녕, 그레그." 내가 다음 친구에게 소리쳤다. "어떻게 지내? 오랜만이야. 뭘 도와줄까?"

저녁만 되면 내 호주머니는 현찰로 두둑해졌고, 그러면 나는 자동차로 돌아가서 호주머니를 비웠다. 나는 세상 꼭대기에 있었다. 부유하고, 인기 있고, 힘이 있었다. 꿈도 꿔 보지 못했던 세상이다. 신이 된다는 건 바로 이런 게 아닐까.

시간이 지나면서 나는 판매보다는 공급에 치중하게 되었고, 현금과 약물을 운반하는 방법에도 변화가 필요했다. 물건을 수령할 때는 주로 인근에 있는 운송 대행업체의 개인 사서함을 이용했다. 고객들에게 물건을 보낼 때는 페덱스가 빠르고 간편했다. 물건을 급행으로 보내야 할 일이 있으면, 항공편을 이용하고 비디오카세트 레코더에 약을 넣어 보냈다. 이러면 운송료가 훨씬 비싸지지만 당일 배송이 가능하다.

대량으로 약을 구매할 경우 나는 직접 비행기를 탔다. 친구를 동반할 때도 있었다. 친구랑 나는 각자 1만 달러 미만으로 지폐를 몸에 부착하고, 또 가방에도 현찰을 넣었다. 너무 많이 소지하면 지폐의 금속 띠가 탐지기에 걸려 괜히 의심을 살까 봐 두려웠다. 그리고 돌아올 때는 아이스나 엑스터시를 양말과 속옷에 넣거나 다리나 신체의 일부에 부착하고, 아니면 여행용 가방 안감을 뜯어서 그 안에 숨겼다. 다행히 약이 든 비닐봉지는 금속 탐지기에 걸리지 않았다. 처음 몇 번 오갈 때는 간이 조마조마했다. 하지만 몇 번 하고 나니 식은 죽 먹기였고 나중에는 짜릿한 재미를 맛 봤다.

물건을 대량으로 손에 넣으면서 나는 십여 개 주에 걸쳐 약을 공급하게 되었다. 나는 원하는 것을 모두 얻었다. 멋진 아파트와 고급 승용차, 유명 디자이너 의상 등. 공급책이 되고 보니 돈도 시간도 여유가 생겼다. 나는 또 다른 뭔가를 찾아 나섰다.

애틀랜타의 게이 커뮤니티에서는 일요일 오후에 할 수 있는 게 많지 않았다. 금요일이나 토요일 저녁부터 광란의 댄스 파티를 보내고 나면 클럽은 일요일 새벽 4시에 문을 닫았다. 사람들은 집으로 돌아가거나 아니면 백스트리트 클럽에 가서 몇 시간 더 유흥을 즐겼다. 전날 밤 복용한 약 기운이 아직 남아 있지만, 백스트리트까지 문을 닫고 나면 도시 북쪽 번화가인 벅헤드에 있는 팻튜즈데이라는 바에 가서 다이키리 칵테일이나 마시는 것 말고는 할 일이 없었다. 하지만 팻튜즈데이에는 댄스 무대가 없었다. 나는 수많은 게이 파티를 돌아다니며 일요일 오후 시간을 보내던 때를 떠올리며 마케팅 전략을 떠올렸다. 일요일 티 댄스였다.

나는 애틀랜타에서 정기적으로 일요일 '티 댄스(tea dance)'를 개최하고, 신선한 재미를 주기 위해 이성애자들의 댄스 클럽을 대관하면 좋겠다는 생각을 했다. 토요일 저녁 내내 게이 클럽에서 파티를 즐긴 게이들이 똑같은 게이 클럽에 다시 들어가고 싶지는 않을 터였다. 나는 삐까번쩍한 벅헤드에서 칠리 페퍼라고 하는 근사한 이성애자 클럽을 찾아 그곳을 소유한 거물들과 약속을 잡았다.

"돈 좀 더 벌 생각 없어요?" 내가 그들에게 물었다. "당신네들이 문을 닫는 일요일 오후에 내가 이 클럽을 손님들로 발 디딜 틈이 없게 해 줄게요. 보통은 당신네 바에 코빼기도 안 비치는 손님들이죠." 이 말에 그들은 관심을 보였다. "당신네들은 일요일에 쉬니까 나랑 거래합시다. 내가 입장료 수익을 받는 대신 모든 홍보와 디제이 비용은 내가 감당하죠. 그 대신 바에서 나오는 매출은 모두 형씨들이 갖도록 해요. 바텐더와 보안요원 비용은 당신이 부담하고, 클럽 이용에 관한 어떤 비용도 내게 청구하지 않기로 합시다." 통상적인 거래 방식은 아니었지만 가욋돈을 벌 수 있는 기회였던지라 그들은 내 제안을 수락했다.

나는 비용을 아끼지 않았다. 마이애미, 뉴욕, 몬트리올에서 최고의 디제이들을 섭외했다. 또 전문 그래픽 디자이너들에게 의뢰해 전단지와 포스터를 디자인하고 인쇄도 다른 주로 보내서 고품질로 제작했다. 우리는 이렇게 제작한 전단지를 미드타운 곳곳에 돌렸고, 소문은 삽시간에 퍼져나갔다.

'아이스' 하면 다들 나를 떠올릴 만큼 이 바닥에서는 내가 제일 등급 좋은 아이스를 공급했다. 클럽 입구에서 벌어들인 돈은 고스란히 홍보비와 디제이 출연료, 기타 경비로 사용되었다. 그러니까 나는 사실상 원가로 파티를 제공하고 그 대신 약을 판매할 수 있는 장소를 또 하나 확보한 셈이다. 약을 팔려고 파티를 주최한다는 사실이 알려져도 나는 개의치 않았다. 파티를 열 때마다 약을 팔아 대박을 쳤고, 애틀랜타에서 점점 이름을 날리게 되었다.

1997년도 하틀랜타 축제를 마치고 대대적인 규모로 아이스 파티를 열었다. 클럽의 수용 인원은 2천 명 남짓이었지만 이날은 3천 명이 넘게 몰려들었다. 댄스 무대에서는 열기가 후끈 달아올랐고, 유명 디제이인 마크 앤서니가 음악을 돌리고 있었다. 그는 세계 각지에서 열리는 대규모 게이 파티에서 이름을 장식하는 사람이다. 메인 댄스 무대에 오르지 못한 수백 명의 사람들이 발코니에 모여 있는 탓에 그 무게로 발코니가 흔들리는 것이 보였다.

환상적인 파티였다. 그것도 "크리스 위안이 주최하는"이라고 이름이 걸린 나의 파티였다. 옛 친구들과 새로 사귄 친구들이 내 주위로 몰려들었다. 그들이 내가 아니라 내 약을 좋아한다 해도 상관없었다. 나한테는 그게 그거였다. 그날 나는 애틀랜타에서 가장 끗발 센 인물이었다. 내슈빌에서 온 옛 친구들이 티 댄스 파티에 참여했지만 나와 인사를 나누기 위해 30분이나 순서를 기다려야 했다.

나는 세상을 호령하는 기분이었다. 모두가 알현하고 싶은 주인공이 된 기분을 아는가? 마치 거대한 쇼의 대미를 장식하는 스타가 된 기분 말이다.

제15장

길을 잃고
안젤라. 1997년 여름

섭 씨 21도에 날씨는 화창했다. 애틀랜타의 청명한 하늘에 솜사탕 모양의 구름 몇 점이 유유히 흘렀다. 날씨는 참 좋았지만 그것을 즐길 수 있는 처지가 아니었다. 남편과 나는 하츠필드잭슨 애틀랜타 국제공항 입국장 밖에 있는 벤치에 앉아 있었다. 거의 두 시간째였다. 사방에서 뿜어 나오는 매연 때문에 현기증이 났다. 셔틀버스가 부르릉거리며 다가와 끼익 하고 멈춘 뒤 치익 하고 문을 여닫는 소리를 계속 듣고 있자니 머리가 지끈거렸다. 이제나저제나 하는 마음으로 공항터미널로 들어오는 기다란 진입로를 뚫어지게 바라보았다.

"안 올 것 같은데." 레온이 말했다.

"금방 올 거야."

'주님, 제가 사랑과 희락과 화평과 오래 참음의 열매를 맺도록 도와주세요.'

"그 애한테 무슨 사정이 생긴 걸까?" 레온이 물었다. 그는 일어서서 여행용 가방에 손을 얹었다.

"교통 체증 때문에 늦는 걸거야. 어디서 공사 중이라 길이 막혔거나." 나는 크리스토퍼가 지체하는 이유를 찾아보려고 애썼다.

사랑은… 모든 것을 참으며 모든 것을 믿으며 모든 것을 바라며 모든 것을 견디느니라(고린도전서 13장 7절). 아들에 대한 희망을 놓지 않으려고 애썼지만 그 일이 쉽지만은 않았다. 우리는 늘 크리스토퍼가 집에 오기를 바랐기에 아들의 항공권을 미리 구매해 놓기도 했다. 그런데 아들은 항상 직전에 전화를 걸어 약속을 취소했다. 지난 번 크리스마스만 빼놓고.

크리스마스 전날 오후 늦게 나는 오헤어 공항을 향해 시카고의 겨울 거리를 차로 달렸다. 도로 위에는 눈이 조금 쌓여 있었다. 좋아, 다행히 비행기가 연착하는 일은 없겠어. 전에도 번번이 약속을 취소했던 터라 몇 주 전부터 나는 크리스토퍼가 방문을 돌연 취소해 버릴까 봐 걱정했다. 하지만 이번에는 예정대로였다. 레온과 나는 전날 크리스토퍼에게 연락해 공항에 마중 나가겠다는 메시지를 남겼다.

우리는 아들의 침실을 정리했다. 그가 좋아하는 음식도 준비하고, 크리스마스를 함께 즐기기 위해 가족과 친구들도 초대했다. 크리스토퍼의 귀향 만찬을 위해 살찐 송아지라도 한 마리 잡고 싶은 심정이었다.

아들이 탄 비행기가 일찍 도착할 경우를 대비해 나는 공항에 일찍 감치 나갔다. 차를 주차시킨 후 터미널로 들어가면서 애틀랜타 항공기가 도착했는지 안내 화면을 살폈다. 게이트에 도착해서 입구 쪽을 살폈다. 제트기가 게이트에 접근하자 기대감에 가슴이 한껏 부풀어 올랐다. 승객들이 내 곁을 지나갔다. 사랑하는 사람들과 상봉한 사람들은 미소 띤 얼굴로 서로 포옹하고, 입을 맞추고, 눈물을 흘리고, 웃음을 터뜨렸다. 나는 행여 아들을 놓칠세라 온 신경을 집중해서 밖으로 나오는 사람들을 살폈다. 마침내 키가 큰 사람의 어깨 너머로 검정색 머리카락을 짧게 자른 사내가 나오는 게 얼핏 보였다. 나는 반가운 마음을 주체하지 못하고 앞으로 뛰쳐나가다가 멈춰 섰다. 크리스토퍼가 아니었다.

"미안합니다." 나는 말끝을 흐렸다. 그 아시아계 남자는 나를 쳐다보더니 가던 길을 재촉했다. 나는 겸연쩍은 표정으로 뒤로 물러나 출구 쪽을 계속 지켜봤다. 아까보다 더 많은 승객들이 비행기에서 내리고 있었다. 한 10분쯤 지나자 사람들의 행렬이 눈에 띄게 줄어들었다. 이윽고 마지막 행렬이 내 곁을 지나갔다. 승무원들과 조종사들이었다. 하지만 크리스토퍼는 보이지 않았다.

나는 심호흡을 했다. 그 아이가 애틀랜타에서 비행기를 놓쳤는지도 모를 일이었다. 다음 번 항공기를 타고 올지도 모르지 않는가. 나는 근처 안내화면으로 가서 애틀랜타에서 오는 비행기가 있는지 확인했다. 저녁 늦게 오는 비행기가 한 대 더 있었다. 그래서 나는 집으로 돌아갔다가 3시간 뒤에 다시 공항을 찾았다.

나는 게이트에 도착해 입구 쪽에 서서 아들을 기다렸다. "델타 항공 1612호기가 E12번 게이트에 도착했습니다." 스피커를 통해 안내방송이 흘러나왔다.

주변 사람들이 갑자기 활기를 띠며 말수가 많아졌다. 한 젊은 여성은 어린 아기를 안아 올렸고, 대학생 또래의 남자애는 작은 꽃다발을 들었으며, 나이가 지긋한 한 부부는 출입구를 잘 살필 수 있는 곳으로 천천히 자리를 이동했다. 내 오른편에 서 있던 한 여자는 "집에 온 걸 환영합니다"라고 적은 팻말을 집어 들었다.

무리 앞쪽에 자리를 잡은 나는 초조하게 출구 쪽을 보며 아들의 모습이 보이기를 고대했다. 내 앞에 있는 통로로 승객들이 걸어 나오기 시작했다. 나는 심호흡을 했다. 여행에 지친 발걸음들은 마중 나온 이들을 보고 활력을 얻기 시작했다. 머리를 땋은 어린 여자아이가 아버지를 향해 달려가고, 자신의 딸아이를 껴안으려고 입구 옆에 서류가방을 내려놓는 남자의 모습이 보였다. 행복한 풍경이 내 주변에 펼쳐지는 동안 부러움을 느끼지 않을 수 없었다. 나오는 승객들마다 사랑하는 사람의 팔에 안겨 환영을 받았다. 입국장에 서 있던 사람들은 그들이 기다리던 사람들을 만났고 다들 천천히 자리를 떴다.

모든 사람이 그렇게 떠나고 나만 남았다. 맞을 사람을 끝내 찾지 못하고 나는 홀로 우두커니 서 있었다. 수없이 많은 얼굴이 내 곁을 지나갔다. 모두 내가 알지 못하는 낯선 사람들이었다. 내 소중한 아들의 얼굴과 닮은 사람은 아무도 없었다. 나는 이제 텅 빈 입국장을 내려다보았다. 나는 크리스토퍼가 크리스마스를 보내러 집에 오지 않는다는 현실을 결국 받아들여야 했다.

차가운 콘크리트 바닥에 주저앉고 싶은 심정이었다. 눈물이 차올랐고, 기어이 눈물이 뚝뚝 흘렀다. 아들을 잃어버렸다고 생각했던 그날의 고통이 다시 생생하게 떠올랐다.

* * *

여러 달이 지난 지금 또 다른 공항에서 나는 또다시 아들을 기다리고 있었다. 애틀랜타 공항 바깥 벤치에 앉아서 나는 지난번과 똑같이 엄습하는 우울한 감정을 떨쳐 내려고 애를 썼다. 두 시간이 지나도록 레온과 나는 이러지도 저러지도 못하고 있었다. 지난 크리스마스 이후로 우리 부부가 결심한 게 있었다. 크리스토퍼가 집에 오지 않겠다면 우리가 그 아이를 찾아가기로. 그래서 애틀랜타에 왔는데 여전히 아들은 코빼기도 보이지 않았다.

"내가 한 번 더 연락해 볼게." 나는 남편에게 말했다.

"그래." 딱딱한 벤치가 불편한지 레온이 자세를 고쳐 앉으며 시계를 보고 말했다.

남편의 실망감을 읽은 나는 그의 마음을 안심시켜 줄 요량으로 웃는 얼굴로 그의 어깨를 토닥였다. 그리고 네 번째로 공중전화 부스를 찾았다. 전화는 곧장 크리스토퍼의 음성사서함으로 넘어갔다. 나는 남편에게 머리를 저어 보이고 그의 곁에 앉았다. 그는 한숨을 지었다.

"그렇다면 택시를 잡도록 하지." 남편이 말했다.

나는 내 시계를 쳐다보았다. "15분만 더 기다리면 안 될까? 분명히 길을 잃었을 거야."

"길을 잃었다고? 그래, 확실히 길을 잃었지. 인생에서도."

우리는 택시를 잡는 대신 조금 더 기다리기로 했다. 벤치에서 3시간을 기다린 끝에 크리스토퍼가 마침내 도착했다. 그는 날렵하게 생긴 은색 1997년형 혼다 프렐류드를 길가에 세웠다. 어떻게 저런 고급 승용차를 몰고 다니지? 직장을 얻은 걸까?

"왔어요? 어, 어머니. 아버지." 크리스토퍼는 아무 일도 없었다는 듯 능청스럽게 인사했다. 그는 우리에게 다가와 경직된 자세로 짧게 포옹을 나눴다. 공손했지만 다정함은 느껴지지 않았다. 몸에 착 달라붙은 컷오프 청바지에 탱크톱을 걸쳐 입고, 부츠를 신었다. 아들의 얼굴에는 기름기가 껴 있고 눈 밑에는 검은 그림자가 짙었다. 그리고 뼈와 살가죽만 남은 듯 몹시 여위어 있었다. 크리스토퍼는 다른 데 신경을 쓰고 있는 듯 연신 주변을 둘러보더니, 먼저 자동차 앞쪽으로 갔다가 뒤쪽으로 갔다가 다시 옆으로 왔다. 얼마 있다가 그가 트렁크 문을 열어 줘서 우리는 여행 가방을 집어넣었다.

왜 저러지? 뭐가 잘못되었나? 나는 속으로 생각했다.

문이 두 개뿐이라 내가 차량의 뒷좌석으로 기어 들어갔고, 레온은 크리스토퍼 옆 좌석에 앉았다.

"됐죠? 준비가… 음… 출발해요." 차를 출발시키며 크리스토퍼가 말했다. 그는 혼자 뭐라고 웅얼거리며 초조하게 룸미러와 백미러를 확인했다. 북쪽으로 85번 도로에 진입하자 크리스토퍼는 차량들 사이를 이리저리 누비며 혼잡한 도로를 빠져나갔다. 애틀랜타에는 처음이었지만 도심을 벗어나는 것처럼 느껴졌다. 크리스토퍼는 멈출 생각 없이 운전을 계속했다. 좀 이상하네, 하고 생각했다. 왜냐하면 크리스토퍼가 사는 곳이 도심 지역이라는 사실을 알고 있었기 때문이다.

그때 크리스토퍼가 주간고속도로를 벗어났다. 그는 나들목으로 나가서 다시 반대 차선으로 진입했다. 크리스토퍼가 눈살을 찌푸리며 룸미러를 쳐다보는 것이 눈에 보였다. 갈피를 못 잡고 당황하는 모습이었다. 몇 마일을 더 달리다가 또다시 나들목을 타고 이번엔 좌회전을 하려고 했다. 그러더니 마음을 바꿨는지 우회전을 했다. 그는 그 방향으로 여러 마일을 쭉 달리다가 유턴을 했고 다시 우리가 왔던 길로 몇 마일을 달렸다.

중심 도로를 벗어난 크리스토퍼는 작은 마을의 고불고불한 길을 따라 천천히 차를 몰아 상가가 많은 지역으로 들어갔다. 그는 주유소에 차를 세우고 차 유리창을 내렸다.

"실, 실례합니다." 크리스토퍼는 직원에게 물었다. "그러니까 오, 오른쪽인가요? 왼쪽인가요? 음, 피치…트리에서 오른쪽?" 크리스토퍼는 말을 제대로 잇지 못했다.

주유소 직원은 어리둥절한 표정으로 크리스토퍼를 쳐다보았다.

"여기는 피치트리가 아니요. 어느 도로를 찾는데 그러쇼?"

"여기는 피, 피치트리 맞아요!" 크리스토퍼는 화난 사람처럼 소리를 높였다.

"어디로 가시는데?" 그 사내가 다시 물었다.

"돼, 됐어요. 머, 머저리들…." 크리스토퍼는 주유소를 빠져나와 속력을 높였다. 다시 길가로 나오다가 연석에 차가 긁혔다.

대체 어디로 가는 거지? 나는 속으로 생각했다. 설마 자기 집에 가는 길을 모르진 않겠지? 레온도 나처럼 무슨 영문인지 모르겠다는 얼굴이었다.

크리스토퍼는 우리를 태우고 두 시간 가까이 애틀랜타 주를 헤매고 돌아다닌 뒤에야 자기 집에 도착했다. 우리는 크리스토퍼와 많은 시간을 보내고 싶었지만, 아들은 토요일 저녁에 선약이 잡혀 있다고 했다. 우리는 별 수 없이 다큘라에 사는 친구인 짐과 조이스랑 저녁 약속을 하고, 그들 집에서 하룻밤 신세를 지기로 계획을 잡았다. 우리가 크리스토퍼의 아파트에 도착했을 즈음에 그들은 이미 출발해 우리를 데리러 오고 있었다.

"크리스토퍼, 내일은 주일이다. 우리와 함께 교회가지 않을래?" 내가 물었다. "우린 애틀랜타 제일침례교회에 나갈 건데. 내가 주소를 줄 테니 원한다면 거기서 만나도록 하자꾸나." 찰스 스탠리 박사는 명설교로 유명한 목사였고, 크리스토퍼가 그분의 설교를 들으면 어떤 변화가 일어날지도 모른다고 나는 생각했다.

"예, 그, 그러시든지." 그는 주방 카운터에 놓인 서류더미를 뒤적이며 바쁜 척했다. 우리가 교회 주소를 적고 있는데 전화벨이 울렸다. 짐과 조이스가 아파트 앞에 도착했음을 알렸다.

레온과 나는 현관으로 걸어갔다. "좋아, 그럼 우린 간다. 잘 있어라. 사랑한다." 우리는 여행용 가방을 문 밖으로 끌고 나갔다. 크리스토퍼는 내다볼 생각도 하지 않았다.

일요일 아침 레온과 나는 크리스토퍼가 앉을 자리를 확보하기 위해 일찌감치 제일침례교회에 도착했다. 그날 아침 일찍 전화를 걸었지만 크리스토퍼는 받지 않았다. 레온이 사람들이 붐비는 로비를 둘러보았으나 아들의 모습은 보이지 않았다. 크리스토퍼가 나타날 경우를 대비해 우리는 본당 출입구가 잘 보이는 위치에 자리를 잡았다. 예배가 시작되자 복음성가가 울려 퍼졌고 내 영혼은 평안을 찾기 시작했다. 나는 어깨 너머로 출입구 쪽을 힐끔거리며 크리스토퍼가 왔는지 수시로 확인했지만 아들은 보이지 않았다.

마지막 곡을 시작할 때 나는 뒤쪽에 앉아 있는 얼굴들을 둘러보았다. 하지만 크리스토퍼는 보이지 않았다. 사람들의 목소리가 예배당 안에 울려 퍼졌다. "광야에 길을 만드시고 날 인도해. 사막의 강 만드신 것 보라"(돈 모엔의 "나의 가는 길(God will make a way)" 중에서).

익숙한 가사가 들리자 나는 레온의 손을 꼭 쥐었다. 레온도 내 손을 꼭 쥐었다. 이 곡은 지금 우리 부부에게 의미가 깊었다.

하나님이 우리를 위해 길을 만드신다면, 바로 지금이 그런 순간이기를 간절히 바랐다. 크리스토퍼는 우리에게서 점점 더 멀어졌고, 갈수록 가망이 없어 보였다. 그를 사랑하고 돌보고 있음을 알리기 위해 우리 부부가 했던 것들은 모두 실패한 듯 보였다. 그의 마음을 열수 있는 방법이 아무 데도 보이지 않았다. 이날도 마찬가지였다. 본당으로 들어오는 입구를 몇 번이고 바라보는 내 마음이 찢어졌다. 아무도 들어오지 않았다. 크리스토퍼는 없었다. 스탠리 목사님이 설교를 시작하고 몇 분 뒤에 나는 입구를 확인하는 일을 그만두었다.

예배가 시작되고 한 시간쯤 지났을 때 내 시야에 크리스토퍼가 보였다. 그는 뒤쪽 벽에 기대어 서 있었는데 아들의 차림새는 주일날 가장 잘 차려 입은 사람들 가운데서도 유난히 눈에 튀었다. 나는 레온의 옆구리를 찌르며 속삭였다. "애가 왔어요!" 나는 아들에게 우리가 앉아 있는 자리를 알려 주려고 했지만, 크리스토퍼는 눈 깜짝할 새에 입구로 나가 사라져 버렸다.

제16장

교회에서 맛본 황홀경

크리스토퍼. 1997년 여름

어쩌다 내 발길이 하고 많은 곳 중에 하필 교회에, 그것도 애틀랜타 제일침례교회에 닿았는지 알다가도 모를 일이었다. 저녁부터 친구들과 파티를 즐기고 나서 나는 아파트에 돌아가지도 않고, 클럽에서 곧장 교회로 갔다. 늦게 도착했기 때문에 거대한 예배당 뒤쪽에 서 있었다. 여기서 어떻게 부모님을 찾아? 내가 대체 여긴 뭣 하러 온 걸까?

이유가 뭐건 간에 나는 전날 파티에 참석한 옷차림 그대로 예배당에 서 있었다. 사람들은 보통 이런 옷을 입고 교회에 오지는 않는다. 더군다나 이곳처럼 전통적인 교회에는 결코 어울리지 않는 복장이었다. 주머니에 손을 넣어 보니 철제로 된 시가 갑이 있었다. 속으로 웃음이 났다. 그 안에는 흡입용 유리 파이프가 들어 있었고, 마침 내 수중에 티나도 있었다. 교회야말로 '천국' 가기 딱 좋은 곳이지!

나는 예배당을 슬며시 빠져나와 화장실을 찾았다. 화장실 문을 잠그고 변기에 앉았다. 다행히 화장실에는 아무도 없었다. 다들 하나님께 '예배' 드리느라 바쁘시군. 나는 속으로 비웃었다. 저들에겐 종교라는 마약이 있고 내게는 이게 있지!

나는 유리 파이프를 꺼낸 뒤 소량의 아이스를 파이프의 조그만 구멍에 넣었다. 그러고는 주머니를 뒤져 라이터를 꺼낸 뒤 뚜껑을 열었다. 유리 파이프에 불을 붙이기도 전에 전율이 왔다. 나는 그 맛과 연기가 폐 속에 가득 밀려드는 것을 느낄 수 있었다. 귀에서 종소리가 들리고 손끝에서부터 짜릿한 쾌감이 올라왔다. 상상으로 맛보는 것은 만찬을 즐기기 전에 먹는 전채 요리 같았다.

나는 떨리는 손을 진정시키며 라이터에 불을 켰고, 파란 불꽃을 유리 파이프의 용기 밑면에서 살짝 떨어진 지점에 갖다 댔다. 수백 번은 더 해 본 능숙한 솜씨로 담배 파이프 아래서 불꽃을 이리저리 움직였다. 아이스 조각이 녹자 나는 가만히 코로 연기를 빨아들였다.

어느 순간 아이스가 끓기 시작했고, 나는 아이스가 타 버리지 않도록 불꽃을 조금 멀리 떨어뜨렸다. 호흡을 가다듬고 천천히 깊게 숨을 들이마셨다. 끓고 있는 약이 식어 버릴 수 있으니 너무 빠르지도 않게, 또 귀한 액체가 과열되어 타 버릴 수 있으니 너무 느리지도 않게 흡입해야 한다. 연기가 유리 파이프를 타고 올라와 남김없이 내 입을 통해 폐 속으로 들어갔다.

나는 가능한 한 숨을 길게 참았다. 귀가 울리고 소리가 들리기 시작했다. 록 콘서트에 가면 공연이 끝난 뒤에도 소리가 계속 귀에서 맴돌듯이. 짜릿한 쾌감이 전신을 타고 흘렀다. 나는 눈을 감고 쓰러지지 않으려고 화장실 벽면을 붙들었다. 초고속 열차가 총알 같은 속도로 터널을 통과하듯이 머릿속이 핑핑 돌았다. 내가 숨을 내뿜자 진한 연기가 화장실 칸을 가득 채웠다.

이런 게 진정한 예배라고 할 수 있지.

제17장

담대하고 위험천만한 기도

안젤라, 1997년 여름

예배를 마치는 찬송가가 시작되자 나는 나지막한 목소리로 기도했다. "예수님, 당신의 놀라운 방식으로 크리스토퍼에게 말씀해 주세요. 그를 당신께 부르시고 그의 강퍅한 심령을 부드럽게 하소서."

찬송이 끝나고 나는 예배당을 둘러보며 크리스토퍼를 찾았다. 그 아이는 예배당 뒤쪽 벽에 기대어 서서 호출기를 쳐다보고 있었다. 짐과 조이스가 우리 세 사람을 점심에 초대했고 크리스토퍼도 함께 가기로 했다. 하지만 크리스토퍼는 레스토랑에서도 내내 딴 데 정신을 팔고 있었다. 전화를 받거나 아니면 테이블에서 일어나 화장실을 수시로 들락거렸다. 한두 번이 아니라 셀 수도 없었다. 아들은 자리로 돌아올 때마다 더 산만하고 불안해 보였다. 자리를 뜨고 싶은 기색이 역력했다.

크리스토퍼는 레온과 나를 태우고 자기 아파트로 돌아왔다. 내가 무슨 얘기를 하려고 할 때마다 크리스토퍼는 짧게 말을 끊거나 나와 언쟁을 벌이려고 했다. 레온과 나는 살얼음판을 걷는 기분이 들었다. 우리는 그 아이의 기분을 상하게 할 만한 얘기는 꺼내고 싶지 않았기 때문에 저녁 내내 입을 다물었다. 우리와 함께하고 싶은 것이 아무것도 없다는 듯 크리스토퍼는 문을 닫고 자기 방에 들어가 나오지 않았다.

- - -

레온과 나는 크리스토퍼의 소파 겸용 침대에서 잠을 잔 뒤 월요일 아침 일찍 일어났다. 크리스토퍼가 이날 저녁에 바쁠 거라며 우리더러 친구들과 함께 시간을 보내라고 했기 때문에 우리는 애틀랜타 북부의 마리에타에 사는 친구들을 만나 그들 집에서 하룻밤을 묵기로 계획했다. 친구들은 우리 세 사람을 점심 식사에 초대했다.

아침 9시였다. 레온과 나는 아침 묵상과 기도의 시간을 가졌고, 크리스토퍼는 아직 잠을 자고 있었다. 10시가 되었다. 크리스토퍼는 일어날 기미를 보이지 않았다. 11시가 되었지만 그의 침실 문은 닫혀 있고, 아무 소리도 들리지 않았다. 11시 30분이 되었고, 출발할 시간이지만 여전히 인기척이 없었다.

"어떻게 하지?" 내가 레온에게 물었다.

"약속 시간까지 30분밖에 남지 않았어. 제 시간에 도착하려면 지금 출발해야 해." 남편이 말했다.

"알았어. 내가 들어가 애를 깨워 볼게. 일어나긴 일어나야지."

나는 거실을 지나 크리스토퍼의 침실 문을 천천히 열었다. "크리스토퍼?" 나는 나지막이 아들을 불렀다. "열한 시 삼십 분이다. 우 박사님과 카렌 부인과 점심을 함께 먹으려면 지금 출발해야 해. 일어날 시간이야."

크리스토퍼가 침대 시트를 확 걷으며 그 자리에서 벌떡 일어섰다. "나가세요!" 그는 적개심 가득한 눈빛으로 나를 쏘아보며 소리쳤다. "내 방에서 나가라고요!"

나는 문에서 떨어져 레온이 기다리고 있는 거실 쪽으로 물러났다. 크리스토퍼는 목욕용 가운을 허리에 단단히 동여매고 나를 바짝 따라왔다. "두 분 다 내 집에서 나가세요. 당장이요!" 그는 나를 노려 보았다. "두 분한테 여기 와 달라고 한 적 없어요."

"미안하구나, 크리스토퍼. 우리랑 같이 식사 자리에 가지 않아도 돼. 하지만 우 박사님 댁까지만 우릴 태워 주겠니?"

"아뇨!" 크리스토퍼가 고함을 질렀다. 그는 문 옆에 놓인 우리 여행용 가방을 쳐다보았다.

"가방은 이미 다 쌌으니 그냥 나가 주세요!"

"어떻게 가란 말이니? 우린 차가 없어." 내가 말했다.

"그건 내 알 바 아니고요. 그냥 나가요!" 크리스토퍼가 소리를 쳤다.

"그러면 우 박사님께 전화해서 그분께 우릴 태우러 와 달라고 부탁하마." 레온이 제안했다.

"아니! 그냥 나가라고!" 크리스토퍼는 악을 썼다.

내가 충격을 받아 멍하니 서 있는데 레온이 가방을 집어 들고 뭔가를 꺼냈다. 그것은 성경이었다. 그가 처음으로 구매한 하나뿐인 성경이었다. "크리스토퍼." 일촉즉발의 긴장감이 돌았지만 그는 차분하게 말했다. "떠나기 전에 너한테 줄 게 있다." 그는 성경을 아들에게 건넸다.

"장난해요? 난 그런 한심한 책에는 관심 없어요. 내가 그딴 걸 읽을 거라고 꿈도 꾸지 마요!" 크리스토퍼는 소리를 질렀다. "그런 종교 필요 없어요, 성경도 필요 없어요. 두 분이 여기 있는 것도 싫어요. 그냥 나가요! 나가라고요! 다시 한 번 하나님이니 성경이니 그딴 소리 꺼내면 절 다시는 못 볼 줄 아세요!"

그는 등을 돌리고 서서 우리가 나가기를 기다렸다. 레온은 나를 잠시 쳐다보고는 그의 성경을 크리스토퍼의 주방 카운터에 올려놓았다. 우리는 여행 가방을 들고 집을 나섰다. 내가 뒤를 돌아보니 크리스토퍼가 레온의 성경을 쓰레기통에 던져 넣는 게 보였다. 그러고는 현관으로 나와 문을 세차게 닫아 버렸다.

- - -

레온과 나는 시카고에 돌아온 뒤로 처참했던 여행의 후유증에 빠졌다. 우리는 갈림길에 섰다. 한 쪽 길은 절망으로 난 길이었고, 또 한 쪽 길은… 희망으로 난 길이었다. 하지만 크리스토퍼와 연관해서는 모든 신호가 절망을 향하고 있었다. 어떻게 부모인 우리를 그렇게 업신여긴단 말인가? 어떻게 우리를 그렇게 그악스럽게 밀어내며 화를 낸단 말인가? 어떻게 우리를 철천지원수 보듯 한단 말인가?

우리로서는 아들을 포기하는 쪽이 더 쉬웠을 것이다. 하지만 하나님은 우리에게 '기다리라'고 말씀하셨다. 그분은 우리가 목격한 모든 상황에도 불구하고 그분이 예비하신 계획이 있음을 믿고 희망을 놓지 않도록 하셨다. 레온과 나는 절망적인 상황을 바라보지 않고 하나님의 약속을 바라보면서 기다리기로 했다.

내 부탁으로 성경 공부반과 교회 친구들은 예전부터 크리스토퍼를 위해 기도하고 있었다. 또 우리 부부 말고도 1백 명이 넘는 기도의 전사들이 크리스토퍼를 위해 특별히 중보기도를 하고 있었다. 루이빌에서 돌아온 뒤로 월요일마다 아들을 위해 금식하고 있었지만, 애틀랜타를 다녀온 뒤로 더 오랜 기간 금식하기를 하나님이 원하신다고 느꼈다. 그래서 기간을 정하지 않고 주스만 마시는 금식에 돌입했다. 금식은 39일간 지속되었다.

그 기간에 나는 일기에 내 기도 내용을 적었다. 개중에는 아침마다 그리고 하루 종일 반복해서 기도하는 제목도 몇 개 있었다. 나는 하나님이 혹시 내 아들을 잊어버리실까 두려웠다! 끈질기게 간구하던 성경의 과부를 떠올리며 나는 하나님께서 역사해 달라고 쉼 없이 기도했다. 크리스토퍼에게 긍휼을 베풀어 달라고 하나님께 간청했다. 아들에게 기적 같은 돌파구가 열리게 해 달라고 간구했다. 내 아들이 하나님 아버지께 돌아가려면 기적이 필요했다. 그 기도 가운데 한 대목을 여기 소개한다.

"크리스토퍼를 위해 제가 막아 싸우겠습니다. 크리스토퍼의 마음이 바뀔 때까지, 그래서 승리를 얻을 때까지 제가 막아 싸우겠습니다. 저는 날마다 중보자가 되어 맹렬하게 기도할 것입니다. 주님, 다만 제가 흔들리지 않도록 저를 붙들어 주소서. 앞으로 상황이 험난해져도 저는 절대 아들을 포기하지 않을 것입니다. 주님도 그러실 줄로 압니다. 원수의 세력이 나를 무너뜨리려고 해도, 몇 년이 걸려도, 저는 중보하기를 멈추지 않을 것입니다. 주께 의지하오니 제 두려움과 눈물을 받아 주소서."

하나님께 너무 과한 것을 요구한 게 아닌지 두렵기도 했다. 나는 크리스토퍼가 하나님의 자녀인지 알고 싶었다. 아들이 이번 생애에서 하나님과 동행하지 못하더라도 적어도 영원한 생명은 얻을 수 있는지 간절히 알고 싶었다. 나는 무릎을 꿇고 하나님께 간구했다. 단 하루, 아니 단 한 시간만이라도 내가 눈을 감기 전에 크리스토퍼가 그리스도를 영접하는 모습을 보게 해 달라고 기도했다. 내가 하나님께 간구한 것은 그게 전부였다.

제18장

파국
크리스토퍼. 1998년 1월 27일

현관 벨이 울렸을 때 나는 샤워를 막 마친 참이었다. 침실에서 옷을 갈아입는 릭에게 말했다. 릭은 주말에 클럽에서 만난 남자였다.

"문 좀 열어 줄래? 곧 나갈게."

찰칵하고 문이 열리는 소리가 들리고, 이어서 낯선 목소리들이 들렸다. 친구들이나 고객들이 몰려와 친근하게 수다를 떠는 소리가 아니었다. 수건을 허리에 감은 채 욕실에서 나오니 검정 제복을 입은 사람 여러 명이 내 아파트에 죽 둘러서 있었다. 그들이 착용한 모자에는 마약단속국(DEA)과 애틀랜타 경찰이라고 쓰여 있었다. 온몸의 피가 빠져나가는 듯했다.

방금 마약이 도착해 택배 상자가 개봉된 채로 테이블 위에 그대로 놓여 있었다. 아이스 몇 온스와 엑스터시 300개쯤은 맨눈으로도 확인할 수 있었다. 마약단속국 요원들이 수색영장 없이 주거를 침입할 수 있는 '상당한 근거'라면 바로 이런 게 아니겠는가. 요원들은 할 말을 잃고 멍하니 서 있는 내 친구를 옆으로 밀치고 지나갔다.

심장이 덜컹 내려앉았다. 그들은 나를 릭과 떼어 놓으려고 릭을 거실 소파에 앉히고 나를 데리고 침실로 들어갔다. 침실 문을 닫고 나서 그들은 나를 심문하기 시작했다. 나는 내 친구를 그냥 보내달라고 부탁했다. 지난 주말에 만난 사이이고, 마약하고는 아무 관련이 없는 애라고 해명했다. 처음에는 내 말을 믿지 않았다. 하지만 계속해서 간청을 하니 결국 릭의 남은 옷가지를 건네주고 그를 집으로 돌려보냈다. 그들은 나에게 옷을 걸치도록 한 다음 나를 주방 테이블로 데려가서 질문을 던졌다.

"마약 대준 놈이 누구야?" 한 요원이 나한테 얼굴을 바싹 들이대며 물었다. 나는 해병대 훈련소에 다시 들어온 기분이 들었다. "아이스를 어디서 입수했는지 말해."

순순히 털어놓을지 아니면 변호사를 선임할지 고심하고 있는데 한 요원이 내 침실 문 밖으로 고개만 내밀고 말했다.

"팀장님, 여기 와서 이것 좀 보세요. 지금요."

"잘 감시해." 팀장이라 불리는 사람이 다른 요원에게 말했다.

나는 그들이 무엇을 찾아냈는지 알 수 없었다. 마약용품이나 장비 혹은 돈뭉치일 수도 있었다. 그때 내 서류 캐비닛이 닫히고 또 다른 서랍이 열리는 소리가 들렸다. 내 사업 장부!

아버지의 치과 사무실에서 일하던 습관 때문에 나는 꼬박꼬박 영수증을 챙기고 주요 거래 내역을 꼼꼼히 기록했다. 그러면 내가 누구에게 사고팔았는지, 또 얼마나 많은 양을 사고팔았는지, 그리고 얼마에 사고팔았는지 쉽게 기억할 수 있었기 때문이다. 약 이름과 사람 이름을 적을 때 암호를 사용했지만 저들은 어렵지 않게 그것을 해독하리라는 생각이 스쳤다. 장부와 함께 온갖 영수증과 고지서들을 첨부해 두었기 때문이다. 전화 영수증, 호텔 영수증, 썼던 비행기표, 신용카드 사용 내역. 이것들은 마약단속국 요원에게 노다지나 마찬가지였다.

그들은 서류함이 있는 드레스룸으로 나를 데려가 이렇게 물었다.

"대체 이 영수증들은 어디다 써 먹으려고 보관했나? 세금 환급이라도 받을 생각이었나?"

나는 어깨를 으쓱해 보이며 미소를 지을 수밖에 없었다. "배우길 그렇게 배워서 그래요."

이때 내 아파트 열쇠를 소지하고 있던 잭이 현관문을 열고 들어섰다. "안녕, 크리스⋯." 그는 요원들을 쳐다보자마자 몸이 얼어붙었다. 요원 몇 명이 신속히 현관으로 달려 나갔고, 또 다른 요원들은 나를 침대에 억지로 앉히고 우리 두 사람이 서로 보지 못하게 방문을 닫았다. 거실에 있는 요원들이 잭에게 긴 의자에 앉으라고 지시하는 소리가 들렸다. 나는 이번에도 요원들에게 내 친구를 그냥 보내달라고 부탁했다. 잭은 나랑 가까운 친구일 뿐 판매상도 아니고 공급책도 아니라고 해명했다. 요원들은 마약 공급책이나 판매상을 잡으려는 것이지 약쟁이에게는 관심이 없다는 걸 알고 있었다. 아까처럼 내 말을 믿고 잭을 보내 줄까? 어쨌건 한 번은 진실을 말했다. 하지만 그들은 이번에는 친구를 풀어 줄 생각이 없어 보였다. 나는 다른 방도를 찾아야 했다.

그때 전화벨이 울리는 소리가 들렸다. 미치겠네. 이 시간에 누가 전화를 거는 거야? 요원들이 후다닥 발걸음을 서두르는 소리가 들렸고, 누군가 이렇게 말했다. "별 거 아녜요, 팀장님. 그냥 팩스예요."

나는 팩스로도 자주 주문을 받았기에 팩스는 자동으로 작동했다. 팩스 들어오는 소리가 요란하게 들렸고, 몇 초가 지나자 종이가 빠져나오는 소리가 들렸다. 내 고객이나 공급자 중에 누가 보냈는지 머리를 이리저리 굴리고 있는데, 한 요원이 문을 열고 종이를 들고 들어왔다.

"팀장님, LA에 사는 새미 롱이라는 작자인데 아이스 1파운드 대금을 잘 받았다는 내용이에요. 오늘 물건을 보낸다니 우리로서는 잘된 일이죠."

팀장은 나를 보며 말했다. "이제 슬슬 우리한테 부는 게 좋을 것 같군."

한동안 약을 하지 않은 덕분에 나는 요 몇 년 사이 가장 말짱한 정신 상태를 유지하고 있었다. 내가 선택할 수 있는 대안은 무엇일까? 입을 꾹 다물고 공급책과 고객들을 보호할 것인가? 그들은 언제든지 나를 도울 것이라고 말했다. 하지만 내가 협조하지 않으면 요원들은 내 친구인 잭을 잡아 갈 것이고 나는 나대로 교도소에서 썩게 만들 것이다.

나는 마약상 중에서도 고학력에 전문가다운 비즈니스 경험도 있고, 문제를 해결하는 데 남다른 수완을 발휘하는 녀석으로 통했고, 거기에 자부심이 있었다. 하지만 지금 나는 별 뾰족한 수가 떠오르지 않았다.

"어때?" 팀장이라는 작자가 나를 보며 말했다.

"좋아요. 협조하죠. 대신 내 친구는 돌려보내 주세요. 부탁입니다."

팀장은 잠시 생각하더니 문가에 서 있던 요원에게 신호를 보냈다. 그러자 그는 문을 열고 "그 친구 돌려보내"라고 말했다.

"그럼 다시 묻지. 너한테 마약 대준 놈 누구야?" 내 앞에 서 있던 요원이 물었다.

"물건은… 북부 지역에 사는 녀석한테 구했어요. 이름은 카림 아바스." 나는 속으로 쾌재를 불렀다. 그래, 이거야. 카림은 몇 달 전에 나한테 터무니없는 바가지를 씌웠다. 나한테 2만 7,000달러나 받아먹고 싸구려 저질 엑스터시를 넘겼다. 이것이야말로 달콤한 복수였다!

카림은 아이스와 엑스터시, 케타민을 주로 공급하는 녀석으로 뉴욕에서 꽤 손꼽히는 공급책이었다. 카림이 몇 해 전에 연방 수사요원들을 물 먹인 적 있다고 나한테 떠벌렸던 기억이 났다.

팀장이 나를 보며 말했다. "카림 아바스. 그 녀석은 나도 알지. 뉴욕 출신이잖아?" 이 사람들은 어디까지 알고 있는 걸까? 이들은 내가 카림과 어떤 거래를 했는지 묻기 시작했다. 어떻게 만났고, 무엇을 구입했고, 언제 그를 만났는지. 카림과 직접 접촉한 지는 꽤 되었지만 비교적 최근에 거래가 있었던 터라 요원들이 입맛을 다실 만한 건수였다.

"이봐, 잘 들어." 이십 분쯤 이것저것 캐묻고 나더니 한 요원이 말했다. "카림에 대해, 그리고 네 장부와 팩스에서 나온 정보들에 대해 순순히 불 수 있는 시간을 따로 줄 거야. 오늘밤 너를 연행하지는 않겠다는 소리지. 내일 네 발로 스프링 스트리트에 있는 연방수사국 8층 사무실로 아침 열 시까지 출두하도록 해. 알아들어? 늦지 말고."

"만약 안 나타나면 수색영장 들고 너 체포하러 다닐 거야. 널 쫓을거다. 넌 우리 손에 붙잡힐 날만 기다리는 사냥감 신세야." 나는 그들의 얼굴을 쳐다보며 다른 선택의 여지가 없음을 깨달았다.

- - -

나는 엎치락뒤치락 선잠을 자다가 아침에 눈을 떴다. 도청당할 것같아 아무에게도 연락하지 못했다. 밖에 나가지도 않았다. 어디로 갈 수 있겠는가?

어제 일어난 일이 그냥 하룻밤의 악몽이길 바라는 심정으로 방 안을 둘러보았다. 드레스룸으로 가서 금고 안을 살폈다. 텅텅 비어 있었다. 아침마다 나를 천국으로 보내주던 약도 하나도 남아 있지 않았다. 연방수사요원 앞에 불려 간다는 현실이 실감났다. 유리 파이프를 찾아 그 안에 남은 잔여물이라도 맛보려고 했지만, 처진 기분을 살리기에는 턱없이 모자랐다.

시계를 보니 오전 9시 35분이었다. 마약단속국 사무실에 10시까지 출석하려면 준비를 서둘러야 했다. 무엇을 지참해야 하는지, 어떤 옷을 입어야 하는지, 무슨 일이 생길지 아는 게 없었다. 거기 가면 바로 구속되는 걸까? 전화는 쓸 수 있을까? 변호사를 불러야 하나? 시곗바늘은 점점 10시를 향해 움직였다. 나는 서둘러 운전대를 잡고 시내를 질주했다. 내 운명과 대면하러 가는 길이었다.

8층 사무실에 도착하자 그들은 나를 작은 방에 데리고 들어갔다. 이번에는 더 많은 질문이 쏟아졌다. 몇 시간쯤 지났을까, 그들은 다음 주에 다시 출석하라며 나를 감시하고 있다는 말을 덧붙였다. 하지만 그들은 놀랍게도 나를 순순히 보내 주었다. 도무지 어떻게 돌아가는 판인지 알 수가 없었다.

그들은 내 돈과 마약을 모두 압수했다. 돈도 없고, 팔 물건도 없다는 건 이제 쇼핑을 즐길 수도 없고, 친구들과 비행기를 타고 전국을 누비지도 못하고, 호화스러운 파티도 열지 못한다는 의미였다. 그저 남들처럼 평범하게 살아야 한다는 뜻이었다. 물론, 이것도 빈털터리가 되지 않았을 때의 이야기다.

■━━■

경찰에 붙잡힌 뒤 처음 몇 주간은 내가 주최하던 일요일 티 댄스 수익으로 착실하게 생계를 유지하려고 애썼다. 하지만 그 파티를 유지해 주는 것은 사실 마약 거래 수익이었다. 입장료 수익으로는 남는 게 거의 없었고 오히려 손해를 볼 때도 허다했다. 매주 디제이를 불러오고 또 그래픽 디자이너에게 돈을 주고 전단지를 제작하는 데 적잖은 돈이 들어가기 때문이었다. 그런데 돈이 없으니 그 일도 유지하기가 쉽지 않았다.

나는 먹고 살려고 소량 거래를 시도했다. 내 전화기를 쓰기가 겁나서 공중전화를 이용해 여러 공급책들에게 연락했지만 아무도 나를 상대하려고 하지 않았다. 내가 경찰에 꼬리가 밟혔다는 소문이 이미 쫙 퍼져 있었다. 나는 사람들을 만날 때마다 마약단속국이 내 집을 급습했다는 사실을 숨기려고 거짓말을 지어내 변명하기 바빴다. 하지만 내 말을 믿어 주는 사람은 아무도 없었다. 동네 손님들도 나와는 엮이려 하지 않았다.

나는 먹이사슬에서도 제일 밑바닥으로 떨어졌고, 예전에 내 밑에서 일하던 잔챙이급 판매상들한테 물건을 구입해야 할 지경이었다. 내게 약값을 받고도 적선하듯이 찔끔찔끔 물건을 건네는 그들의 얼굴에서 나는 고소해하는 표정을 읽을 수 있었다. 나는 비렁뱅이가 된 기분이었다. "조금 더 줘, 부탁이야." 하루아침에 처지가 역전되었다. 이제 그들에게 나는 왕이 아니라 노예였다.

나는 여태껏 경험해 보지 못한 나락으로 굴러 떨어졌다. 나는 몇 날 며칠을 컴컴한 절망과 우울감에 빠져 헤어 나오질 못했고, 그때마다 아이스를 피우며 그 기분을 떨쳐 내려고 했다. 내가 팔려고 구입했던 약들은 결국 모두 내 담배 파이프 속으로 들어갔다. 나는 아이스를 피우며 그 기운으로 잠도 자지 않고 열흘까지 버텼다. 그러다 쓰러지면 이틀인가를 꼼짝없이 잠에 곯아떨어지곤 했다.

- - -

아이스를 피우면 식욕보다 성욕이 커지기 때문에 사우나를 자주 찾았다. 사우나가 존재하는 이유는 오직 하나다. 게이들 간에 익명의 섹스를 즐기기 위해서. 이런 곳은 으레 뒷골목 음침한 곳에 위치하고 안에 들어가면 벽에는 구멍이 뚫려 있다. 나는 항상 혼자 거기에 갔다. 사람을 사귀려고 그곳을 찾는 이는 아무도 없다. 애틀랜타 4번가에는 그런 곳이 한 군데 있었다. 주간고속도로를 마주보고 있는 사우나 건물 뒤로 돌아가면 출입문이 있었다. 사람들 눈에 띄지 않으려고 나는 차에서 내리자마자 잽싸게 안으로 들어갔다.

건물에 들어가면 꼭 비좁은 드레스룸처럼 두 사람이 서로 지나가기도 버거울 정도로 협소한 방이 하나 있었다. 오른쪽으로 두꺼운 유리창이 하나 있었다. 내 신분증이랑 30달러가량의 돈을 유리창 밑으로 밀어 넣으면, 안에 있는 사람이 나를 들여보내 주었다. 어둑한 통로를 사이에 두고 작은 방들이 늘어서 있고, 그 안에는 각각 합판 위에 폼 매트리스가 깔려 있었다. 방 안은 매캐한 곰팡내가 나고, 눅눅하고, 습기가 가득했으며, 땀 냄새로 진동했다. 나는 거기 갈 때마다 잠시 한탕만 즐기고 나가자고 마음먹었지만, 생각은 생각일 뿐 몸은 따로 놀았다. 장장 8시간이나 이름도 모르는 사내들을 수없이 상대하고도, 또다시 데스크로 가서 30달러를 지불하고 또 8시간을 그곳에서 보내곤 했다.

4월 초순, 어느 날 아침 그날도 사우나에서 기나긴 시간을 달린 뒤한 친구랑 그의 사우나실에 함께 앉아 있었다. 나는 그에게 아이스가 있는 것을 알고 한 번 할 수 있는지 물었다. 나는 유리 담배 파이프를 꺼내 들었고, 그는 아이스 봉지를 꺼냈다.

그는 내 담배 파이프를 보더니 날 떨떠름한 표정으로 쳐다보았다. "이런. 티나를 태우는구나? 아까워라." 그는 내게 아이스를 건네며 이렇게 말했다. "뭐가 잘못되었는지도 모르는군."

처음에는 그가 무슨 말을 하는지 몰랐지만, 그가 주사기를 꺼내들자 무슨 말인지 감이 왔다. 나는 아이스를 담배 파이프에 집어넣고 피우면서 내 앞에서 벌어지는 의식을 불편한 마음으로 지켜보았다. 바늘을 두려워하지는 않았지만 다른 사람이 바늘을 사용하는 모습은, 그것도 이렇게 가까이서 보는 것은 처음이었다.

그는 침대의 합판 위에 굽은 수저를 올려놓고 아이스 조각을 여러 개 떨어뜨렸다. 그는 가방에서 물이 든 약병을 꺼내 거기에 든 물을 주사기에 채웠다. 그러고는 그 물을 수저 안으로 천천히 밀어 넣었다. 아이스가 순식간에 용해되었다.

"이렇게 해야 순정이지." 그는 내게 이렇게 설명했다. "이것 봐. 부유물이 전혀 없지. 얼마나 예뻐." 그의 두 눈은 수저 위에 고정되었고, 입맛을 다시기 시작했다. "벌써 목구멍에서 짜릿함이 올라와."

그는 솜 한 조각을 집어 들고 수저 안에 넣었다. 그러고는 솜 중앙에 바늘을 찔러 넣고 용액을 빨아들였다. 바늘을 위로 쳐들어 몇 차례 가볍게 쳐서 기포를 빼냈다. 그는 고무줄을 꺼내 팔을 묶고, 주먹을 쥐었다 폈다 했다. 나는 그의 팔에 드러난 주사기 바늘 자국들을 보았다. 여태껏 주입하느라 생긴 상처들이었다. 그 모습을 보니 등골이 오싹해졌다.

그는 자신의 팔을 몇 차례 찰싹찰싹 때리며 정맥을 찾았다. "아, 여기 있군." 그는 팔뚝에서 가느다란 혈관을 찾아 알코올이 묻은 솜으로 닦아냈다. 그는 주사기를 들고 바늘 끝을 팔뚝에 찔러 넣었다. 그가 주사기 밀대를 밀어서 용액을 주입할 때 소량의 혈액이 주사기 안으로 따라 들어가는 게 보였다.

"약간 화끈거리긴 하지만 고통을 감수할 만한 가치는 충분하지." 그는 숨을 내뱉으며 주사기 안의 내용물을 팔에 천천히 주입했다. 바늘을 팔에 꽂은 채 그는 고무줄을 풀며 나직이 수를 세었다. "다섯, 넷, 셋, 둘…."

그는 '하나'를 채 세지 못하고 정신을 잃었다. 몸에 핏기가 싹 사라지고, 눈동자는 초점을 잃고 흰자위만 허옇게 드러냈다. 그리고 천천히 긴 숨을 내쉬더니 몸이 축 늘어졌다.

미동도 하지 않고 누워 있는데 그 순간이 마치 영원처럼 느껴졌다. 나는 당황하기 시작했다. 그는 움직이지도 숨을 내쉬지도 않았다. 초조해진 나는 그에게 다가가 그의 몸을 흔들었다. 아무 반응이 없었다. 좀 더 세게 흔들었다.

"이봐… 어이… 어이!" 나는 그의 다리를 세차게 흔들었다. "야!" 그러자 그의 눈동자가 제대로 돌아왔다. 그는 콜록콜록 기침을 몇 번 하더니 숨을 가쁘게 내쉬었다.

그는 실눈을 뜨고 능글맞게 웃으며 나를 쳐다보았다. "티나는 이렇게 해야 맛이지." 그는 팔에서 주사기를 뽑으며 한숨을 길게 내쉬었다. "아, 진짜 끝내줘."

- - -

6월에 미국 변호사협회로부터 편지 한 통을 받았다. 1998년 7월 17일에 법정에 출두하라는 통지였다. 뭐라고? 나는 편지를 읽고 또 읽었다. 그때까지 나는 마약단속국에 협조하고 있었기 때문에 모든 일이 순조롭게 풀리는 줄로 알았다. 수화기를 들고 내가 협조하고 있던 마약단속국 요원에게 전화를 걸었다.

"우편으로 이런 편지가 왔어요." 나는 편지에 쓰인 내용을 설명했다. "대체 이게 다 무슨 소리죠? 제가 법정에 서야 하나요?"

"맞아. 거기 적힌 대로만 하면 돼."

"변호사를 선임해야 하나요?"

"그에 대해선 해 줄 말이 없어. 법적인 문제를 조언해 줄 수 없는 위치거든. 그건 네가 결정할 문제야."

"우리가 거래한 줄로 알았는데요."

"이만 끊어야겠어." 내가 뭐라 말하기도 전에 전화가 끊겼다. 나는 이게 무슨 의미인지 곧 깨달았다. 먹고 먹히는 세상, 사람들은 결국 제 잇속만 챙기는 법이다.

변호사를 고용할 돈이 없는 나는 법정 출두일에 국선 변호사를 대동하고 출두했다. 판사가 내 혐의 즉, '유통시킬 의도로 메스암페타민을 소지한 혐의'를 읽고 나서 내게 혐의를 그대로 인정할 것인지 물었다. 나는 속으로 '농담하십니까? 나는 현행범으로 붙잡힌 사람이라고요!'라고 얘기했다. 나는 혐의 사실을 순순히 인정했고, 공판 전 관찰 명령이 떨어졌다. 그 다음 주부터 매주 보호관찰관을 만나, 약물 검사를 받아야 한다는 의미였다.

나의 더러운 소변을 다른 사람의 그것과 바꿔치기할 수만 있으면 참 좋을 텐데. 하지만 어디서 깨끗한 소변을 구한단 말인가? 내가 아는 사람들이라고는 모두 약쟁이들뿐인데. 한참을 수소문한 끝에 내가 아는 사람의 아는 사람의 아는 사람이 약을 하지 않는다는 사실을 알아냈다. 다행히 그 사람은 플라스틱 생수병에 넉넉하게 소변을 제공해 주었다. 나는 그 병에 "절대 마시지 말 것!"이라고 표기한 뒤 냉장고에 보관했다.

소변 검사를 받는 날, 내 소변과 바꿔치기하려고 준비한 소변을 미리 씻어놓은 작은 접착제 통에 채웠다. 소변 검사용 컵에는 온도계가 달려 있어 샘플이 체온을 유지하고 있는지 알려 주기 때문에 나는 그 소변을 전자레인지에 데운 뒤에 속옷 안에 집어넣었다. 이러면 온도를 따뜻하게 유지하면서 빼내기도 수월했다.

검사 시간이 되자 보호관찰관이 화장실까지 나와 동행했고 거기서서 나를 감시했다. 관찰관은 진짜로 내 몸에서 나온 소변이 컵으로 들어가는지 봐야 했다. 변기 옆 화장실 벽에는 거울이 붙어 있어 관찰관은 양쪽 방향에서 나를 볼 수 있었다. 다른 사람이 지켜보는데서 소변을 보는 것도 거북한데, 내 소변이 아니라 다른 사람의 소변을 컵에 넣어야 하는 상황이니 말해 무엇 하겠는가. 접착제 용기에서 나오는 소변 줄기가 진짜 내 것처럼 보여도 문제는 거기서 끝이 아니었다. 용기에서 내용물이 나오려면 공기 때문에 소리가 날 것이었다.

문제없어, 하고 나는 속으로 생각했다. "긴장해서 그런가, 잘 안 나오네요" 하고 나는 보호관찰관에게 말했다. "물 좀 틀어도 될까요?"

변기 곁에 있는 세면대에서 물이 졸졸 흘러나올 때 나는 보호관찰관의 눈에 띄지 않도록 접착제 용기를 아주 조심스럽게 바지 지퍼 밖으로 꺼내 손에 쥐었다. 오렌지 색 뚜껑을 세심하게 돌려 뚜껑을 열고 적절한 타이밍에 헛기침을 하며 안에 든 소변을 컵 안에 흘려보냈다. 보호관찰관의 눈을 감쪽같이 속인 내 자신이 무척이나 대견스러웠다.

— — —

심한 공복감에 잠이 깬 어느 날이었다. 시계를 보니 6시 43분이었다. 아침이야, 저녁이야? 침대에서 일어나 블라인드를 제쳤다. 해가 지고 있었다. 욕실에 들어가 얼굴에 찬물을 끼얹었다. 거울을 보니 몸이 수척했다. 지방이 쏙 빠지고 하나도 없네. 체중계에 올라보니 60킬로그램이었다. 18킬로그램이 빠졌으니 다이어트 그룹에서 선망의 대상이 되겠군!

현관문이 열리는 소리가 들렸다. "안녕, 크리스." 낯익은 목소리였다.

"잭! 얼굴 보니 반갑다. 마침 재미 볼 시간에 때맞춰 왔네." 나는 주방으로 들어가 유리 담배 파이프를 꺼내며 말했다.

하지만 내가 유리 담배 파이프에 아이스 몇 조각을 집어넣기 전에 그가 말했다. "어… 괜찮아. 난 안 줘도 돼."

"뭐? 너 돌았냐? 정말 괜찮아?" 내가 웃으며 말했다.

"응, 괜찮아. 약은 끊으려고." 조지아공대에 다니는 잭은 이제 현실 세계로 돌아가려 하고 있었다.

"저녁거리 좀 사왔어." 그는 카우티퍼스에서 사 온 음식 상자를 주방 카운터에 내려놓았다. "자기가 좋아하는 거야. 필레미뇽. 자기가 좋아하는 미디엄으로. 시저 샐러드와 구운 감자도 있어."

카우티퍼스에서 스테이크를 사먹은 지도 오래되었다. 사실, 마지막으로 끼니를 때웠을 때 먹은 음식이었다. 배가 고파 죽을 지경이었다.

"그런데 몸 좀 챙겨." 잭이 말했다.

"뭐? 네가 내 엄마라도 되냐?" 내가 스테이크를 한입 베어 먹으며 말했다. 잭은 어색하게 웃었다.

"음, 저기… 나 가 봐야 해." 그는 짝다리를 번갈아 짚으며 이렇게 말했다.

"너 방금 왔잖아." 내가 구운 감자를 한 움큼 입에 넣으며 말했다. "이렇게 빨리? 아직 초저녁이야."

잭은 확실히 불편한 기색으로 바닥을 내려다보며 말했다. "응, 갈 데가 있어."

"어디?"

"파티."

"누가 여는 파티인데?" 나는 포크를 테이블에 내려놓으며 물었다.

잭은 내 눈을 마주치지 않고 자기 손을 들여다보며 말했다. "그냥 다른 친구들이…."

다른 친구들이라. 환장할 노릇이었다. 내가 초대받지 않은 파티에 잭이 간다고? 자리가 바뀌었다. 나는 애틀랜타에서 제일 잘나가는 축에 들었고, 게이 커뮤니티에서 개인이 여는 파티에 내가 빠지는 법은 없었다. 다른 사람들은 클럽 밖에서 줄을 서서 기다려도 나는 곧장 문으로 들어갔다. 잭은 내 절친한 친구였고, 그래서 가는 곳마다 그를 데려갔다. 그런데 이제 잭이, 내 절친한 친구인 잭이 아무도 내게 언급하지 않은 파티에 가겠다고 한 것이다.

경찰 손에 넘어갔다는 소문이며 예전과 다른 생활 습관 때문에 친구들이 나를 곤혹스러워한다는 사실은 알고 있었다. 하지만 가장 친한 잭은 여전히 내 곁에 있었다. 적어도 나는 그렇게 생각했다.

"내일 전화할게. 괜찮지, 자기?"

내가 주방에 서서 뭔가 항변하려고 입을 여는데 그는 문밖으로 걸어 나가 조심스럽게 문을 닫았다.

그래도 내게는 아직 친구 한 명이 남아 있었다. 나는 유리 담배 파이프를 지그시 바라보았다. 이제 너와 나뿐이구나.

- - -

몇 달이 지나자 공과금을 지불하기도 버거웠다. 월세 1,300달러도, 자동차 할부금도, 통신요금도 낼 수 없었다. 내게 마약을 대주려는 사람은 거의 없었고, 그나마 구매한 소량의 아이스는 내가 다 피워 버렸다. 나는 차림새만큼은 멀끔하게 보이려고 최대한 공을 들였지만, 벅헤드의 고급 아파트에는 먹을 게 하나도 없을 때가 많았다. 나는 햄버거라도 하나 사 먹으려고 집 안 여기저기를 뒤져 잔돈을 긁어모으곤 했다.

8월, 하틀랜타 축제가 다가오고 있었다. 만일 이 기간에 대규모 티댄스를 성공적으로 열 수 있다면 재기에 성공할 수도 있을 터였다. 내가 바라 마지않던 반전의 기회였다. 1년 전 하틀랜타 축제 때 칠리페퍼에서 개최했던 일요일 파티는 얼마나 성황리에 막을 내렸던가! 하기야 3천 명이 넘는 사람들이 모였으니까. 이번에 그 수의 절반만 모여도 공과금도 해결하고 양질의 마약을 구입할 수 있을 터였다.

작년 일을 참고해 내게 미리 돈을 건네는 이들도 있었다. 나는 피에몬테 공원이 건너다보이는 장소를 예약했다. 마이애미 출신의 유명 디제이 데이비드 냅을 섭외하고, 멋진 전단지를 디자인하고 인쇄했다. 하틀랜타 축제까지 살아남으면 다 괜찮아질 거야. 그때까지만 버티면 돼.

하지만 하틀랜타 축제 행사들을 알리는 공식 팸플릿을 읽고 심장이 멎는 줄 알았다. 마지막 일정에 또 다른 일요일 티 댄스가 잡혀 있었다. 축제 입장권을 1백 달러에 구매한 사람들에게는 자동으로 참가 자격이 주어졌다. 그럼 누가 또 돈을 내고 내 파티에 오겠는가?

'크리스 위안이 주최하는 1998년 아이스 파티'는 결과적으로 비참하게 끝났다. 내 파티는 싸구려 연회장에서 열렸다. 좋은 사운드 시스템을 마련할 여력이 없어서 사운드와 조명도 조악하기 그지없었다. 데이비드 냅은 말도 안 되는 환경에서 고군분투하며 분위기를 뜨겁게 달구려고 애썼다. 디제이 부스가 설치된 바닥은 사람들이 춤을 추느라 발생하는 진동으로 흔들거렸다. 바닥이 흔들릴 때마다 음악은 툭툭 끊겼다. 롤러스케이트장에서 치르는 촌스러운 생일 파티 같았다. 참석자는 1백 명이 될까 말까한 수준이었다. 어서 이 저녁이 지나가기만을 바랄 뿐이었다.

몇 명 남지 않은 친구들이 나를 응원하려고 왔다. 파티가 끝날 무렵 우리는 말없이 빙 둘러서 있었다. 나는 아무 일도 없는 것처럼 행동했다. 친구들은 나 때문에 당황한 표정이 역력했다. 얼마나 비참한 파티였으며 내가 얼마나 많은 돈을 잃었는지 그들은 알았다. 하지만 나는 동정 받기 싫었다.

"다들, 지금 몇 시인지 알아? 재미 한 번 보자!"

그들은 모두 내 기분을 북돋아 주려고 나와 함께 화장실에 들어갔다. 우리가 라이터를 켰을 때 누군가 문을 열고 뛰어 들어왔다. "크리스! 네 차를 견인하고 있어!"

주차장으로 달려갔지만, 이미 견인트럭이 내 프렐류드를 뒤에 달고 도로로 진입한 뒤였다. 하기야 벌써 수개월째 자동차 할부금을 내지 못했고 은행은 내 파티 소식을 전해 들었음이 분명했다. 뒤돌아보니 친구들이랑 몇몇 사람들이 나와서 내 차가 견인되어 가는 광경을 지켜보고 있었다. 그들이 속으로 무슨 생각을 하는지 귀에 들리는 듯했다.

불쌍한 크리스, 할부금도 내지 못할 형편이라니, 진짜 보기 안쓰럽네. 파티도 엿 되고 차까지 뺏겼으니.

나는 땅바닥에 털썩 꿇어앉았다. 거친 자갈이 무릎을 파고들었다. 나는 두 손으로 얼굴을 감싸고 소리 내어 울기 시작했다.

제19장

받은 복을 세어 보아라

안젤라. 1998년 12월 9일

겨울 공기가 상쾌한 어느 오후, 나는 성경 공부 모임을 마치고 집으로 돌아가는 길이었다. 푸른 하늘에서 쏟아지는 햇빛을 받으며 나는 차 안에서 무디 라디오 방송에서 나오는 찬송가를 따라 불렀다. "네가 받은 복을 세어 보아라. 하나하나 꼽아 보아라." 나는 가사에 나온 대로 해 보았다. 운전하는 동안 내가 그동안 받은 축복들을 세어 보니 내 마음이 하나님의 은혜로 풍요로워졌다. 크리스마스를 맞이하는 기쁨, 친구들과 우정을 나누는 즐거움, 다시 생기를 찾은 결혼 생활의 기쁨으로 내 잔이 넘치고 있었다. 차고에 차를 주차하고 집으로 들어가면서 감사할 게 참으로 많구나 하는 생각이 들었다.

막 현관문을 열고 들어서는데 전화벨이 울렸다. 나는 재빨리 달려가서 수화기를 집어 들었다.

"여보세요?"

녹음된 음성이 들렸다. "여기는 애틀랜타 시 구치소입니다. 수신 자부담 전화입니다. 통화를 원하는 사람의 이름은…." 잠시 정적이 흘렀다. 그리고 익숙한 목소리가 들렸다. "크리스예요."

나는 몇 달째 크리스토퍼의 목소리를 듣지 못했다. 그런데 구치소에서 전화라니? 목소리를 들으니 만감이 교차했다. 아들이 전화를 걸어 온 것은 기쁜 일이었지만, 구치소에 있다니 걱정스럽고, 무슨 영문인지 몰라 겁이 났다. 나는 심호흡을 하며 수화기를 단단히 붙들었다. 녹음된 메시지가 이어졌다. "이 전화를 받으시려면 1번을 누르세요. 이 전화를 받기 원치 않으시면 2번을 누르세요. 만약 이 전화를 거는 사람을 차단하시려면…" 나는 주저하지 않고 재빠르게 1번을 눌렀다.

수화기 저편에서 사람들의 웅성거리는 소음이 들렸다. "저예요… 엄마." 내 귀에 들리는 목소리는 다정했지만 불안정했다. 예전의 크리스토퍼와는 목소리가 달랐다. 보통은 적개심이 가득하고 오만한 날이 서 있었는데 그런 느낌이 전혀 없었다. 상냥한 목소리에는 슬픔이 깃들어 있었다.

"엄마…. 여기 구치소예요."

나는 뭐라고 대답해야 할지 몰라 말을 잇지 못했다. 아들이 구치소에 들어가리라고는 상상도 하지 못했다. 내가 아는 사람 중에 구치소에 들어갔던 사람은 아무도 없었다. 구치소는 본 적도 없었고, 근처를 지나간 적도 없었다. 내가 상상하는 그곳은 도둑과 사기꾼,

살인자, 강간범이 들어가는 컴컴한 지하 감옥이었다. 아들의 목숨을 걱정하지 않을 수 없었다. 하지만 어쩌면 하나님이 이 모든 일을 주재하고 계시다는 생각이 들었다. 게다가 '주님, 어떤 대가를 치르든 뜻대로 하소서'라고 기도하지 않았던가.

"아들, 괜찮아?" 내가 물었다.

나는 그 아이가 구치소에 들어간 이유보다도 아들의 심중에 있는 말이 더 듣고 싶었다. 크리스토퍼는 아주 오래전부터 레온과 나에게 담을 쌓고 그의 인생에 대해서도, 속마음이나 기분에 대해서도 감추고 살았다. 나는 다시 한 번 그 아이의 마음을 들여다보고 싶었다.

수화기 저편에서 침묵이 흘렀다.

"예…. 괜찮아요."

크리스토퍼는 잠시 입을 다물더니 자기에게 무슨 일이 일어났는지 설명하기 시작했다. 1월에 연방 수사요원들이 아파트를 급습했다고 한다. 그 후 공판 전 관찰 기간에 매주 소변 검사를 받았고, 4주간 세 차례의 테스트에 통과하지 못하자 판사가 합의 사항을 철회했고 아침 일찍 구속되었다고 했다. 내 머릿속은 그 모든 정보를 처리하느라 분주하게 움직였다. 나는 분명 기도 중에 '무슨 대가를 치르든지'라고 했다. 하지만 그게 마약이나 감방과 연관이 있을 줄은 상상도 못했다.

크리스토퍼가 얘기를 이어가는 동안 나는 말없이 듣기만 했다. 아들이 나에게 그렇게 오래 얘기한 것은 몇 년 만에 처음이었고, 내겐 그 시간이 더없이 소중했다. 그 아이가 어디에 있건, 어쩌다가 체포되었건, 그건 중요하지 않았다. 드디어 그 아이가 마음 문을 열고 하나님께 나아갈 준비가 되었음을 나는 알 수 있었다. 그것은 기적이었다.

녹음된 음성이 우리 대화에 끼어들었다. "이 통화는 1분 후에 종료됩니다."

"통화는 15분만 할 수 있어요." 크리스토퍼가 말했다. 15분이 찰나 같았다. "전화하려는 사람들이 제 뒤로 줄 서 있어요. 엄마, 더 오래 얘기하고 싶지만 이제 끊어야 해요. 나중에 또 전화해도 돼요?"

"물론이지." 그 아이가 나와 더 얘기하고 싶다는 말을 하다니 믿기지 않았다. 아들이 부탁하지 않아도 당연히 우리 부부는 전화가 몇 시에 걸려오든 돈이 얼마가 들든 아들의 전화를 받았을 것이다. 우리를 거부하고 거세게 저항한 세월을 생각하면 내 작은 꿈이 이루어진 셈이었다. 15분은 내게 말할 수 없이 소중한 시간이었다.

"며칠 후에 내가 면회 가마. 방문 일정을 알려 줄 테니 다시 전화해라." 나는 잠시 숨을 골랐다. "크리스토퍼. 아버지와 나는 이 역경을 너와 함께 견딜 거야. 그 점을 네가 알아 주었으면 한다. 알았지? 사랑한다."

"고마워요, 엄마…. 저도, 사랑해요. 안녕히 계세요."

수화기를 내려놓자마자 눈물이 차올랐다. 눈앞에 닥친 환난에 시선을 고정해서는 안 될 일이었다. 오늘 불어닥친 폭풍 너머에, 내가 처한 시련 너머에 있는 보상을 바라보고 기뻐해야 한다는 점을 기억했다. 로마서 5장 3~5절이 떠올랐다.

우리가 환난 중에도 즐거워하나니 이는 환난은 인내를, 인내는 연단을, 연단은 소망을 이루는 줄 앎이로다 소망이 우리를 부끄럽게 하지 아니함은 우리에게 주신 성령으로 말미암아 하나님의 사랑이 우리 마음에 부은 바 됨이니

아들이 처한 상황 때문에 그 어느 때보다 마음이 아팠지만, 하나님이 크리스토퍼의 삶에 역사하심을 감사해야 한다는 생각이 들었다. 이 일은 하나님이 내 기도에 응답하신 것임을 나는 단 한 순간도 의심하지 않았다. 내 머릿속에서 다시 한 번 "네가 받은 복을 세어보아라"라는 찬송가가 떠올랐다. 그래, 주님께 받은 복을 하나하나 기록하자.

레온의 사무실에 있는 금전등록기가 눈에 들어왔다. 나는 금전등록기 안에서 종이테이프를 빼내고 펜을 집어 들었다. 하나님이 크리스토퍼를 놓지 않고 역사하고 계심을 기억하려고 이번에 받은 첫 번째 축복을 급히 적었다.

"크리스토퍼는 안전한 곳에 있으며 그가 처음으로 우리에게 연락을 했다."

눈을 감고 하나님께 감사를 올리는데, 형언할 수 없는 포근함과

1998년 12월 9일에 크리스토퍼가 교도소에 투옥되면서부터 기록한 축복 목록이다.
크리스토퍼가 복역하는 동안에도 계속 써 나갔다. 지금 이 목록의 길이는 내 키를 넘어섰다.

평온함이 나를 감쌌다. 내 마음 가득히 감사가 차고 넘치면서 이런
노랫말이 떠올랐다.

눈을 들어 주님을 보라

그 놀라운 얼굴을 보라

주님의 영광과 은혜 앞에서

세상 모든 부귀와 영광은 빛을 잃네

—헬렌 렘멜, "눈을 들어 예수를 보라(Turn Your Eyes Upon Jesus)" 중에서

제20장

쓰레기 소굴에서

크리스토퍼. 1998년 12월 12일

잠은 희망 없는 자들을 위한 마약이다. 침대는 딱딱하고 비닐로 덮인 매트리스는 내가 움직일 때마다 바스락 소리가 났다. 12월의 한기를 막을 수 있는 거라고는 거칠고 성긴 모포 한 장이 전부였다. 그마저도 내 전신을 덮기에는 짧아서 사방에서 들어오는 외풍이 온몸에 그대로 와 닿았다.

구치소의 딱딱한 철제 침상에서 눈을 떠 봐야 내가 얼마나 험악한 데 들어와 있는지 절감할 뿐이었다. 무섭고 낯선 현실이 주는 괴로움에서 벗어나려고 내 마음의 심연 속으로 도망갔다. 나는 모포를 턱까지 바싹 끌어당기고 눈을 감은 채 그 어둠이 주는 위안 속에 머물렀다. 이렇게 눈을 뜨지 않고 계속 잠을 자다가 어느 날 깨면 이 모든 것이 한바탕 악몽으로 끝나지 않을까?

눈을 뜨고 마주하는 현실은 늘 내 기대를 저버렸다. 차가운 콘크리트 벽돌과 철물로 둘러싸인 가로세로 1.8m×3m 크기의 감방이

194

나를 짓눌렀다. 지저분한 방탄 유리창을 통해 햇빛이 한 줌 흘러들어 왔다. 열두어 시간쯤 잠에 취해 있었던 것 같다. 교도관에게 시계를 압수당해 몇 시인지 확인할 수 없었다. 이곳에서는 시간이 주어질 뿐이다. 그것도 몹시 괴로운 시간이.

나는 침상 맡에 있는 철제 변기에 볼일을 보려고 일어났다가 벽에 붙은 작은 철물을 거울 삼아 얼굴을 살폈다. 거기에 비친 내 얼굴은 흐리고 찌그러져 있었지만, 내 까만 눈동자와 움푹 들어간 두 볼은 분명하게 보였다. 나는 변기 물을 내리고 주황색 죄수복의 두 소매를 허리에 두른 뒤에 벨트를 매듯 묶었다. 그러고는 감방 문을 열고 공용실로 향했다.

그러다 하마터면 문밖에 놓인 식판 더미를 걷어찰 뻔했다. 식판에는 음식이 그대로 남아 있었다. 그때 히스패닉 친구가 내 감방을 지나치며 말했다. "어이, 형씨. 우린 당신이 뒈진 줄 알았어. 쭉 지켜봤는데 꼼짝도 안 해서 말이야."

"지금 몇 시야?" 내가 물었다. "오후 두 시쯤 됐어. 오늘은 토요일이고." 그는 자기 방으로 들어가며 웃었다.

토요일? 어떻게 토요일일 수가 있지? 내가 보호관찰관을 만난 게 수요일이었다. 그녀는 나와의 협정을 파기했다. 물론 내가 세 번의 약물 검사를 통과하지 못했기 때문이다. 처음 두 번의 검사가 실패한 이유는 나중에 알았지만, 내게 '깨끗한' 소변을 제공했다고 믿었던 그 친구가 사랑니를 뽑은 탓에 코데인이 함유된 진통제를 먹은 것이 문제였다. 내 샘플은 실험실에 들어갔고 코데인 양성 반응 결과는 내가 두 번째 소변 검사를 받고 나서야 도착했다. 그러니 나는 두 번째에도 코데인이 다량 함유된 소변을 컵에 담아 제공한 것이다. 내가 먹지도 않은 약 때문에 두 번이나 테스트에 통과하지 못하다니!

나는 다른 방법을 써 보기로 했다. 소변에서 마약이 검출되지 않도록 해 주는 음료가 있다는 말을 듣고, 그것을 손에 넣어 검사를 받기 전날 수십 리터의 물과 함께 마셨다. 하지만 효과가 없었다. 테스트 결과 메스암페타민 양성 반응으로 나왔다. 아무래도 아이스를 너무 많이 피워서 숨기려야 숨길 수가 없었던 것 같다. 그러고는 일주일도 되지 않아 애틀랜타 시 구치소로 오게 되었다.

내가 여기에 온 것이 수요일 오후였다. 그전까지 나는 며칠 동안 한잠도 못 잔 상태였다. 구치소에 들어오고 나서 엄마한테 전화를 하고 이곳에서 첫 끼를 먹은 직후에 곧장 뻗었다. 이튿날에도 기운이 하나도 없는 상태로 겨우 몸을 일으켜 점심을 때웠다. 점심을 먹은 직후 나는 또 곧바로 정신을 잃었다. 잠을 자느라 목요일 저녁도 걸렀을 테고, 금요일에도 하루 종일 잠에 취해 있었던 것이다. 내 감방 앞에 식판이 여섯 개나 놓여 있던 이유를 이제야 알았다. 나는 식판에 담긴 음식을 보았다. 파리들이 꼬여서 음식 위를 기어 다녔다. 아무리 배가 고파도 그 식판의 음식을 집어 먹을 만큼은 아니었다.

내가 소속된 남동부 5번 구역 3동에는 사내들이 40명쯤 모여 있었다. 그들은 공용실에 모여 카드놀이를 하거나 텔레비전을 보거나 아니면 슬리퍼를 질질 끌면서 어슬렁거리고 있었다. 사내들은 길거리 건달들처럼 거칠어 보였다. 여기저기 문신을 새기고 입 안 가득 금니를 씌운 사내가 내 곁을 지나갔다. 지하세계 마약상이 틀림없다. 또 다른 사내는 오렌지 죄수복의 한쪽 바짓가랑이는 접어 올리고 다른 한쪽은 땅에 질질 끌며 걸어 다녔다. 이쪽은 조직폭력배. 흉악한 범죄자들과는 거리를 두는 것이 최선이었다. 다행히 그날 저녁 늦게 어머니가 면회를 와서 잠시나마 이 소굴에서 벗어날 수 있었다.

중범죄자들이 있는 수용동을 지나칠 때면 나는 철저히 생존 모드가 되어 그들과의 접촉을 피하려고 노력했다. 내 방으로 돌아가는데 오물이 그득한 쓰레기통이 눈에 띄었다. 내 인생은 저 쓰레기나 마찬가지인 듯했다. 나는 시카고 교외의 중산층 가정에서 자랐다. 아버지는 의학 박사이고, 나 역시 의사가 되려고 공부를 했다. 그런데 이제 별 볼 일 없는 범죄자, 이 사회의 쓰레기들과 같은 공간에 있다.

내 친구들조차 나를 피했다. 그들은 내가 거는 수신자부담 전화도 받으려고 하지 않았다. 내 처지는 버려진 쓰레기와 다를 바 없었다. 땅이 꺼지게 한숨을 쉬며 고개를 푹 숙이고 걸어가는데, 쓰레기통 위에 있는 어떤 물체가 내 시선을 사로잡았다.

나는 허리를 굽혀 기드온의 신약성경을 집어 들었다. 아직 개봉조차 하지 않은 새 책이었다. 나는 그 책을 들고 방으로 돌아왔다. 감방에 있으니 널린 게 시간이었다. 나는 철제 침상의 차가운 매트리스에 앉아 조그만 책을 펼쳤다. 마가복음이 눈에 들어왔다.

제21장

눈물을 보이지 않게 하소서

안젤라. 1998년 12월 12일

알람이 울리기도 전에 눈이 떠졌다. 막상 구치소에 방문할 생각을 하니 등골이 오싹했다. 그런 곳엔 한 번도 가 본 적이 없었다. 구치소라고 하면 차갑고, 어둡고, 살벌한 곳이라는 생각밖에 나지 않았다. 하지만 내가 어디를 가든 하나님이 함께하신다는 확신이 있었다.

나는 슬리퍼를 신고 잠옷 차림으로 곧장 나만의 기도실에 들어갔다. 성경을 펼치고 이사야 41장 10절을 읽었다.

두려워하지 말라 내가 너와 함께 함이라 놀라지 말라 나는 네 하나님이 됨이라 내가 너를 굳세게 하리라 참으로 너를 도와 주리라 참으로 나의 의로운 오른손으로 너를 붙들리라

하나님은 내가 불안하고 힘든 상황에 놓일 때마다 내게 필요한 말

씀을 주셨다. 나를 위해 어떤 일을 예비하셨든 나는 그 일을 수행하리라 마음먹었다. 그분이 의로운 오른손으로 나를 붙드실 것을 믿었다.

그날 저녁 6시, 나를 마중 나온 스탠 싱글턴 씨를 애틀랜타 공항 밖에서 만났다. 스탠은 큰 덩치에 어울리지 않게 무척 다감하고 상냥한 사람이었다. 실물 크기의 테디 베어 인형을 보는 느낌이었다. 스탠은 친구가 소개한 변호사로 기독교인이었다. 그는 기본적인 법률문제와 관련해 무료로 크리스토퍼를 돕기로 했다. 스탠은 비영리 기업을 전문으로 하는 기업 변호사로, 목소리가 온화하고 점잖은 남부 신사였다. 그날 저녁 처음으로 만났지만 그가 함께해 주는 것만으로도 마음이 편안해졌다. 덕분에 구치소에 대한 두려움도 지울 수 있었다. 얼마나 감사한 일인가! 나중에 집에 돌아가면 축복 목록에 추가해야겠다고 기억해 두었다.

겨울 공기는 쌀쌀하지만 상쾌했고 저녁 하늘에는 별이 총총했다. 스탠은 공항에서 곧장 애틀랜타 시 구치소로 나를 데려갔다. 구치소는 시의 한 구획을 전부 차지하고 있는 10층 높이의 거대한 잿빛 건물이었다. 마치 난공불락의 요새 같았다. 인근의 다른 건물들과 달리 측면에 창문이 하나도 없었다. 차디찬 시멘트벽에 좁고 기다란 틈이 나 있을 뿐이었다. 스탠은 기차역 근처 주차장에 차를 세웠다.

인근을 걸어 다니는 사람은 아무도 없었다. 인도와 주차장은 텅 비었다. 초저녁인데도 인적이 전혀 없는 휑한 길거리와 건물의 검은 그림자에 잠시 움츠러들었지만 스탠의 듬직한 그림자를 보며 발걸음을 옮겼다. 수호천사처럼 내 곁을 지키는 스탠을 예비하신 하나님께 감사드렸다.

우리는 트레일러하우스 크기만 한 노란색 건물을 지났다. 안쪽 창문에 걸어둔 붉은색 네온사인 광고판에는 'A&B 보증'이라고 쓰여 있었다. 길을 건너 구치소 입구에 다가가자 '주차 금지'라는 표지판 바로 아래쪽에 번호판이 없는 두어 대의 경찰차가 세워져 있었다. 건물 입구와 각 모퉁이 그리고 횡단보도와 가로등, 인도를 따라 사방에 보안 카메라가 설치되어 있었다.

건물 안으로 들어갔다. 내부는 어디를 둘러봐도 인테리어나 설비에 돈을 쓰지 않은 티가 났다. 건물은 콘크리트가 그대로 드러나 있는 구조로 벽이며 바닥, 천장이 모두 콘크리트였다. 텅 빈 실내에는 형광등이 깜박깜박하면서 창백하게 푸르스름한 빛을 내고 있었다. 공기는 전혀 환기되지 않은 듯 지하실처럼 퀴퀴한 냄새가 났다.

우리는 판유리로 차단된 자그마한 접수대로 다가갔다. 방문객이 왔는데도 쳐다볼 생각도 안 하는 여직원에게 스탠이 정중하게 말했다. "수감자인 크리스 위안의 변호사입니다. 의뢰인의 모친과 함께 왔어요. 다른 도시에 사는데 비행기를 타고 방금 도착하셨습니다. 제가 아드님과 면회할 수 있도록 예약해 두었습니다만."

"수감자 이름이요?" 여직원은 고개도 들지 않고 물었다.

"크리스 위안입니다." 스탠이 말했다.

"철자가 어떻게 되요?"

"Y…U…A…N."

서류 뭉치를 뒤적이던 그녀가 서류 한 장을 내밀며 신원 확인을 요구했다. 나는 운전면허증을 스탠에게 건넸고, 그는 신분증과 함께 서류를 유리 아래로 밀어 넣었다. 그녀는 신분증과 우리 얼굴을 번 갈아 쳐다보더니 신분증을 돌려주었다. 그러고는 방 끝을 손짓으로 가리키더니, 의자를 돌려 앉았다. 우리하고 볼일은 다 끝났다는 신호였다.

방 끝에서 철커덩 하고 요란한 소리가 들렸고, 우리는 어떻게 해야 할지 몰라 가만히 서 있었다. 유리창 뒤에 앉아 있던 여인이 나를 가리키며 그 문 안으로 들어가라고 손을 흔들어 보였다. 내가 스탠을 바라보자 그 역시 같은 방향으로 손짓을 했다.

"아무 일 없을 겁니다. 저는 여기서 기다리겠습니다."

나는 끝으로 걸어가 커다란 철문을 통과했다. 심호흡을 하고 앞으로 걸어갔다. 철커덩! 내 뒤에서 문이 닫혔고, 나는 놀라서 움찔했다. 이제 나는 외부와 완전히 차단되어 길고 어두운 복도 끝에 서 있었다. 내 앞에는 연마된 콘크리트 바닥이 15미터가량 뻗어 있었다. 머리 위에서 형광등이 깜빡거리고 그림자들이 이리저리 춤을 추듯 쏜살같이 지나갔다. 나는 한 걸음씩 조심스럽게 발을 떼어 어두운 복도를 따라 천천히 걸었다. 여느 때 같았으면 울음을 터뜨렸을지도 모르지만, 오늘밤엔 크리스토퍼를 위해 용기를 내야 했다.

절그럭, 절그럭, 절그럭, 쿠궁! 나는 그 소리에 또다시 움찔하고 물러났다. 내 앞에 철문이 진동하더니 자동으로 열렸다. 문을 넘어서는데 무릎에서 온힘이 빠져나가는 듯했다. 나는 힘겹게 앞으로 나아갔다. 철문이 또다시 내 뒤에서 절꺽절꺽 소리를 내며 천천히 닫히는 소리가 들렸다.

"주님, 저를 도와주세요." 나는 숨을 쉬며 나직이 빌었다. "하나님, 제게 힘을 주세요. 저를 굳세게 해 주세요."

내 앞에서 또 다른 철문이 열릴 때까지 나는 계속해서 앞으로 걸어갔다. 주위에는 아무도 없었다. 경비원도 보이지 않았다. 한 곳으로만 난 길을 따라 가는데도 제발 이 길이 맞는 길이기를 속으로 간절히 바랐다. 철문을 통과하자 그 문도 등 뒤에서 천천히 닫히기 시작했다. 나는 잔뜩 긴장해서 자동으로 열리고 닫히는 서너 개의 철문을 통과했다. 보안카메라가 내 모습을 녹화하고 있었다. 몸이 떨리기 시작했다. 나는 아침 일찍 읽었던 이사야 41장 10절을 암송했다.

두려워하지 말라 내가 너와 함께 함이라 놀라지 말라 나는 네 하
나님이 됨이라 내가 너를 굳세게 하리라 참으로 너를 도와주리라
참으로 나의 의로운 오른손으로 너를 붙들리라

차가운 콘크리트 복도를 걸어가면서 오직 하나님의 손길에 의지할 때만 우리가 앞으로 나아갈 수 있음을 깨달았다. 마침내 복도 끝

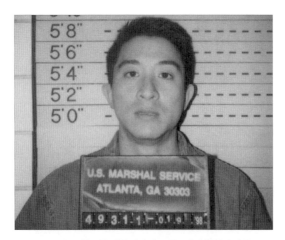
1998년 12월 9일, 애틀랜타 시 구치소에서 촬영된 사진.

에 다다르자 교도관 한 명이 문을 열더니 내게 손짓을 해 보였다. 그를 따라 좁은 복도를 걸어가니 작은 출입문이 하나 나왔다.

"들어가서 기다리세요. 사람들이 곧 데려올 거예요."

나는 접견실에 들어가기 전에 잠시 숨을 골랐다. 이 안에서 내가 만날 사람은 이제는 죄수가 되어 버린 내 소중한 아들이었다. 이 현실을 대면할 준비가 되었는가? 주님, 눈물을 보이지 않게 해 주세요. 제발, 울지 않게 해 주세요.

나는 심호흡을 한 뒤 문을 열고 안으로 들어갔다. 작은 방이었다. 왼쪽에는 벽면을 따라 철제 선반이 있었다. 면회 구역은 세 곳으로 구획이 나뉘어져 있었다. 선반 위쪽으로는 철망이 든 두꺼운 유리로 가로막혀 있었다. 각 구역에는 철제 의자가 바닥에 고정되어 있었고,

전화기를 이용해 수감자와 방문객이 대화를 나눌 수 있었다.

나는 첫 번째 의자에 앉아 두꺼운 유리벽 안을 들여다보았다. 맞은편 공간도 비슷한 구조로 의자가 바닥에 고정되어 있고, 전화기가 있으며, 칸막이로 나뉘어져 있었다. 한 사람이 겨우 들어가 앉을 수 있는 공간이었다.

10분쯤 지나자 마침내 유리벽 건너편 문이 열렸다. 거기에 내 아들이 서 있었다.

크리스토퍼는 밝은 주황색 죄수복을 입고 있었다. 얼굴에 환한 미소를 짓는 아들에게 나도 미소를 지으며 손을 흔들었다. 교도관이 아들의 수갑을 풀어 주고 문을 닫았다. 크리스토퍼는 손목을 문지르며 의자가 있는 곳으로 다가왔다. 두 발목에는 족쇄가 채워져 있었다. 그가 자리에 앉자 양 볼이 홀쭉하게 패인 야윈 얼굴이 눈에 들어왔다. 내 눈에서 눈물이 저절로 흘러내렸다. 아들의 눈을 들여다보니 내 무릎에 앉아서 내 발을 간질이며 놀고 나를 꼭 껴안고 절대 놔주지 않던 어린 시절의 그 꼬맹이가 보였다. 나는 환하게 웃어 보일 수밖에 없었다. 어느 어머니라도 그렇게 오랜만에 아들을 만났으면 당연히 그랬을 것이다.

우리는 전화기를 들었다. 나는 어색한 분위기를 깨뜨리고 싶었다.

"크리스토퍼! 새로 입주한 아파트가 좋구나." 내가 이렇게 농담을 건네자 그는 나를 보고 웃었다.

"엄마, 반가워요."

"널 보니 정말 반갑다." 나는 그가 어떻게 지내는지 또 안전한지 물었다. 그는 되도록 말썽을 일으키지 않으려고 몸을 사리고 있다고 말했다. 배가 고프다는 말도 했다. 음식이 맛도 없고 양도 적다고 했다. 내가 뭐라도 먹여 줄 수 없다는 사실에 마음이 아렸다. 아들은 매점에서 간식을 사 먹을 수 있게 수감자용 계좌로 돈을 조금 붙여 줄 수 있는지 물었다. 아들이 적극적으로 이야기를 풀어 가는 모습에 나는 적잖이 놀랐다.

"제 친구 잭과 빌리에게 연락해 주실래요?" 크리스토퍼가 부탁했다. "내 짐을 잠시 보관할 곳이 필요한데…."

아들은 이 모든 상황이 별것 아닌 양, 머지않아 석방될 사람처럼 얘기했다. 보호관찰형을 받거나 감방에 가더라도 보안 등급이 가장 낮은 교정 시설인 애틀랜타의 연방 교도소 캠프로 판사가 보내 주기를 기대하는 눈치였다. 나는 크리스토퍼가 무슨 혐의로 기소되었는지, 그것이 얼마나 중한 범죄인지 알지 못했지만, 그저 아들의 말에 고개를 끄덕였다. 그 아이의 얘기를 듣고 앉아 있는 것만으로도 행복했다.

"가족사진 몇 장 가져왔는데 함께 볼래?" 내 말에 크리스토퍼는 고개를 끄덕였다. 나는 유리벽 가까이 사진을 대고 한 장씩 보여 주었다. 아들이 우리 가족에게 여전히 소중한 존재임을 알아 주기를 바랐다. 나는 그 애가 얼마나 사랑받았는지 상기시키고 싶었다. 유년 시절에 행복했던 순간들을 그에게 보여 주고 싶었다. 크리스토퍼는 사진을 만지고 싶은 듯 유리창에 손을 내밀었다.

15분이 지나자 교도관이 머리를 내밀고 내게 면회를 마칠 시간이라고 안내했다. 나는 크리스토퍼를 다시 돌아보았다. 내가 미처 무슨 말을 꺼내기도 전에 아들이 말했다. "수신자부담 전화를 걸어도 괜찮죠?"

"괜찮고말고."

교도관이 나를 쫓아내기 전에 나는 용기를 내어 그동안 크리스토퍼가 극렬하게 거부했던 한 가지를 해 보자고 말을 꺼냈다. "우리 함께 기도할까?" 지난 5년간 매일 아침 기도했던 기도문들 가운데 하나를 가져왔다. 그 기도문을 크리스토퍼가 두 귀로 들을 수 있게 큰 소리로 기도하고 싶었다.

크리스토퍼는 잠시 머뭇거렸지만 고개를 끄덕였다. "좋아요."

나는 오른손을 올려 유리창에 대었다. 크리스토퍼도 천천히 손을 들어 내 손바닥에 마주 대었다. 두껍고 차가운 유리가 우리를 가로막고 있어 아들의 체온을 느낄 수는 없었지만 그의 다정한 몸짓에 그동안의 서운함이 봄눈처럼 녹고 눈물이 왈칵 솟았다.

사랑하는 주님. 주께서 늘 크리스토퍼와 동행하심을 믿습니다. 주님이 이루지 못할 일은 없습니다. 크리스토퍼를 위해 예비하신 길이 영광과 기쁨의 자리에 오르는 것이든 고통의 골짜기를 지나는 것이든 주님이 크리스토퍼와 함께하심을 믿습니다. 주께서 크리

206

스토퍼를 떠나지 않으시고 늘 가까이 계심을 믿습니다. 크리스토퍼가 위험이 가득한 거리를 다닐 때, 죽음과 어울릴 때 주님은 그의 피난처가 되십니다. 우리가 고통의 한가운데 있을 때 주님은 우리의 위로가 되시고, 우리가 진 짐이 무거울 때 우리의 짐을 가볍게 하십니다. 캄캄한 절망 속에 크리스토퍼의 영혼이 무너질 때 주님은 영원한 희망과 기쁨으로 그를 어루만지십니다. 크리스토퍼의 삶이 공허하고, 외로울 때 주의 권능의 손길로 그를 충만하게 하소서. 오, 주님. 밤낮으로 그의 곁을 지키며 절대 그를 놓지 않으리라는 당신의 약속 안에서 크리스토퍼가 안전함을 믿습니다. 아멘.

눈물을 주체할 수가 없었다. 아들이 비록 구치소에 앉아 있었지만 내 마음은 기쁨과 감사로 넘쳤다. 내 아들과 함께 주님께 기도를 하다니. 그것은 기적이었다.

나는 속으로 생각했다. 오늘은 새날의 시작. 크리스토퍼가 전능하시고 위대하신 아버지의 강하고 선한 팔에 안긴 날.

제22장

막장 인생

크리스토퍼. 1998년 12월 21일

"**힘**내. 두 개 더!" 나랑 운동을 같이 하는 크리스 클라우드가 소리쳤다. 내가 팔굽혀펴기를 한 세트 마쳤을 때 얼굴에선 땀방울이 뚝뚝 떨어졌다.

크리스는 구치소에서 사귄 친구였다. 고교 시절에 미식축구 선수였던 크리스는 운동을 즐겼다. 우리는 금방 친해졌고, 운동 외에도 서로 통하는 데가 많았다.

크리스도 나처럼 아이스를 거래하다가 잡혀 들어왔고, 그의 부모님도 우리 부모님처럼 기독교인이었다. 그분들 역시 크리스가 하나님께 돌아오도록 기도하고 있었다. 이름도 똑같았고, 장난처럼 같은 해 같은 날에 태어났다. 크리스는 우리가 보통 인연이 아니라 하나님이 뭔가 특별한 일을 꾸미고 있다는 농담을 자주 던졌다. 그는 어릴 때 교회에 다녔지만 최근에 와서야 본격적으로 신앙생활을 하고 있다고 말했다. 처음에 운동을 같이 하다가 나중에는 성경도 함께 공부하기 시작했다.

수용동에 웨이트 트레이닝 도구가 없어서 우리는 머리를 굴렸다. 쓰레기 봉지를 가져다가 두 겹으로 겹쳐 그 안에 물을 채운 다음 빗자루 막대기 양끝에 하나씩 매달아 바벨을 만들었다. 생긴 건 요상해도 효과는 있었다. 물 1갤런은 약 4킬로그램에 해당하는데, 각 봉지에는 3~4갤런의 물을 담을 수 있었다. 무게는 많이 나가지 않지만, 빈손으로 운동하는 것보다야 나았다. 반복 운동을 하는 동안 물이 담긴 봉지가 흔들리기 때문에 균형을 잘 유지해야 하는 게 문제라면 문제였다. 우리는 이렇게 만든 바벨로 팔굽혀펴기와 어깨 운동, 스쿼트를 했다. 또 철문의 문틀에 젖은 신문지를 둘둘 말아 그립으로 삼고 매달려 턱걸이 운동을 했다. 우리는 이 임시변통의 체육관을 C&C 근육공장이라 불렀다.

크리스가 팔굽혀펴기를 한 세트 끝낼 무렵 절그럭 절그럭 철문이 열리는 소리가 들렸다. 발자국 소리가 이어지고, 열쇠 뭉치의 찰랑거리는 소리가 다가오더니 한 교도관의 느릿한 목소리가 들렸다.

"유우안! 유우안! 병원 호출이다!"

크리스는 물주머니 바벨을 내려놓았다. "교도관이 너를 찾는 거 같은데."

내가 공용실로 들어가니 교도관이 나를 보고 말했다. "이봐, 유우안! 가자! 병원 호출이야!"

병원 호출? 지난주에 다녀왔는데, 라고 생각했다. 하지만 나는 말없이 내 방에 들어가서 침상 아래 놓인 신발을 집어 들었다. 교도관에게 절대 질문해서는 안 된다는 사실을 나는 일찌감치 터득했다. 주황색 죄수복을 추어올리는데 크리스가 들어왔다.

"너 혼자만 가는 게 이상한데? 병원에 갈 때는 항상 몇 명씩 모아서 부르잖아. 무슨 일인지 모르겠네?"

"그러게. 이상하긴 하네. 갔다 와서 마저 운동을 마치자고. 괜찮지?"

교도관이 문을 쿵쿵 두드렸다. "유우안! 꾸물거릴 시간 없어. 빨리!"

나는 후다닥 방에서 튀어 나와 익숙한 풍경을 지나쳤다. 수감자들끼리 스페이드 카드게임을 즐기고 나머지는 텔레비전 앞에 앉아 시시한 드라마를 보거나 수준이 좀 낫다 싶으면 "오프라 쇼"를 시청했다.

철문 앞에 이르자 교도관은 내 손에 수갑을 채우고, 허리에 두른 쇠사슬과 연결해 고정하고 발목에 족쇄를 채웠다. 다른 수감자들은 아무도 병원에 가지 않는 게 의아하긴 했지만 크게 신경 쓰지는 않았다. 잠시나마 이 감옥에서 벗어나 바깥 공기를 쐴 수 있었으니까.

겨울바람이 사정없이 죄수복을 강타하자 아랫배와 목이 잔뜩 움츠러들었다. 나는 무장한 호송차의 뒷자리에 올라탔다. 장갑 낀 손으로 교도관이 운전자에게 신호를 보내자 차가 출발했다.

나는 호송차 뒤에 혼자 앉아서 철망이 둘러진 창을 통해 밖을 바라다보았다. 차창 밖 풍경은 아름다웠다. 자유였다. 도심을 지나가다 정차할 때 본 그날 아침 애틀랜타 거리는 특별할 게 없었다. 사람들은 자동차 안에 심드렁하게 앉아 자신들의 목적지를 향해 가고 있었다. 그들은 자신이 거하는 세상에서 누리는 특권이 무엇인지 잘 모르는 얼굴이었다. 호송차는 병원 후문 쪽에 멈췄다. 나는 교도관이 차 문을 열기를 기다렸다. 그는 내가 밟고 내릴 지지대를 놓았다. 발목에 족쇄가 채워져 있어 엉거주춤한 자세로 움직여야 했다.

살을 에는 찬바람에 숨이 턱 막혔지만 잠시 서서 자유의 공기를 맛보았다. 나는 눈을 감고 숨을 깊이 들이마셨다. 신선한 공기가 그렇게 달콤할 수가 없었다.

"유우안, 가자!"

교도관이 내 팔을 잡아당기며 병원 후문으로 데려갔다. 철그렁대는 쇠사슬 소리에 나는 다시 현실로 돌아왔다. 인공조명의 시들한 불빛이 감도는 병원 내부는 교도소와 별반 다르지 않았다. 내 뒤로 문이 닫히자 희망처럼 비치던 햇살도 사라져 버렸다.

그는 나를 의자에 앉히고 기다리라고 지시했다. 교도관이 열쇠를 꺼내 오른손 수갑을 풀었다. 나는 다른 손도 풀어 주기를 기다리며 팔을 쭉 폈다. 하지만 그는 풀린 수갑을 의자 팔걸이에 고정시키고 자리를 떴다.

"안녕, 오랜만이야." 크리스마스 은색 반짝이로 장식한 데스크 뒤쪽에 있는 간호사들에게 교도관은 싱긋 웃으며 인사했다. 그들은 서로 뭐라고 중얼거리며 얘기를 나누면서 간간이 웃음을 터뜨렸다.

삼십 분이 지났다. 나는 멀리 떨어진 벽에 걸린 시계를 보았다. 간호사들이 내게 눈길조차 주지 않고 지나갔다. 나는 사회에서 버려진 수감자였다. 인간이 아니었다. 나는 존재하지 않는 것이나 마찬가지였다.

다시 십 분이 지났다.

신속하게 내 할 일을 하고, 대기하는 것. 교도소 생활은 이 두 가지로 요약할 수 있었다. 나는 어디로 가든지 기다려야 했다. 하지만 몇 분 더 기다린들 무슨 차이가 있겠는가? 남는 게 시간이었다.

간호사 한 명이 손에 차트를 들고 내게 다가왔다. 그녀는 고개를 숙이고 신발을 질질 끌며 걸었다. 그녀는 내 앞에 멈추더니 차트를 살폈다.

"당신이 49311-019…. 크리스 위안인가요?" 그녀가 물었다.

그 숫자가 나였다. 나는 고개를 끄덕였다.

그녀는 교도관에게 의자에 고정시킨 수갑을 풀어 주라는 신호를 보냈고, 그녀의 사무실로 나를 안내했다.

그녀는 문을 닫고 의자를 가리켰고 나는 족쇄가 채워져 있는 발을 이끌고 의자에 털썩 주저앉았다. 뭔가 분위기가 심상치 않았다. 간호사의 얼굴은 불편하고 긴장한 기색이 역력했다. 하지만 어째서 그렇게 꺼림칙한 표정을 하고 있는지 도무지 종잡을 수가 없었다.

"지난주에 검진을 다녀갔네요." 그녀는 힘들게 말을 이었다. 차트를 열어 몇 페이지를 뒤적이더니 차트를 천천히 덮었다.

"그런데, 저…" 그녀는 아래를 보며 목청을 가다듬었다. 나와 눈을 마

212

주치는 것도 힘들어했다. "보통 이런 일은 제가 하는 게 아니거든요."

무슨 일?

"지난주 검진 결과요. 모든 수감자가 검진을 받았고 혈액 검사를…." 그녀는 중간에 말을 멈췄다. 그녀는 차트를 다시 보았다. "결과가…."

그녀는 떨리는 손을 이마로 가져가 머리를 쓸어 넘겼다. 다시 책상을 내려다보던 그녀는 어쩔 수 없다는 듯이 펜을 들어 종이 위에 뭔가를 천천히 써나갔다. 펜을 옆에 내려놓고 그녀는 그 종이를 내 앞으로 내밀었다.

종이를 쳐다 보니 철자 세 개와 기호 하나가 눈에 띄었다. 내 삶을 송두리째 바꿔 놓을 한마디였다.

HIV+

내가 HIV에 감염되었을 것이라고 짐작하면서도, 그것이 무엇을 의미하는지 깊게 생각해 본 적은 한 번도 없었다. 여태껏 검진을 받아 볼 생각도 안 하고 살았으니까. 감염 가능성 같은 것은 내 마음 깊은 곳에 처박아 두고, 불법 약물에 취해서 몽롱하게 하루하루를 지냈다. 그런데 하필이면 내가 다시 생명력을 되찾고, 희망의 빛을 본 이때, 내 가족과 다시 관계를 회복하고 있는 이 순간에 나는 죽음을 선고 받은 것이다.

제23장

내 영혼 평안해

안젤라. 1998년 12월 21일

크리스마스가 나흘 앞으로 다가왔다. 치과 사무실은 크리스 마스트리와 예수님의 탄생을 상징하는 마구간 모형으로 치장되어 있었다. 로비에 있는 구내방송 스피커에서는 크리스마스 캐롤이 흐르고, 환자 몇 명이 레온에게 진료를 받으려고 기다리고 있었다. 나는 캐롤송을 함께 흥얼거리며 안내데스크 뒤쪽에서 우아한 목재 서류함 안의 서류를 정리하고 있었다. 그때 전화벨이 울렸다.

"안녕하세요. 위안 치과입니다. 무엇을 도와드릴까요?"

딸깍. "이 통화는 애틀랜타 시 교도소에서 걸려온 수신자부담…."

내 얼굴에 저절로 환한 미소가 피어올랐다. 나는 곧바로 통화를 수락하고 사무실 뒤쪽으로 걸어갔다. 크리스토퍼는 거의 매일 우리에게 전화했다. 아들이 곤궁에 처한 것과는 별개로, 오래 소원했던 아들과 다시 가까이 지낸다는 게 믿기지 않을 만큼 좋았다.

딸깍. 교도소 안의 왁자지껄한 소음이 수화기를 타고 들려왔다.

"안녕, 크리스토퍼. 좀 이르긴 해도, 메리 크리스마스!" 의자에 앉으며 내가 말했다.

하지만 대답이 즉각 이어지지 않았다. 아들은 머뭇거렸다.

"크리스토퍼? 여보세요?" 그 짧은 순간에 내 심장은 벌써 요동치기 시작했다. 나는 떨리는 가슴에 손을 얹고 심호흡을 했다. 뭔가 잘못되었다.

"엄마?" 크리스토퍼가 입을 열었다. 아들의 목소리가 편치 않았다. 수화기 건너편에서 들려오는 고함소리 때문에 아들이 하는 말을 알아듣기 어려웠다. 나는 수화기에 귀를 바싹 대고 그날 아침 일찍이 병원에 다녀왔다는 크리스토퍼의 이야기를 들었다. 병원에서 왜 자기를 호출했는지 영문도 모르고 기다리다가 이 소식을 들었노라고 했다.

"엄마, 저… 제가 HIV 양성이래요." 아들이 풀이 죽은 목소리로 말끝을 흐리는데 온몸의 피가 빠져나가는 기분이었다. 눈앞이 노래지고 숨이 턱 막혔다. 하늘이 무너지는 듯했다.

사실은 1993년에 아들이 게이라는 소식을 접한 이래로, 크리스토퍼가 이 치명적인 바이러스에 걸릴지도 모른다는 두려움을 안고 살았다. 아들의 사생활에 대해 아는 것도 거의 없었고 누구와 지내는지 아들이 우리에게 말한 적도 없었지만, 한 번 드리운 의혹의 먹구름은 걷히지 않았다.

설마 했던 악몽이 현실이 됐다.

무슨 말을 주고받았는지 잘 생각나지 않지만 수화기를 내려놓고 나니 온몸을 칼로 도려낸 듯했다. 나는 휘청거리며 계단을 올라 내 침실로 갔다. 다리에 힘이 빠져 한 손으로 벽을 짚어 가며 겨우겨우 몸을 끌고 기도실에 도달했다. 십자가 아래 무릎을 꿇었다. 눈물이 앞을 가렸다. 부모라면 당연히 숨이 끊어지는 고통이었다. 나는 비통을 가누지 못하고 얼굴을 두 손에 파묻고 숨이 막히도록 목 놓아 울었다.

얼마나 지났을까, 슬픔의 한가운데에서 잠시 적막이 찾아오고 머릿속에서 찬송가 한 곡조가 떠올랐다. 부드럽고 아늑한 찬송이었다.

> 내 평생에 가는 길 순탄하여 늘 잔잔한 강 같든지
> 큰 풍파로 무섭고 어렵든지 나의 영혼 늘 편하다
> 내 영혼 평안해, 내 영혼 내 영혼 평안해
> ─호라시오 스패포드, "내 평생에 가는 길(It Is Well with My Soul)" 중에서

나는 고리에 걸려 있는 수건을 집어 들고 눈물을 훔쳤다. 시편 56편 8절이 떠올랐다. "나의 유리함을 주께서 계수하셨사오니 나의 눈물을 주의 병에 담으소서." 하나님은 내 고통을 아시고 내 슬픔을 함께 나누셨다. 나는 혼자가 아니었다.

내 영혼 평안해, 내 영혼 내 영혼 평안해.

제24장

HIV 양성 판정 재소자

크리스토퍼, 1999년 1월 28일

"**번** 호?" "49311-019번입니다." 나는 신입소 교도관 앞에 실오라기 하나 걸치지 않고 서서 대답했다. 그날 아침 나는 두 번째 알몸 수색을 당하고 있었다. 애틀랜타 시 구치소를 떠나기 전에 한 번, 지금은 악명 높은 애틀랜타 연방 교도소에서 또 한 번. 입소자들이 신입소에 도착한 지 이미 두어 시간이 지났지만 아직도 절차가 끝나지 않았다. 신속하게 내 할 일을 하고 대기하는 게 수감자의 삶이었다. 딱히 새로운 것은 없었다.

몸 상태가 좋지 않은 터라 기다리는 게 유독 힘들었다. 누가 내 몸 상태에 신경을 써 주겠는가. 교도관들은 제복 위에 따뜻한 스웨터를 입고 있었다. 그냥 감기인지 아니면 유행성 독감에 걸렸는지는 모르지만 열이 나고 머리가 지끈지끈 아팠다. 한시바삐 눕고 싶은 생각뿐이었다. 하지만 이 절차가 언제 끝날지 누가 알겠는가?

"손으로 머리를 넘겨 봐." 교도관이 지시했다. "입 벌리고 혀를 움직여 봐. 먼저 왼쪽, 이번엔 오른쪽." 내 입안을 들여다본 교도관은 내 콧구멍도 빼놓지 않고 살펴봤다. 나는 익히 터득한 대로 교도관들과 눈을 마주치지 않으려고 눈을 질끈 감았다.

뭐라도 좀 걸치고 싶은 마음이 간절했다. 아무리 튼튼한 사람이라도 1월 중순 날씨에 이렇게 벌거벗은 채 있으면 즐거울 턱이 없다. 더군다나 열까지 나는 바람에 일분일초가 견디기 괴로웠다.

"이제 고개 돌려. 뒤를 보자고. 귓구멍도 보고…. 손바닥 위로 향하고 팔을 앞으로 뻗어. 이제 손바닥을 아래로… 팔을 죽 위로 올려." 교도관이 내 겨드랑이를 보며 말했다. 이제 가장 수치스러운 검사를 받을 차례였다. "불알 두 쪽 들어 올리고… 뒤로 돌아서 발을 들어 올려. 좋아. 이제 허리를 숙이고 궁둥짝을 벌려." 이보다 더 모멸감을 주는 요구도 없을 것이다. 하지만 지난 7주 동안 구금되어 있으면서 알몸 수색을 수없이 경험한 터라 자존심을 죽이고 참는 법을 터득했다. 하기야 다른 선택의 여지도 없지 않은가?

애틀랜타 연방 교도소는 보안 등급이 높은 남자 교도소이자 형기를 채울 교도소로 이감되기 전에 나 같은 수형자들이 임시로 지내는 시설이었다. 애틀랜타 연방 교도소가 악명이 높은 이유는 재소자를 23시간 감금하기 때문이다. 즉, 하루 23시간 감방에 갇혀 지내고 딱 1시간 동안 다른 활동을 할 수 있다는 말이었다. 그러니까 1시간 동안에 샤워를 하거나 전화를 걸거나 빨래를 하거나 비좁은 농구장에서 운동할 수 있었다. 애틀랜타 시 구치소에서는 수용동 밖으로 나가지는 못해도 감방에서 나와 텔레비전도 보고, 카드놀이도 하고, 재소자들과 식사도 하고, 스트레칭 같은 가벼운 운동도 할 수 있었다.

"사이즈가 몇이야?" 수의를 받으려고 줄을 서자 교도관이 물었다. 수감자는 새로운 시설에 입소할 때마다 새로운 수의를 지급받는다. 수감자는 어떤 것도, 예를 들면 의류, 종이 혹은 책 무엇이든 몸에 지니고 들어가지 못한다.

"라지입니다." 재소자에게는 몸에 딱 맞거나 잘 어울리는 옷을 고르는 게 중요하지 않다는 사실을 나는 일찌감치 터득했다. 뭐니 뭐니 해도 편한 게 제일이었다. 사각 팬티 한 벌과 양말 한 켤레를 집어 들어 잽싸게 걸친 뒤 티셔츠와 카키색 바지를 집어 들었다. 옷을 걸치고 나니 비로소 인간처럼 느껴졌다. 신입 딱지를 뗀 셈이니 주황색 죄수복도 더 이상 입을 일이 없었다.

나는 교도관에게 휴지 한 장을 달래서 코를 풀었다. 두통을 완화시키려고 관자놀이를 꾹꾹 눌렀다. 교도소에서 독감이 유행하는 기간을 무사히 버텨내는 일은 늘 만만치 않은 과제였다. 수감자 한 명이 독감에 걸리면 보통 같은 동 전체가 독감에 걸리곤 했다. 면역체계가 약한 사람에게 독감은 치명적인 위협이 될 수 있었다. 교도소 의무관 말에 따르면 HIV 양성 판정자에게는 독감이 생사가 달린 문제가 될 수도 있었다. 나 같은 경우 독감을 방치해 폐렴에 걸리는 일은 절대 없어야 했다.

입소자들이 베개와 시트, 모포, 수건, 칫솔, 비누를 챙기자 교도관들이 우리를 수용동으로 데려갔다. 애틀랜타 시 구치소의 수용동보다 훨씬 넓었다. 널찍하고 기다란 홀에 감방들이 늘어서 있었고 공용실은 따로 없었다. 교도관은 자기를 따라오라고 고함을 쳤다. 그는 한 감방 문을 열고, 명단을 보고 이름을 불렀다. 그러고 나서 그 감방 문을 잠근 뒤에 옆 감방으로 이동했다.

"위안!" "예." 나는 콜록거리며 대답을 하고 목청을 가다듬었다. 벌써 목이 따끔거렸다. 나는 지급받은 캔버스 스니커즈를 끌며 감방 안으로 들어갔다.

"수인번호." "49311-019." 내가 대답했다.

내가 안으로 들어가 시트와 수건을 철제 침상 위에 올려놓자 내 뒤에서 쾅 하고 문이 닫혔다. 감방 안에 아무도 없어 다행이었다. 나는 침대 위에 맥없이 쓰러졌다. 비닐 커버가 덮인 딱딱한 매트리스는 매한가지였다. 그래도 누울 수 있는 게 어디인가. 침대를 정리할 몸 상태가 아니었기에 그대로 뻗어 있었다. 머리가 지끈거렸다.

얼마 전 선고 공판을 받으려고 법정에 갔을 때 나는 단기 형량을 받으리라 생각했다. HIV 감염 문제도 있고 하니 정상을 참작해 주지 않을까 내심 기대했던 것이다. 하지만 검사 측의 첼시 오브라이언 미 연방 검사보는 내가 무슨 혐의로 기소되었는지 잊어서는 안 된다고 판사에게 신신당부했다. 즉, 9.1톤에 상당하는 마리화나를 유통

시킨 혐의였다. 시중에 유통되는 불법 약물은 셀 수 없이 다양하지만 미 연방 양형 지침에서는 통칭해서 마리화나로 기술한다. 9.1톤이라는 양은 내 아파트에서 압수한 물량에다 내가 유통시켰다고 그들이 증거를 확보한 양을 더한 수치였다. 그렇게 되면 최소 10년에서 최대 무기징역까지도 가능했다.

나는 선고 공판장 피고석에 앉아 있었다. 10년에서 무기징역까지? 법정을 둘러보았다. 내 친구 잭과 부모님을 제외하고는 아는 얼굴이 없었다. 이렇게 끝나는 건가, 씁쓸한 생각이 들었다. 그 많던 내 친구들은 다 어디에 있는가? 내가 의지할 수 있다고 믿었던 사람들은 모두 어디에 있을까?

선고를 받기 위해 기립하는 순간 머리가 핑그르르 돌았다. "본 법정은 피고 크리스토퍼 위안에게 미 연방 교도국의 관찰 하에 72개월간 징역형을 선고한다. 더불어…."

72개월이라면 6년이군. 나는 속으로 생각했다. 내 인생에서 6년이 송두리째 날아가는구나. 그동안 살아남을 수는 있을까?

= = =

그렇게 나는 보안 등급이 높은 애틀랜타 연방 교도소의 비좁은 감방에 갇혔다. 나는 내 위의 철제 침상을 쳐다보았다. 갱단을 상징하는 그림과 온갖 외설스러운 낙서가 가득했다. 이제 무엇을 꿈꾸며 살아야 하나? 내 인생의 황금기에서 6년이라는 시간이 사라졌다. 사회로부터 버려져 어떤 미래도 꿈꿀 수 없는 인생을 계획한 사람은 아무도 없을 것이다. 내 남은 인생은 여기서 이렇게 끝나는 걸까? 수인번호로 존재하는 연방정부의 소유물이 되어 남은 삶을 감방에서 썩는 건 아닐까?

녹슨 철제 침상 바닥에 그려진 낙서들을 누워서 훑어보다가 모서리 쪽에 눈이 머물렀다. 괴발개발 쓴 글씨라 알아보기 힘들었는데, 그중에서도 눈에 띄는 구절이 있었다. "심심한 사람은 예레미야 29장 11절을 읽는다."

나는 방 안을 둘러보았다. 한쪽 벽에 고정된 작은 책상과 의자가 하나 보였다. 성경은 없었다. 또 다른 쪽에는 철제 변기와 세면대가 있었다. 성경은 보이지 않았다. 그 옆에는 녹이 슨 조그만 사물함이 하나 있고 그 위에는 폴리스티렌 컵과 카드 한 벌이 놓여 있었다. 나는 남아 있는 힘을 끌어 모아 몸을 일으켜 세우고는 사물함 쪽으로 걸어갔다. 사물함을 열어서 안을 뒤져 보니 빈 시리얼 상자 몇 개와 노트 한 권, 폴리스티렌 용기 두어 개, 그리고 냅킨 한 뭉치가 있었다. 안쪽 깊숙이 손을 넣어 보니 뭔가 닿았다. 책 모서리 같았다. 꺼내 보니 성경책이었다. 예레미야 29장 11절을 얼른 찾아서 읽어 보았다.

너희를 향한 나의 생각을 내가 아나니 평안이요 재앙이 아니니라
너희에게 미래와 희망을 주는 것이니라

미래. 희망. 이제 내게는 사라진 것들이었다. 법정에서 판사의 선

고를 듣던 날, 그리고 간호사에게 검진 결과를 듣던 날, 나는 희망을 잃었다. 내게는 미래가 없었다. 루이빌과 애틀랜타에 살면서 내 나름대로 미래를 개척하려고 전력을 다했다. 내 계획과 내 방법대로 미래를 모색했다. 그리고 내 손에 쥔 결과물은 체포와 구금과 6년형의 징역살이였다. 가능하다면, 가질 수만 있다면 나도 평안을 찾고 싶었고 미래를 갖고 싶었다.

나는 이어서 성경을 읽어 나갔다.

> 너희가 내게 부르짖으며 내게 와서 기도하면 내가 너희들의 기도를 들을 것이요 너희가 온 마음으로 나를 구하면 나를 찾을 것이요 나를 만나리라 이것은 여호와의 말씀이니라 나는 너희들을 만날 것이며 너희를 포로된 중에서 다시 돌아오게 하되 내가 쫓아 보내었던 나라들과 모든 곳에서 모아 사로잡혀 떠났던 그 곳으로 돌아오게 하리라 이것은 여호와의 말씀이니라 (예레미야 29장 12~14절)

하나님이 나를 포로 상태에서 회복시킬 수 있다는 구절이 내 영혼을 어루만졌다. 지금 세상은 나를 이 철창 안에 영영 가둬 놓고 싶겠지만 하나님은 전혀 다른 약속을 하고 있었다. 내가 어떤 사람이건 간에, 내가 무슨 짓을 했건 간에 그분은 내 인생에 개입하고 싶어 했다. 그분은 나를 중죄인으로 보지도 않고, 숫자로 취급하지도 않았다. 그분은 나를 인정하고, 내게서 희망을 보았다.

영원히 지워지지 않는 낙인처럼, 나는 남은 생애 동안 중죄인이라는 딱지를 달고 살아야 했다. 그런데 하나님 앞에서 나는 전과자도 아니고, 갚아야 할 빚도 없고, 숨겨야 할 수치스러운 과거도 없다는 말인가? 나는 그런 것을 소망했다. 내 인생에도 희망과 미래가 있을지 모른다는 가능성을 읽고 나니 먹구름처럼 시커멓게만 보이던 내 감방에 빛이 들고, 그날 아침 침울했던 기분도 한결 밝아지는 것 같았다. 나도 미래를 꿈꿀 수 있지 않을까?

--- --- ---

1999년 3월 1일 오후였다. 비행기는 내가 알기로, 그리고 바라건대 켄터키 주 렉싱턴에 있는 공항에 착륙했다. 교도관과 보안관들은 보안상의 이유로 최종 목적지가 어디인지 우리에게 알려 주지 않았지만, 내 짐작으로는 렉싱턴의 연방 교도소 메디컬센터로 가고 있었다.

힘들기로 악명 높은 애틀랜타 연방 교도소에서 3주 반이나 지냈던 터라 애틀랜타를 벗어나는 기분이 그만이었다. 나는 수감자 수송 전용기, 일명 '콘에어'를 타고 오클라호마 시의 연방이송센터로 왔다. 이 연방이송센터는 윌 로저스 월드 공항의 서쪽 끝에 자리한 임시 수용 시설로 수감자들이 전국 각지로 이송되기 전에 머무는 곳이었다. 여기도 썩 좋은 환경의 수용 시설은 아니었지만 그래도 애틀랜타 연방 교도소처럼 재소자들을 23시간 감금하지는 않았다. 그리고 다행히 한 주 뒤에는 내가 복역할 '큰집'으로 이송될 예정이었다.

점심은 한참 지난 시간이었고 나는 기운이 빠질 대로 빠져 있었다. 새벽부터 우리는 부산하게 움직였다. 오클라호마 시의 연방이송센터 교도관들이 새벽 4시에 감방을 돌며 문을 두드렸고, 15분을 줄 테니 떠날 채비를 마치라고 지시했다. 하지만 해당 재소자들 100여 명에게 명령을 전달하고, 재소자들의 옷을 벗기고 새 의복을 지급한 뒤 수갑을 채우고 쇠사슬로 결박하고, 또 서류 작업을 하느라 장장 4시간이 걸렸다. 이 모든 과정이 공장의 조립라인처럼 돌아갔다.

교도관들은 우리를 일렬종대로 세웠다. 먼저 쇠사슬로 허리를 둘러맸다. 그런 뒤 수갑을 채우고, 그 수갑을 쇠사슬 구멍에 결속했다. 마지막으로 우리가 나무 받침대에 올라서면 교도관들이 우리 발목에 족쇄를 채웠다. 100여 명의 재소자들이 일렬종대로 복도를 이동할 때 쇠사슬이 끌리며 내는 소리는 아직 잠이 덜 깬 누군가를 깨우기에 충분했다.

- - -

비행기를 타고 오면서 공항 세 곳을 들렀지만, 무슨 주인지 어느 공항인지는 알 수가 없었다. 비행기가 착륙해 공항 활주로에 한 시간가량 머물 때마다 우리는 비행기 안에서 기다렸다. 버스 한 대가 다가와서 수감자를 비행기에 태우기도 하고 비행기에 탑승해 있던 수감자를 일부 데리고 떠나기도 했다. 비행기에는 보안관들이 동승했는데 공항에 착륙하면 그중 몇 명은 손에 산탄총을 들고 비행기에서 내렸다. 보안관들이 비행기 주위를 돌며 수감자들의 이송을 준비하는 동안 나는 창밖을 내다봤다.

점심시간에 보안관들이 포장 도시락을 배급했다. 배가 고팠지만 이동 중에 음식을 먹을 때는 주의할 필요가 있었다. 콘에어에서, 특히 화장실 문을 개방한 채로 보안관 앞에서 쇠사슬에 묶인 채 화장실을 들락날락하는 일은 절대 만들고 싶지 않았다.

수갑을 찬 상태에서 점심을 먹으려면 가슴이 무릎에 붙을 정도로 몸을 앞으로 수그리고 햄 샌드위치나 에그 샐러드 샌드위치를 입에 가져가야 했다. 불편하기 짝이 없는 자세여서 음료를 무릎에 쏟는 수감자들도 있었다. 나는 주스를 먹지 않기로 했다. 혹시 일이 잘못돼 쏟기라도 하면 비행기를 타고 가는 내내 축축하다 못해 결국 끈적거리는 바지를 입고 있어야 하는데, 그러느니 갈증을 느끼는 게 나았다.

우리가 착륙한 지 30분쯤 지나자 버스 한 대가 왔다. 교도관들이 우리 비행기에 태울 수감자들을 버스에서 내리게 하는 모습을 창밖으로 지켜봤다. 한 보안관이 서서 우리 비행기에서 내릴 죄수들의 이름을 호명했고, 나를 비롯해 스무 명가량이 뒷문을 통해 비행기에서 내리기 시작했다. 비행기에서 내리다가 족쇄 때문에 걸려 넘어져 콘크리트 활주로에 얼굴을 처박는 불상사는 피하고 싶어서 조심스럽게 발걸음을 뗐다.

우리가 타고 온 보잉 727기는 다른 항공기와 달리 하얗고, 아무런 표시가 없어서 딱 봐도 일반 항공기가 아니라는 티가 났다. 비행기가 엔진 소리를 요란하게 내며 우리 위로 이륙했다. 보안관은 우리 신원을 확인하고 마지막 인사를 하듯이 우리들의 어깨를 가볍게 두드렸다. 버스에 오르고 나서 나는 여기가 어디인지 알아내려고 두리번거리며 단서를 찾기 시작했다.

교도관들이 입을 여는데 켄터키 사람 특유의 느릿한 말투가 금방 귀에 들어왔다. 고속도로에 진입하자 렉싱턴이라고 적힌 표지판과 켄터키 번호판을 단 차량들을 보고는 내가 켄터키 주에 있음을 확인했다. 차창 밖 풍경을 시큰둥하게 지나치는 재소자는 아무도 없었다. 나 역시 창문을 덮고 있는 검은 철망에 얼굴을 바싹 붙이고 바깥세상을 구경했다. 나는 눈앞에 펼쳐지는 평야와 고속도로, 사이사이 보이는 주택들까지 가능한 한 많은 것들을 눈에 담아 두려고 애썼다. 이 모든 것들이 눈앞에서 사라지기 전에.

20분쯤 지나자 겨울 해가 저물었고 우리가 탄 버스는 렉싱턴의 연방 교도소 메디컬센터로 가는 길목에 접어들었다. 대부분의 교도소처럼 이곳도 도심 외곽지역에 위치했다. 우리가 탄 호송 차량은 평지와 언덕을 한참 달렸다. 푸른빛을 잃고 잠들어 있는 겨울에도 도심 밖의 풍경이 이토록 아름답다는 사실이 새삼스레 놀라웠다.

우리가 도착했을 때 시계는 오후 4시 35분을 가리켰다. 입소 절차는 저녁 내내 진행되었고 저녁식사로는 스티로폼 용기에 든 음식을 배급받았다. 이곳이 최종 목적지인 만큼 지금까지보다 입소 절차가 더 까다롭고 복잡했다. 서류 절차도 더 많고, 교도소에서 배급하는 의복 종류도 더 많고, 기록해야 할 정보도 더 많았다. 4시간이 지나고 나서야 우리는 입소 절차를 마치고 우리 구역으로 이송되었다.

건물은 구식으로 1920년대에 지어진 듯했다. 렉싱턴 연방 교도소 메디컬센터는 약물 중독자들에게 '미 연방 마약 재활원'으로 불리기도 했다. 건물 면적은 1천 에이커(약 120만 평 —옮긴이)가 넘을 정도로 거대했다. 1.8m×3m 크기의 감방을 배정하는 교도소나 하루 종일 수감자를 가두는 교도소에 비할 바가 아니었다. 거대한 건물들은 붉은 벽돌로 지어졌고 벽 틈에는 이끼가 짙게 끼어 있었다. 건물들에 둘러싸인 마당에는 나무들이 자라고 있었다.

나를 포함해 여섯 명이 블루그래스 구역에 배정되었다. 블루그래스는 U자 모양으로 지어진 3층 건물이었다. 두 개의 긴 홀이 짧은 홀과 연결된 구조였다. 쇠창살에 자물쇠가 달린 감방은 없고 여느 방처럼 생긴 수용실이 있었다. 마치 옛날 기숙사 같았다.

교도관은 우리 여섯 명을 드레스룸처럼 생긴 방으로 데려갔다. 안에는 이층 침대 세 개와 길쭉한 철제 사물함이 여섯 개 있었다. 문이 따로 없어서 우리는 입구에 시트를 걸쳐 놓았다. 홀은 비어 있었다. 재소자들은 대부분 운동장에 나가 있었다. 늦은 시간이었지만, 운동장은 저녁 9시 45분까지 개방되었고, 10시에 교도소 전체 인원을 점검하는 점호를 실시할 때 폐쇄되었다.

월요일부터 금요일까지는 다섯 번의 점호가 있고, 주말에는 여섯 번의 점호가 있었다. 이곳 교도소에서 모든 재소자들을 관리하고 책임지는 방법이었다. 모든 수감자는 점호 때마다 배정받은 침상에서 자리를 지켜야 했다. 수용동 출입문은 점호 시에 닫히고, 재소자는 점호가 끝날 때까지 실내에서 대기하도록 되어 있었다.

시계를 보았더니 오후 8시 46분이었다. 한 시간쯤은 운동장에 나갈 수 있었지만 구역을 이동하려면 정해진 시간에만 가능했고, 나는 오후 8시 50분까지 기다려야 했다.

재소자들이 교도소 내의 다른 구역으로 이동하는 시간에는 제한이 있었다. 운동장, 매점, 도서관, 공방, 의무실, 예배당 어딜 가든 마찬가지였다. 이동 시간은 매시 10분 전에 시작해 매시 정각까지였다. 입소식에서 들은 얘기로는 정해진 이동 시간이 끝나면 모든 출입문이 잠기기 때문에 이동 시간을 어겨 복도에 갇히거나 위치 파악이 안 되는 재소자는 '징계'를 받아야 했다. 반성문을 쓰거나 심하면 며칠간 독방에 감금된다. 나는 교도관이 문을 열기를 기다렸고, 운동장으로 나가는 것처럼 보이는 수감자들을 뒤따라갔다.

수갑도, 쇠사슬도, 감시자도 없이 출입문을 통과할 수 있다는 것만으로도 자유인이 된 기분이었다. 운동장은 생각보다 그리 멀지 않았다. 좁고 어둑한 복도를 지나니 시야가 탁 트이면서 운동장으로 빠져나왔다. 그 크기에 압도되어 잠시 숨이 멎었다.

애틀랜타 연방교도소의 비좁은 농구코트에 비하면 이곳 운동장은 자유를 만끽할 수 있는 광장이었다. 디즈니월드에 들어온 꼬맹이가 된 기분이었다. 3월의 밤공기는 쌀쌀했지만 개의치 않았다. 지난

석 달간 나는 줄곧 퀴퀴한 공기만 마시고 지냈다. 이런 곳에서 숨을 쉰다는 게 경이로웠다! 맑은 하늘에 보름달이 낮게 걸려 있고, 수천 개의 별들이 반짝거렸다. 하늘의 별을 헤아리며 밤새도록 누워 있고 싶은 심정이었다. 가슴이 벅차오르고 눈물이 날 것 같았다.

"이리 와, 운동장이나 한 바퀴 돌자고." 같은 비행기를 타고 온 한 재소자가 내게 말했다. 그가 내 팔을 잡아끌자 퍼뜩 제정신이 들었다.

우리는 운동장을 돌았다. 먼저 텅 빈 소프트볼 경기장을 돌고, 이어서 울타리가 둘러쳐진 축구장을 지났다. 60미터쯤 떨어진 거리에는 여자 교도소가 있었다. 이중 철책으로 막혀 있는 운동장을 경계로 여자 교도소와 나뉘어 있었다. 우리는 테니스 코트와 핸드볼 코트 몇 개를 지나 마지막으로 두 개의 농구 코트를 돌았다. 운동장에 나와 있는 재소자들은 모두 재미난 표정들이었다. 믿기지 않는 광경이었다. 하지만 더욱 놀라운 사실은 입구를 지키는 교도관 한 명을 제외하고는 너른 운동장에 교도관이 한 명도 없었다는 것이다.

550미터쯤 되는 트랙을 돌고 나서 나는 옆 사람들에게 중량 운동을 하겠다고 말하고 헬스 기구가 보이는 운동장 가운데로 발걸음을 옮겼다. 높이가 3미터쯤 되는 담장이 쳐져 있었는데 그럴 듯한 장비는 하나도 없었다. 바벨과 바벨 원판들, 바벨 랙 그리고 누워서 바벨을 들 수 있는 벤치가 있고, 운동장 바닥에 깔린 고무 매트 위에는 덤벨 몇 개가 흩어져 있었다. 모양새를 보아하니 수십 년은 됨직한 운동기구들이었다. 철에는 녹이 슬었고, 깨지거나 균열이 간 곳도 있었다. 바벨 봉은 휘었고, 벤치는 흔들거렸다. 푹신한 쿠션이 남아 있는 벤치는 몇 개 없었고, 그나마도 군데군데 뜯어져서 나무 파편이 그대로 드러났다. 운동기구들은 고장이 났지만 교도소 측에서 바꿔 줄 계획이 없었는지 수감자들이 고쳐 쓴 흔적이 보였다. 덤벨 몇 개는 지지하는 나사가 고장 난 자리에 땜질이 되어 있었다.

민간 피트니스센터에 비할 바는 아니지만 우유 보관 상자에 책을 채우거나 쓰레기 봉지에 물을 담아 묶고 빗자루 막대기 양쪽 끝에 매달아 놓고 운동했던 곳에 비하면 양반이었다. 나는 비어 있는 벤치에 누워 하늘을 바라보았다. 나는 아름다운 밤하늘을 보면서 아까와 똑같은 감동을 받았다. 숨을 내쉴 때마다 허연 입김이 나와 밤하늘 속으로 천천히 흩어졌다. 차가운 바벨 봉을 잡고 선반에서 천천히 들어올렸다. 진짜 운동기구를 만져본 것은 정말 오랜만이었다. 바벨을 가슴 가까이 내린 뒤 지칠 때까지 운동을 반복했다. 나는 아무 말 없이 누워 밤하늘을 바라보면서 운동장에서 들려오는 소리에 귀를 기울였다. 살아 있는 사람들의 소리가 기분 좋게 들렸다.

어쩌면 가능할지도 모른다는 생각이 들었다. 어쩌면 이곳에 희망이 있을지 모른다. 어쩌면 내게도 미래가 있을지 모른다.

나는 그렇게 벤치에 누워서 싱긋 웃었다. 그래, 어쩌면. 나는 다시 바벨을 잡고, 차갑지만 신선한 켄터키 주의 공기를 깊이 들이마셨다. 그리고 다시 한 세트를 반복했다.

제25장

희망의 등불

안젤라. 1999년 3월 14일

아름다운 봄날 주일 아침이었다. 레온과 나는 켄터키 시의 한 모텔에서 나와 크리스토퍼를 면회하기 위해 교도소로 향했다. 렉싱턴에서 복역한 지 2주가 지나서야 아들은 접견자 목록에 우리 이름을 올릴 수 있었다. 구불구불한 언덕길과 푸른 들판을 달리는데 레온도 나도 마음이 벅찼다. 그동안은 교도관이 곁에서 지키거나 유리 차단벽을 사이에 두고 만났지만 이날은 그런 제약 없이 크리스토퍼를 대면하는 첫 번째 방문이 될 것이다.

렉싱턴 도심을 벗어나니 아름다운 전원 풍경이 펼쳐졌다. 공기는 신선했고, 이슬 젖은 초원 위로는 살짝 안개가 끼어 있었다. 서류 작성이며 금속 탐지기 검사며 그밖에 여러 가지 수속을 밟으려면 시간이 적잖이 걸리는 걸 알고 있었던 우리는 일찌감치 길을 나섰다. 일요일 아침 8시 30분부터 면회가 시작되는데 우리는 7시 45분에 교도소에 들어섰다.

낮은 담장이 죽 둘러진 것이 보였다. 입구에 '렉싱턴 연방 교도소 메디컬센터'라는 표지만 붙어 있고 검문소가 없는 것을 보고 우리는 적잖이 놀랐다. 레온은 조금 더 차를 몰아 비어 있는 방문객 전용 주차장에 차를 세웠다. 주차장 세 개만큼의 너비에 4층 높이의 붉은 벽돌 건물이 거대한 요새처럼 우뚝 서 있었다. 건물 외곽으로는 3.7미터 높이의 담장에 이중 철책이 둘러져 있었다.

우리는 주차하고 정문 쪽으로 걸어갔다. 문은 아직 닫혀 있었다. 입구 주변에 방문 시간을 안내하는 표지판과 서류를 작성할 수 있는 작은 카운터가 있었다. 우리가 서류를 작성하는 사이에 다른 방문객들이 도착해서 우리 뒤에 줄을 섰다. 8시 30분 정각에 교도관이 문을 열었다. 그는 먼저 10명을 들여보내 수속을 밟게 했다. 열두어 명이 줄을 서 있었는데 다행히 우리는 맨 처음으로 들어가게 되었다.

레온과 나는 데스크 뒤에 있는 교도관에게 우리가 작성한 서류와 신분증을 건넸다. 우리는 방명록에 크리스토퍼의 이름과 수인번호 '49311-019'를 적었다. 교도관은 접견자 명단에서 우리 이름을 확인한 후 작은 방으로 안내했다. 거기서 우리는 지갑, 자동차 열쇠, 핸드폰을 포함한 개인 소지품을 사물함에 넣었다. 우리가 휴대할 수 있는 물건은 25센트짜리 동전 한 묶음이 들어 있는 투명한 비닐 봉투와 방금 우리 물건을 넣어 둔 사물함 열쇠뿐이었다. 우리는 드디어 수속을 마치고, 다른 방문객들이 수속을 마칠 때까지 거대한 철문 앞에서 그 문이 열리기만을 기다리고 있었다. 출입문은 개별적으로 통과하지 못하고 그룹 단위로만 이동이 허용되었다.

나와 레온 뒤에는 미니스커트에 민소매 셔츠를 걸친 여자가 서 있었다. 그녀가 데스크 앞으로 나와 교도관에게 싱긋 웃으며 자신의 신분증과 서류를 제시했다.

교도관은 그녀를 위아래로 훑어본 후 말했다. "죄송하지만 입장하실 수 없습니다. 스커트 길이가 무릎 아래까지 내려와야 합니다."

"그게 무슨 말이에요?" 그녀의 얼굴에서 웃음기가 사라졌다. "저기요. 이것밖에 입을 옷이 없는데요."

"길 아래 5마일쯤 떨어진 곳에 할인매장이 있습니다."

그 여자의 아랫입술이 떨리기 시작했다. "제 말 좀 들어보세요. 저한테는 차도 없고, 이따가 그레이하운드 역까지 돌아갈 택시비밖에 없단 말이에요. 이번 한 번만 봐주세요. 부탁이에요."

교도관은 그 여자 뒤로 줄 선 사람들을 흘끗 바라보며 여자에게 말했다. "물러나 주십시오."

"저는 미시시피에서 여기까지 왔어요." 그 여인은 항변했다. "여기에 오려고 그동안 모은 돈하고 휴일을 다 써 버려서 이번에 못 보면 올해에는 남편을 볼 수 있는 기회가 없어요."

"정말 죄송합니다. 하지만 규정을 어길 수는 없습니다." 교도관은 딱 잘라 말했다.

그녀가 물러나질 않자 또 다른 교도관이 다가와 그녀를 저지했다. 교도관들이 그녀를 면회실로 들여보내 주었으면 하는 마음이 간절했다. 그녀가 엉엉 우는 모습을 보니 내 가슴도 저미는 것 같았다.

그 사이 한 교도관이 우리 그룹에게 출발하라는 손짓을 하는 바람에 이 사건이 어떻게 매듭지어졌는지는 확인하지 못했다. 우리는 줄지어 출입구 중앙을 통과했고, 두꺼운 유리창 뒤에 있는 교도관이 버튼을 눌러 출입문을 닫았다. 첫 번째 문이 닫히고 접견실로 들어가는 두 번째 문이 열렸다. 우리는 줄을 지어 안으로 들어갔다. 널찍한 접견실에는 테이블과 의자들이 놓여 있었다.

구석 창가에 놓인 작은 탁자를 발견하고 나는 레온과 함께 곧장 그곳으로 걸어갔다. 우리는 자리에 앉아서 맞은편에 있는 흰색 출입문만 바라보았다. 방문객들의 얼굴을 보니 설렘이 가득하고, 사랑하는 사람을 곧 만나게 될 기대감으로 다들 들떠 있었다. 나 역시 시선을 고정하고 우리 아들의 모습이 조금이라도 보이는지 신경을 곤두세웠다.

문이 열리는 소리가 들리자 레온과 나는 자리에서 벌떡 일어났다. 머리를 땋아 올려 구슬장식을 단 귀여운 꼬마 소녀가 소리를 질렀다. "엄마, 아빠예요! 아빠가 와요!" 문이 열리면서 카키색 셔츠와 카키색 바지를 잘 다려 입은 남자들 몇 명이 걸어 나왔다. 그들 가운데 한 명은 그 꼬마 소녀의 아버지였다. 그 아이는 앞으로 뛰어가더니 아빠의 품에 안겼다. "아빠! 아빠! 아빠!"

다른 사내들도 걸어 나와 눈물 젖은 얼굴로 자기를 찾아온 식구들과 다정하게 포옹했다. 나는 여태껏 감옥에 갇힌 죄수들은 모두 끔찍한 악질일 것이라고 생각했다. 살인자, 강간범, 도둑, 폭력배…. 내게는 모두 괴물들이었다. 하지만 지금 내 눈앞에서 가족들과 재회하는 재소자들은 괴물이 아니었다. 내 앞에는 한 집안의 아버지, 형제, 남편, 아들이 서 있었다. 나는 정곡을 찔린 듯 부끄러웠다.

드디어 크리스토퍼가 활짝 웃으며 걸어 나왔다. 아들은 우리에게 다가와 남편과 나를 꼭 껴안았다. 몸에 살이 붙은 걸 보니 끼니를 잘 챙겨 먹고 있는 게 분명했다. 오래 전에 봤을 때보다 몸이 훨씬 좋아 보였다. 넉 달 사이에 9킬로그램쯤 체중이 불었다고 했다. 하루 세 끼 식사를 하고, 운동하고, 규칙적으로 잠자리에 드니 약물 때문에 홀쭉했던 몸에 다시 근육이 붙고 있었다. 완전히 딴 사람 같아 보였다.

우리는 자리에 앉았고, 크리스토퍼는 렉싱턴에 대해 얘기했다. 여태껏 그가 지내 본 어느 수용 시설보다 이곳이 낫다고 했다. 그가 이전에 머물던 수용 시설은 단기형을 선고받은 사람이나 아직 형이 확정되지 않은 미결수를 수용하는 구치소였다고 했다. 렉싱턴 같은 교도소는 장기형을 선고받은 수감자들을 위한 시설이었다. 매점이나 운동장, 예배당, 도서관, 공방 같은 시설 외에도 교도소는 구치소와 달리 여러모로 좋은 점이 많다고 했다. 애틀랜타에 있는 악명 높은 구치소에서 여러 주를 보냈기 때문인지 크리스토퍼는 이곳에 있는 것이 행복해 보였다.

이곳 재소자들은 모두 직업교육의 일환으로 노동을 해야 한다고 했다. 모든 재소자들은 의무적으로 처음 3개월간은 취사장에서 일을 하는데 HIV 양성 판정을 받은 크리스토퍼는 취사장 일에서 제외되었다. 크리스토퍼가 만드는 음식을 통해 다른 사람들이 감염될 가능성은 극히 희박하지만, 크리스토퍼는 이 조치에 항의하지 않았다. 그 대신 아들은 철물점에서 점원으로 일했다. 수용동을 벗어나 매일 바쁘게 할 일이 있어서 좋다고 아들은 말했다. 덕분에 시간이 빨리 지나가는 것 같다고 하면서.

우리는 자판기로 가서 크리스토퍼가 먹고 싶어 하는 것들을 이것저것 샀다. 몸에 좋은 음식은 아니어도 아들이 교도소 매점에서는 살 수 없는 간식이 여러 가지 있었다. 우리가 크리스토퍼에게 얼마간의 돈을 부쳐 주고 있었기 때문에 아들은 교도소 매점에서 물건을 구매할 수 있었다. 아무도 돈을 부쳐 주지 않는 재소자들에 비하면 이것도 호사라면 호사였다.

면회 오기 전만 해도 여섯 시간 반 동안 얘깃거리가 떨어지면 어쩌나 하는 걱정도 있었지만 괜한 기우였다. 그간 밀린 얘기만으로도 할 얘기는 차고 넘쳤다. 크리스토퍼는 우리에게 렉싱턴 생활에 대해 얘기했고 우리는 집과 병원 얘기, 그리고 교회에서 성경 공부하고 소모임을 갖는 얘기를 했다. 그러다 보니 어느새 하루가 저물었다.

"삼십 분 남았습니다!" 교도관이 남은 시간을 알렸다.

떠나기 전에 크리스토퍼에게 부탁하고 싶은 것이 있었다. 하지만 아들의 얼굴을 보면서도 어떻게 말을 꺼내야 할지 자신이 없었다.

"있잖니. 아빠와 나는 요 몇 년 동안 우리 자신과 지난날을 돌아보고 반성하면서 많이 좋아졌어. 유년기 이후로 내게 일어났던 일들을 하나하나 살펴보는 게 쉬운 일은 아니었단다. 아빠와 나는 결혼 생활을 돌아보며 부부 문제도 점검하고 있어. 또 내가 엄마로서 어떻게 살았는지 돌아보고 성찰하는 시간을 가지고 있단다. 내 문제점을 고치고 싶어. 그러려면 내가 잘못한 점이나 부족한 점을 잘 알아야겠지."

크리스토퍼는 내 말에 약간 놀라는 눈치였다. 나는 말을 계속 이었다. "그러니까 엄마는 지금까지 이 문제를 놓고 오랫동안 묵상하면서 기도하고 있단다. 하나님은 감춰져 있던 문제를 깨닫게 하셨어. 아빠도 내가 보지 못하는 문제점을 파악할 수 있도록 도와주고 있단다. 그래서 너한테도 부탁하고 싶구나." 나는 아들을 바라보면서 그의 팔에 내 손을 얹었다. "엄마는 진짜로 알고 싶거든…. 네가 어렸을 때 엄마가 어떻게 했으면 좋았을까? 어떻게 했으면 더 좋은 엄마가 되었을까?"

나는 마음속에 담아 둔 말을 꺼냈다. 중국인 부모들은 좀처럼 자식들에게 이런 질문을 하지 않지만, 나를 치유하기 위해서는 무척 중요한 과정이라고 생각했다. 크리스토퍼가 나한테 숨김없이 진실을 얘기해 주기를 바랐다.

그는 잠시 생각에 잠기더니 이렇게 대답했다. "제가 자랄 때도 그렇고 최근에 제가 힘들었을 때도 그렇고, 어머니가 제 말보다는 제 마음에 더 귀를 기울이셨으면 좋았을 거예요."

레온과 나는 크리스토퍼의 말을 되새기며 잠자코 앉아 있었다. 의미심장한 말이었다. 부모로서 레온과 나는 아이의 속내를 헤아리기보다는 감정적으로 즉각 대응할 때가 많았다. 크리스토퍼의 껄렁한 말투나 불량한 태도를 보면서, 그 속마음이 어떤지 헤아리기보다는 화를 내고 지적하기 바빴다. 그러니까 아이들은 두려움이나 불안 혹은 고통으로 괴로워할 때 속마음과는 전혀 다른 태도로, 전혀 다른 얘기를 한다는 사실을 나는 뒤늦게야 깨달았다. 이 사실은 비단 부모와 자녀 사이뿐 아니라 다른 인간관계에도 적용할 수 있는 소중한 가르침이었다.

"면회 시간 종료 5분 전입니다." 교도관이 큰 소리로 외쳤다.

벌써 세 시가 되었다. 시간이 다 어디로 갔을까?

가족과 친구들이 재소자들에게 이별을 고하기 시작했다. 아침에는 설렘과 흥분으로 가득 찼던 접견실이 슬픔으로 착 가라앉았다. 가족들을 다시 만나려면 다음 해를 기약해야 하는 재소자들도 있었다. 아빠의 목을 꼭 껴안고 있는 저 꼬마 소녀는 다음번에 만나면 키가 훌쩍 커 있을 터이다. 아빠의 팔에서 아이의 손가락을 억지로 떼어 내는 엄마의 눈에서 눈물이 쏟아졌다. 꼭 붙들고 있는 쪽이 아빠인지 딸인지 분간하기 어려웠다.

"저… 4월 10일에 또 볼 수 있을까요?" 크리스토퍼는 우리가 전에 얘기했던 다음 면회 일정을 확정짓기 위해 물었다.

"당연히 그렇고말고. 크리스토퍼, 그때 보자꾸나."

우리는 서로 끌어안고, 눈물을 훔치며 작별인사를 했다. 작별은 언제나 괴로운 일이었지만, 오랜 세월 우리 사이를 갈라놓았던 장벽이 무너지고 있어서인지 더욱 아쉽고 안타까웠다. 그래도 전화를 할 수 있고, 한 달만 지나면 또 만날 수 있다는 생각을 하니 이별을 고하는 마음이 조금은 가벼웠다.

나는 크리스토퍼가 영적으로 어떤 상태에 있는지, 그리스도와 어떤 관계를 맺고 있는지 궁금했다. 자신의 성적 지향을 비롯해 모든 것을 하나님에게 맡겼는지도 궁금했다. 외적인 변화는 레온과 내가 확인할 수 있었지만 영적인 변화는 알 수 없었다.

크리스토퍼가 더 이상 마약을 하지 않고, 우리 사이가 훨씬 가까워졌다는 사실은 무척 기쁜 일이었다. 하지만 나는 아들을 우리에게 돌려 달라고, 아들이 마약을 끊게 해 달라고, 동성애에서 벗어나게 해 달라고 기도한 것이 아니라 하나님 아버지께 돌아오게 해 달라고 기도해 왔다. 그것을 위해서라면 아들이 어떠한 대가를 치르게 되어도 좋다고 말이다.

3년 전에 나는 루이빌 치의학전문대학원 학장에게 크리스토퍼가 의사가 되는 일은 중요치 않다고, 그보다는 그리스도의 제자가 되는 것이 더 중요하다고 얘기한 적이 있다. 나는 크리스토퍼의 선고 공판에서도 증인석에 서서 판사에게 간청했다. 아들에게 너무 가벼운 형량도 너무 무거운 형량도 내리지 말고, 자기 삶을 하나님께 바칠 수 있을 만큼의 형량을 내려 달라고.

1999년 3월 14일 렉싱턴 연방 교도소 메디컬센터에서 크리스토퍼를 처음 면회했을 때.

렉싱턴 교도소에서 복역을 시작한 크리스토퍼는 하나님께 돌아오고 있는 중일까?

크리스토퍼가 투옥되고 나서 레온과 나는 줄곧 이 문제의 답을 알고 싶었다. 이번 면회를 준비하면서부터는 더더욱. 하지만 우리 부부는 모든 것을 자비로우신 하나님 아버지의 손에 맡기기로 결심했고, 그 후로는 마음이 편안했다.

우리가 밖으로 걸어 나가는데 크리스토퍼가 우리를 돌아보며 말했다. "엄마, 아빠. 제 방이 3층에 있는데 제가 창가에 서 있을게요. 주차장에 도착하시면 저를 찾아보세요. 제가 손을 흔들 테니까요."

우리 차에 도달했을 때 우리는 앙상한 나뭇가지들 사이로 3층 창문들을 훑어보았다. 오후 햇살에 눈이 부셨다. 이윽고 레온이 창문에서 어떤 움직임을 포착하고 그곳을 손으로 가리켰다. 흰색 티셔츠가 펄럭이고 있었다. 레온과 나는 손을 흔들었다.

차를 탄 후에 뒤를 돌아보았더니 아들은 계속 티셔츠를 흔들고 있었다. 마치 항복을 나타내는 백기를 흔드는 것처럼. 나는 거기서 밝은 희망의 등불을 보았다.

제26장

하루하루를 견디며

크리스토퍼. 1999년 6월

장담은 못하지만 블루그래스 수용동의 유일한 출입구 주변에 모여 있는 재소자들은 분명 50명이었을 것이다. 몇 분 있으면 구역 이동이 시작되고, 십 분 동안 우리는 교도소 내의 다른 장소로 이동할 수 있다. 떠들썩한 소리를 뚫고 한 친구가 나를 불렀다. "야, 크리스. 성가대 연습하러 가는 거야?" 내가 피아노를 연주할 줄 안다는 소문이 퍼지자, 교회에 다니는 친구들이 내게 성가대에 합류할 것을 권했다.

"아니, 의사 선생하고 약속이 있어. 브라이언한테 오늘 못 간다고 대신 전해 줄래?"

성가대 연습에 빠지기는 정말 싫었다. 성가대는 주중에 제일 신나는 활동 중에 하나였다. 성가대원은 서른 명쯤 되는데 대부분 아프리카계 미국인들이었다. 전에도 합창단에 참여해 본 적이 있었지만 이런 합창단은 처음이었다. 정말 실력 있는 친구들이 많았다. 타고 난 그대로의 재능이었다. 모르긴 해도 이들 가운데 음악 교육을 받은 친구는 없었을 것이다. 대부분 악보를 읽지도 못했으니까. 하지만 노래 하나는 기가 막히게 잘 불렀다! 이 성가대의 일원으로 함께 있는 것만으로도 나는 의욕이 솟았다.

하지만 오늘은 아쉽게도 그 기쁨을 누릴 수 없었다. 감염 전문의에게 검진을 받는 날이어서 병원으로 가서 검진을 받고 혈액 검사 결과도 들어야 했다.

정각 10분 전이 되기를 기다리는 동안 현관 로비 근처에는 사람들이 점점 더 불어났다. 교도관은 로비 중앙의 데스크에 가만히 앉아 우리에게는 눈길도 주지 않고 신문을 읽고 있었다. 이동 시간은 매시 10분 전으로 정해져 있지만 기본적으로는 통제관의 지시가 떨어져야 이동이 시작되고 종료되었다. 시계의 분침이 정확히 10분 전을 가리키자 사람들이 입구 쪽으로 점점 더 몸을 밀어붙였다. 다들 어서 문이 열리기만을 고대했다. 우리는 시계와 교도관을 번갈아 보며 초조하게 기다렸다. 마침내 교도관의 무전기가 치직 소리를 내며 일을 시작했다. 잡음이 섞인 목소리가 스피커를 통해 울렸다. "10분 이동 개시! 10분 이동 개시!"

교도관이 일어서서 재소자 쪽으로는 눈길도 돌리지 않고 커다란 열쇠 꾸러미에서 열쇠를 찾더니 문을 열었다. "이동!" 그는 거만한 자세로 우리가 귀머거리라도 되는 양 목에 잔뜩 힘을 주고 고함을 쳤다. 교도관이 문을 열어젖히고 길을 비켜 주자 재소자들은 줄을 지어 가능한 한 신속하게 문을 통과했다. 건물 내에서 뛰어다니는 것은 금물이므로 뜀박질처럼 보이지 않도록 조심하며 잰걸음을 쳤다.

복도 안으로 쏟아져 나온 재소자들은 저마다 목적지가 달랐다. 어떤 이는 비어 있는 빨래 바구니를 들고 매점으로 향했다. 그들이 구입할 물품은 치약, 비누, 땅콩버터, 참치 통조림, 일회용 접시 등이다. 주머니가 두둑한 사람은 라디오나 헤드폰을 구입하기도 했다. 물론, 재소자들의 주식인 고등어 통조림과 라면도 빼놓을 수 없다.

맞은편에는 빨래 바구니를 가득 채워 가지고 돌아오는 재소자들이 몇몇 있었다. 돈이 없는 재소자들에게 저들은 부러움의 대상이었다. 벌써 한 시간 전에 매점에 가서 자신의 보물들을 가득 챙겨서 복귀하고 있었으니까. 어린 친구 하나가 냉기를 보존하려고 화장지로 둘둘 싸맨 아이스크림 한 통을 들고 지나갔다.

히스패닉 친구 두어 명은 얼음과 캔 음료가 가득한 양동이를 들고 갔다. 운동장에 있는 친구들에게 시원한 음료를 판매하려는 것이다. 저들은 캔 하나에 33센트짜리 1종 우표 두 장을 받는다. 우표 한 장은 교도소 암시장에서는 장당 25센트로 친다. 그러니까 저들은 우표 36장에 해당하는 비용을 지출해서 음료를 24개 구입하고 캔 하나에 우표 두 장을 받고 팔았다. 음료를 다 팔고 나면 총 3달러를 손에 쥔다. 3달러가 큰돈은 아니지만 교도소에서 받는 임금이 시간 당 15센트밖에 되지 않음을 고려하면 썩 나쁘지 않은 거래였다.

음료수 판매는 수많은 '부업' 중 하나였다. 이곳 재소자들이 흔히 하는 말로 '빵에서는 다들 장사꾼'이었다. 연방 교도소 기업인 유니코에서 고객서비스 업무를 처리하며 시간 당 30센트 가까이 벌고 있는 나는 운이 좋은 편이었다. 이곳에 들어와 처음 석 달간 철물점에서 일하고 나서 배정받은 일자리였다. 대다수 재소자들은 시간 당 12~17센트를 받고 일하기 때문에 매점에서 비누, 샴푸, 칫솔, 치약 같은 기본 생필품 정도만 구입할 수 있었다. 20~30달러나 하는 테니스 운동화라든지 기능성 티셔츠를 원한다면 부업을 갖지 않는 한 그만한 돈을 모으기는 거의 불가능했다.

유니코에서 일하기 전에도 나는 부모님이 때마다 돈을 보내 주셔서 어려움이 없었지만, 나 같은 사람은 소수였다. 돈을 부칠 형편이 안 되거나 그럴 마음이 없는 가족을 둔 재소자들이 대부분이었다. 기본 물품 이외의 물건을 원한다면 부업을 해야 한다. 어떤 친구들은 세탁을 부업으로 했다. 옷가지를 세탁해서 다림질하고 깔끔하게 개서 되돌려주는 데 우표 4장을 받았다. 그 친구들 솜씨가 여간 아니었다. 그들에게 세탁물을 맡기면 깔끔하게 다린 티셔츠, 속옷, 양말, 그리고 기능성 티셔츠가 가지런히 침상 위에 정돈되어 있는 모습을 볼 수 있다. 방을 청소하고 침구를 정돈하는 일로 돈을 버는 이들도 있었다. 콘칩을 으깨어 엔칠라다(멕시코 음식)를 만들어 판매하는 사람도 한 명 있었는데, 맛이 의외로 좋았다. 교도소 짬밥이 다들 그렇다지만 특히 입에 넣기 힘들 정도로 맛없는 음식이 나오는 날이면 그 엔칠라다가 더욱 별미였다. 물론 취사실에서 슬쩍한 식료품을 팔거나 술이나 마약을 거래하는 등 위험한 불법 거래도 많았다. 다행히 나는 그 즈음에는 마약 없이도 지낼 수 있었을 뿐더러 그다지 아쉽지도 않았다!

블루그래스 수용동에서 병원까지는 이동 시간 10분 안에 넉넉히 갈 수 있는 거리였다. 진짜 짜증나는 것은 금속 탐지기를 통과하는 일이었다. 수용동 건물에서 나오는 사람들은 모두 이 탐지기를 거쳐야 했다. 여기만 오면 길게 줄이 늘어섰다. 줄을 서서 기다리다가 구역 이동 시간이 끝나기 전에 금속 탐지기를 통과하지 못하면 그날은 망쳤다고 봐야 한다. 제한 시간 내에 이동하지 못하고 문이 닫혀 버리면 그 사람은 징계를 받았다. 그러니까 자기 차례가 되기 전에 탐지기를 신속히 통과할 수 있도록 준비를 갖추는 일이 중요하다. 신발도 벗고, 호주머니도 비워야 한다. 꾸물거리다 시간을 지연시킨 재소자는 동료 재소자들한테 실컷 욕을 먹기 마련이었다.

감염내과로 들어가기 전에 다시 대기실을 거쳤다. '신속하게 움직이고 대기하는 것'은 내 일상이었다. 사회에 있을 때 병원이라면 질색했던 재소자들도 대부분 병원의 장점을 최대한 활용할 줄 알았고, 대기실에서는 동료들과 얘기를 나누며 시간을 보냈다. 하지만 감염내과 대기실 분위기는 딴판이었다. 자신의 정체가 드러나기를 원치 않는 서로의 심정을 헤아리듯 기이한 침묵이 흘렀다.

실내에는 스무 개 정도의 의자가 있었고 두세 명의 환자가 앉아 있었다. 나는 구석 자리에 앉았다. 서로 가능한 한 멀리 떨어져 앉았고, 아무도 눈을 마주치지 않았다. 자기 몸 상태에 대해 얘기를 나누려는 사람은 없었다. 다들 왜 이곳에 왔는지 잘 알고 있었다. HIV 아니면 C형 간염 바이러스 때문이었다. 자기 상태를 다른 사람들에게 떠벌리고 싶은 HIV 양성 판정자는 없을 터였다. 교도소 안에서는 소문이 금세 퍼졌다. 그러니까 대기실에서는 아예 서로 모르는 척하는 게 편했다. 다른 이들도 그래 주기를 바라면서.

한 친구는 HIV 치료제 부작용 가운데 하나인 지방이영양증 (lipodystrophy) 증세가 보였다. 얼굴의 피하 지방은 소실되어 볼이 홀쭉해지고, 등 위쪽으로나 배에는 지방이 축적되어 불룩해져 있었다. 또 다른 재소자는 간 기능 부전으로 피부가 누리끼했다. 내 맞은편에는 트랜스젠더로 교도소에서는 꽤나 유명한 재소자가 앉아 있었는데, 껌을 씹다가 입 밖으로 길게 잡아 빼 손가락으로 배배 꼬고 있었다. 그녀의 팔은 흉터투성이였다. 여기 앉아 있는 이들이 꼭 내 미래를 보여 주는 것 같아서 어쩔 수 없이 자꾸 이들에게 시선이 갔다. 내 몸이 저들처럼 흉측하게 망가지기까지 시간이 얼마나 남은 것일까?

진료 시간이 지체되어 대기 시간이 길어지고 있었다. 영화 "뻐꾸기 둥지 위로 날아간 새"에 나오는 정신병원처럼 이곳 역시 치료와는 무관한 또 하나의 수용 시설에 불과하다는 기분을 지울 수 없었다. 60년도 더 지난 건물이지만 몇 차례 페인트를 덧칠한 것 빼고는 개선된 것은 아무것도 없어 보였다. 다른 대기실과 달리 여기에는 읽을거리도 없고, 메마른 공기에 생동감을 주는 화초도 없으며, 벽에는 흔한 포스터나 그림 한 장 걸려 있지 않았다. 넋 놓고 기다리는 일밖에 할 게 없는 장소였고, 나 역시 이런 기다림에는 이골이 났다.

10분 이동 시간이 시작되었지만 내 이름은 호명되지 않았다. 이 말인즉슨 다음 한 시간은 꼼짝없이 병원에 있어야 한다는 소리였다. 그렇다고 다음 번 10분 이동 시간이 시작되기 전에 내 진료가 끝나리라는 보장도 없었다. 서둘러 움직이고 대기하는 수밖에.

드디어 의사가 문을 열고 클립보드를 보며 번호를 불렀다. "49311-019번." 이렇게 정체를 숨겨야 하는 상황에서는 내가 하나의 번호로 불리는 것도 나쁘지 않았다.

나는 그를 따라 옆방으로 들어가 검진 테이블에 앉았다. 의사는 클립보드의 서류를 보고 나서 나를 한 번 쳐다보더니 다시 클립보드를 확인했다. "수치는 그리 나쁘지 않아요. 백혈구 수치는 거의 정상에 가깝고. CD4 임파구 수치가 708개네요. 800에서 1,200개 사이면 정상치입니다." 친절한 인사말 같은 거는 생략하고 의사는 요점만 효율적으로 짚었다.

"바이러스 수치가 0으로 떨어질 리는 만무하고, 6,450이면 나쁘지 않아요." 그는 잠시 턱을 문지르며 뭔가를 고민했다.

"봅시다." 그는 클립보드를 보고 내 이름을 불렀다. "위안, 당신은 건강한 편이니까 지금 치료를 받을지 아니면 더 기다릴지 선택할 수 있어요."

"사실은 제 어머니께서도 여기저기 알아보고 계세요. HIV 전문의 몇 분을 만나 보고 제 수치를 그분들께 보여 줬대요. 그런데 대부분 이 시점에서는 약물 치료를 더 늦춰도 좋다고 하셨대요." 어머니가 전해 준 바에 따르면, 몇 년 전만 해도 의사들은 HIV 양성 판정자라고 하면 으레 공격적으로 약물치료에 들어갔다고 한다. 하지만 이 치료제는 부작용도 많아서 때로는 병보다 더 무서운 합병증이 올 수도 있었다. 무조건 약물치료에 들어가지 않고 선택의 여지가 있다는 점에서 나는 운이 좋은 편이었다.

의사는 고개를 끄덕였다.

"그래서 부모님과 이 문제로 상의했는데 좀 더 기다렸으면 합니다."

"좋아요." 의사가 말했다. "하지만 이 정도 수치를 유지해야 합니다. 석 달마다 여기 와서 진료 받는 일도 잊지 말고요."

나는 고개를 끄덕이며 여기 말고 어디 다른 데 갈 데도 없다고 생각했다.

의사는 클립보드에서 눈을 떼지 않고 말을 이었다. "물론… 음… 잘 알고 있겠지만… 음… 그건 그렇고 주의를 줘야 하는 게 내 일이라서…. 무슨 일이라도 벌어질 수 있는 곳이 교도소 아닙니까." 그는 조금 불편하고 당혹스러운 표정으로 얼마간 뜸을 들이다가 나를 쳐다보며 이렇게 말했다. "안전하지 않은 섹스는 금물입니다. 알죠? 그리고 바늘을 같이 사용해도 안 돼요."

"알겠습니다. 무슨 말씀인지 이해했어요." 나는 웃음을 참으며 말했다.

환자 제일주의로 유명한 메이요클리닉에 댈 바는 아니지만 어쨌든 여기도 병원이었다. 치료받을 시기를 선택하는 것은 중대한 문제였고, 어머니가 나를 대신해 많은 조사를 해 주신 것에 감사했다.

나는 진료실을 나와 대기실의 시계를 확인했다. 구역 이동이 시작되려면 아직 10분을 더 기다려야 했다. 나는 다른 환자들과 눈을 마주치지 않도록 주의하며 의자에 앉았다. 부모님과 내가 내린 결정이 부디 올바른 선택이기를 바랄 뿐이었다.

제27장

법정에 서는 이유

안젤라. 1999년 8월 8일

"엄마, 이 사람들이 내일 아침 나를 이송한대요. 짐도 벌써 꾸렸어요."

"무슨 일로?" 나는 예기치 못한 소식에 깜짝 놀랐다. "벌써 교도소 캠프(출소를 앞둔 재소자를 수용하는 보안 등급이 낮은 시설 ─옮긴이)로 이관하는 것은 아닐 텐데, 그치? 어디로 가는데?"

"저도 몰라요." 크리스토퍼가 말했다. "아시다시피 교도관들은 절대 그런 얘기는 안 해 줘요. 렉싱턴으로 돌아오는 건 틀림없어요. 여기 사물함에 제 소지품을 전부 보관했거든요. 그러니까 이관하는 건 아니에요. 제 느낌이지만 아무래도 뉴욕으로 가는 듯 싶어요."

"뉴욕? 카림 아바스 소송 건 때문인가? 하지만 지난주에 네가 얘기하기로는 수사관들이 너를 증인으로 채택할 리는 없다고 하지 않았니?"

마약수사관이나 변호사로부터 수개월째 소식이 없어서 크리스토

252

퍼는 아바스 건에 협조하는 대가로 형량을 감형받는다는 희망을 일찌감치 접은 터였다. 아들이 6년을 복역하든 형량이 줄어들든 내게는 그게 문제가 아니었다. 그보다 중요한 것은 크리스토퍼가 그의 삶을 그리스도께 온전히 바치는 것이었고, 나는 이 문제에 기한을 정해 두고 싶지는 않았다. 여하튼 크리스토퍼는 뉴욕으로 가게 된 것 같았다.

"그러게요. 저도 믿기지 않아요. 하나님께서는 이런 식으로 역사하시는 것 같아요. 하나님의 유머 감각이 상당하시네요. 그죠?"

크리스토퍼가 하나님에 대해 그렇게 많이, 그토록 자연스럽게 얘기한 걸 본 적이 없어서 아들이 하나님을 언급할 때마다 깜짝깜짝 놀랐다. 8개월 전만 해도 하나님과 기독교에 대해 노골적으로 증오감을 표시했던 아이였다. 고작 8개월 전이다! 정말 믿을 수 없는 노릇이었다.

"그건 그렇고 며칠간은 전화를 못 할 것 같아서 이렇게 알려드려요. 어느 시설에 수감될지는 모르지만 오클라호마 시는 거쳐 갈 거예요. 전화할 수 있게 되면 다시 연락할게요. 사랑해요."

수화기를 내려놓으면서 나는 크리스토퍼가 하나님에 대한 관심이 갈수록 늘어나고 있다는 생각이 들었다. 아들이 하나님을 향해 마음을 열었다는 사실이 기쁘면서도 뉴욕에 가려는 의도가 무엇인지 한편으로는 걱정스러웠다. 단지 형량을 줄이고 싶어서 뉴욕으로 가려는 것일까? 크리스토퍼가 하나님께 그의 삶을 온전히 헌신하면 하나님께서 그 즉시 아들을 풀어 주실 거라고 하신 한 목사님의 얘기가 떠올랐다. 나는 크리스토퍼가 형량을 줄이는 것보다는 영적 회복에 더 집중하기를 바랐다.

시간이 지나면 알게 되겠지.

제28장

밀고자인가 열정적 증인인가?

크리스토퍼. 1999년 8월 12일

"오른손 내밀어." 교도관은 내 손가락을 붙잡고 하나하나 굴리면서 지문에 잉크를 듬뿍 묻혀 지문날인 카드에 지문을 채취했다. 한 손가락씩 지문을 채취하던 교도관은 마지막으로 내 손가락을 모두 모은 뒤 카드 맨 아래쪽에 대고 꾹 눌렀다.

입출소 절차를 밟을 때 늘 하는 일이라 새로울 건 없었다. 서류 작업, 알몸 수색, 추가 서류 작업, 면담, 또다시 서류 작업, 그리고 지문날인. 하지만 우리끼리 불펜이라 부르는 브루클린 메트로폴리탄 구치소의 임시 구금실에서 다른 죄수들과 몇 시간씩 함께 앉아 대기하는 일 만큼은 가능하면 피하고 싶었다.

브루클린으로 오는 과정에서 나는 오클라호마 시 구치소에서 이틀을 보냈고, 그 끔찍한 애틀랜타 연방 교도소에서 하룻밤을 보냈다. 나는 이제 교도소 짬밥 좀 먹은 고참 대접을 받았다. 내가 복역한 지는 8개월에 불과했지만 신입들은 나한테 다가와서 교도소 생활에 대해 이것저것 물었다. 교도소 적응에 필요한 조언이야 얼마든지 해 줄 수 있었지만, 내가 어디로 이송되는지를 묻기 시작하면 그건 말해 줄 수 없었다.

수감자들 사이에서 서열상 최하로 취급받는 두 종류의 인간이 바로 밀고자와 아동 성범죄자였다. 정부 당국에 협조한 사람은 배신자였고 다른 어떤 죄수보다 멸시받았다. 내가 우려하는 점은 바로 배신자, 즉 아바스의 유죄판결을 끌어내는 데 협조하러 뉴욕으로 가고 있다는 사실이었다. 경찰 끄나풀로 찍힌 이들에게 재소자들이 무슨 짓을 하는지에 대해서는 수도 없이 들었고, 그런 상황에 처하고 싶지는 않았다. 그래서 어디로 이송되고 있는지, 내가 짐작하는 목적지에 대해서 아무에게도 발설하지 않았다.

내 짐작은 적중했고, 콘에어(죄수 수송 항공기 —옮긴이)는 마침내 뉴욕 라과디아 공항에 도착했다. 예상보다 일찍 형기를 마칠 수도 있다는 가능성을 생각하니 가슴이 뛰었지만 다른 수감자들에게 내가 뉴욕에 있는 이유를 어떻게 설명할지를 생각하면 진땀이 났다.

"자, 일어서. 출발이다." 교도관이 소리를 질렀다. 손에는 수갑을, 발목에는 족쇄를 찬 다른 수감자들과 함께 나는 불펜에서 걸어 나왔다.

우리는 엘리베이터를 타고 건물 5층까지 올라와 북쪽 수용동을 향해 걸었다. 한 교도관이 수용동 안에 있는 다른 교도관에게 무전으로 문을 열라고 얘기했다. 문을 통과하면서 돌아보니 이곳 수용동은 애틀랜타 시 구치소와는 딴판이었다. 감방이랄 게 없었다. 쇠창살에 자물쇠가 달린 감방 자체가 없었기 때문이다. 그냥 하나의 거대한 방이었다. 1백 개 이상의 침상과 사물함이 죽 펼쳐져 있는 거대한 내무반 같았다. 방의 한쪽에는 일렬로 변기와 샤워부스가 있었는데, 모두 개방형이었다. 여기 익숙해지려면 시간 좀 걸릴 것 같았다.

교도관은 내게 모포와 베개를 지급하고 내 침상으로 안내했다. 물론, 위층 침상이었다. 신참들은 늘 위층을 사용하니까. 그나마 스프링이 있는 진짜 매트리스를 쓰게 되어 다행이었다. 렉싱턴에서 쓰던 것과 같았다. 푹 자고 싶은 생각뿐이었던 나는 서둘러 침상을 정리했다.

여기 오느라 진이 빠질 대로 빠진 몸을 이끌고 눈을 감았는데 수용동 뒤편 한쪽 구석에서 박수를 치며 노래를 부르는 소리가 들렸다. 나는 베개를 뒤집어쓰고 귀를 막았다. '나중에 해라, 제발. 오늘 밤만은 그냥 넘기자.' 하지만 노랫소리는 갈수록 커졌고, 솜이 부실한 베개는 노랫소리를 차단하는 데 별로 효과가 없었다. 나는 베개를 옆으로 걷어치우고 팔꿈치를 대고 상체를 일으켜 세웠다. 노래를 찬찬히 들어보니 스페인어였다. 라티노(라틴계 아메리칸)들은 어째서 저녁 8시에 모여서 노래를 부르는 거야?

잠자기는 글렀다고 생각하고 나는 이 친구들이 대체 무엇을 하는지 구경했다. 그들은 수용동 귀퉁이에 위치한 방에서 문을 닫고 모임을 갖고 있었다. 그 방 창문을 통해 안에 있는 사내들이 손을 높이 들고 손뼉을 치는 모습이 보였다.

나는 침상에서 내려와 통로를 지나 노랫소리가 들리는 문 앞으로 걸어갔다. 밖에서 작은 창문 안을 들여다봤다. 교회인가? 그들이 부르는 노랫말은 도통 알아들을 수가 없었다. 안에서 누군가 나를 보고 들어오라고 손짓했다. 나는 살짝 문을 열고 들어가 뒤쪽에 섰다.

마흔 명쯤 되는 남자들은 모두 히스패닉이어서 혼자 뻘쭘하게 서 있었다. 노래 사이사이 디오스, 세뇨르 같은 말들이 귀에 들어왔다. 노래가 끝나고 맨 앞에 서 있던 수감자가 스페인어로 몇 마디 얘기하더니 나를 향해 앞으로 나오라고 손짓했다.

"웰컴." 그의 뉴욕 억양이 귀에 쏙 들어왔다. "이곳까지 와 주어 반갑습니다." 다른 사람들은 나를 향해 미소를 지으며 고개를 끄덕였다.

"그전부터 2개 국어로 예배드리는 것에 대해 생각해 왔습니다." 그는 말을 이었다. "그래서 오늘 우리는 예배를 영어로 통역하려고 합니다." 그는 무리를 향해 스페인어로 얘기했고 여러 사람들이 박수를 치며 큰 소리로 "아멘!" 하고 화답했다.

그는 열정적으로 설교를 했고, 설교를 마친 뒤에는 내게 다가와 자신을 소개했다. 그의 이름은 에디 멘도사였다. 에디와 그의 동생 허먼은 재소자였고, 북부 5구역의 수용동에서 매일 저녁 예배를 인도했다. 두 사람은 자신들의 사물함이 있는 곳으로 나를 데려가더니 내게 몇 가지 물건을 선물했다. 수용동에 신입이 들어오면 교회 즉, 북부 5구역의 기독교인들은 이들이 새로운 환경에 잘 적응하도

록 돕기 위해 욕실 슬리퍼, 칫솔, 치약, 비누 같은 물품을 선물한다고
했다. 수감자들한테 이런 대접을 받아보기는 처음이었다.

샤워를 마치고 나서 침상에 누워 새로 이감된 이 구치소와 방금
만난 사람들에 대해 생각했다. 이곳은 내 예상을 빗나가는 환경이고
기존에 내가 경험했던 수용 시설과는 전혀 달랐다. 나는 생소한 환
경에 처할 때면 겁이 많은 편이었다. 하지만 에디나 허먼과는 마음
이 잘 맞을 듯했다. 그러고 보면 이곳에서 그럭저럭 잘 지낼 수도 있
겠다는 생각이 들었다. 무엇보다 내가 여기에 이송되어 온 이유를
아무도 묻지 않았다. 부디 계속 그렇게 지낼 수 있었으면 하는 마음
뿐이었다.

- - -

에디는 열정적으로 복음을 전하는 설교자였으며 자신의 신앙대
로 실천하며 살았다. 수용동 내에 퍼진 그의 평판이 이 사실을 입증
했다. 기독교인이든 아니든 간에 북부 5구역 수감자들은 그를 존경
하고 떠받들었다. 나는 에디나 허먼과 함께 보내는 시간이 많아졌다.
두 사람의 신실한 신앙과 다른 수감자들을 측은히 여기고 돌보는 행
동에 자꾸 눈길이 갔다.

신입에게 선물할 물품이 떨어지지 않도록 에디는 꼼꼼하게 물품
을 비축했다. 예배 중에 걷는 십일조는 주로 새 칫솔과 치약, 비누,
욕실 슬리퍼를 구입하는 데 쓰였다. 또한 에디는 기도의 사람이었다.
매일 아침 몇 시간이고 기도 목록을 놓고 기도했다. 소모임에서 기

도 요청이 들어오면 제목을 적어 놓고 곧 있을 재판 건이나 가족을 위해, 우리 수용동 수감자들을 위해, 또 다른 수용동 친구들을 위해 매일 기도했다.

8월의 어느 날 저녁, 에디와 함께 기도를 마치고 그의 침상 곁에 서 있는데 에디가 나를 돌아보더니 주저하며 입을 뗐다. 뭔가 적당한 말을 찾는 눈치였다.

"크리스." 그가 입을 열었다. "뭐 좀 물어봐도 될까?"

무슨 질문인지 살짝 염려스러웠다. 지금껏 내가 왜 뉴욕에 와 있는지 물어본 수감자는 아무도 없었다. 나는 불안한 마음을 내색하지 않고 이렇게 대답했다. "물론이죠. 뭔데요?"

"혹시 전도사나 목사가 될 생각은 해 본 적 없어?"

참 뜬금없는 질문이었다. "전도사나 목사요?" 내가 되물었다.

"응. 나는 이곳을 거쳐 간 친구들을 수없이 봐 왔어. 네가 이 수용동에 들어온 지는 고작 두어 달밖에 되지 않았지만 그런 예감이 들어. 단순한 느낌이 아니야. 언젠가 넌 목사가 될 거야."

나는 그만 웃음을 터뜨렸다. "내가요? 목사라고요? 그럴 리가요."

"웃자고 하는 말 아니야. 넌 언젠가 목사가 될 거야." 에디는 힘을 주어 강조했다.

나는 키득거리며 웃었다. 무슨 말을 해야 할지 모를 때 나오는 그런 어색한 웃음이었다.

"그래서 하는 말인데 이번 주에 네가 설교를 했으면 해. 친구들을

260

위한 말씀을 준비해 보라고."

"설교요? 이번 주에?" 나는 농담인가 하고 에디를 뚫어지게 쳐다보았지만 그의 얼굴엔 웃음기가 하나도 없었다. "진심이군요?"

"맞아." 에디가 말했다. "어때?"

에디가 아무래도 정신줄을 놓은 게 아닌가 싶었다. 밥도 안 먹고 금식 기도를 그리 오래하더니 머리가 어떻게 된 거 아닌가 하는 생각이 들었다. "기도해 볼게요." 나는 이렇게 말했다. 그것은 내가 정중하게 거절할 때 하는 말이었다.

진짜로 설교할 마음은 눈곱만큼도 없었고 목회자가 될 생각도 해본 적이 없었지만, 그날 밤 나는 잠을 이루지 못했다. 잠자리에서 이리저리 몸을 뒤척이며 에디가 한 말을 떠올렸다. 내가 목사가 될 리는 없지만 짧은 연설은 할 수 있을 것이다. 용서 같은 주제에 대해서라면 할 말이 좀 있었다. 그 문제로 고민하는 이들이 많았고 나 역시 그 문제로 씨름하고 있었다. 성경에 있는 구절이 몇 가지 떠올랐고, 나는 일어나서 그것들을 적었다. 어느새 나도 모르게 설교의 개요를 작성하고 참조할 만한 성경 구절들을 옮겨 적고 있었다. 그러다 이윽고 잠이 쏟아지고 눈이 감겼다. 그때 이런 생각이 떠올랐다. '내가 목사가 되는 게 그리 황당무계한 얘기는 아닌 것 같아.'

— — —

11월에 나는 브루클린의 메트로폴리탄 구치소에서 맨해튼에 있는 메트로폴리탄 교정센터로 이송되었다. 그즈음 나는 멘도사 형제와 깊은 우정을 나누면서, 5구역에서 드리는 예배 시간에 매주 한 번씩 설교를 담당하고 있었다. 설교를 준비하면서 성경을 탐독하기 시작했고 덕분에 하나님을 깊이 알아갈 수 있었다. 내가 영적으로 성장하고 있음을 느낄 수 있었다. 그래서인지 5구역을 떠나기가 더욱 싫었다. 하지만 수감자에게는 교정당국이 그들을 어디로 보내든지 참견할 권한이 없었다.

맨해튼의 메트로폴리탄 교정센터는 지어진 지 훨씬 더 오래된 시설이었고 감방은 2인실이었다. 하루는 밤 10시 점호가 끝나고 내 감방 동기가 나에게 게임을 하나 하겠냐고 물었다. 나는 무슨 말을 해야 좋을지 몰랐다. 그는 손에 욕실 슬리퍼를 들고 불을 껐다. 감방 문의 작은 유리창으로 들어오는 빛에 의지해 그를 지켜보았다. 몇 초나 지났을까 실내는 고요한데, 째깍째깍 정체를 알 수 없는 소리가 났다. 그 소리는 점차 커지고 빨라지며 곱절로 늘어났다. 뭐지?

일순간 불이 들어오고 감방 동기는 바닥으로 내려가 슬리퍼로 바닥을 때리기 시작했다. "잡았어!" 그는 이렇게 소리치며 바닥을 연이어 내려쳤다.

나는 발 아래쪽을 쳐다봤다. 바퀴벌레 천지였다. 여기저기에 바퀴벌레가 으깨어져 있었고, 목숨을 부지한 놈들은 쏜살같이 달아나고 있었다. 감방 동기는 그놈들이 벽 틈이나 사물함 뒤로 피신하기 전에 놈들을 모조리 죽이려고 애썼다. 하지만 그놈들은 얼마 안 있으면 다시 모습을 드러냈다. 나는 잠들 때마다 침상을 벽에서 떨어뜨리고 모포가 바닥에 닿지 않도록 주의했다. 그러지 않으면 이 '친구들'과 동침을 할 수도 있었다. 맨해튼의 메트로폴리탄 교정센터에서 맞이하는 새로운 일상이었다.

- - -

어느 날 아침 공용실에 내려갔더니 수감자들이 무리를 지어 여기저기에 앉아 있었다. 히스패닉은 이쪽, 아프리카계 미국인들은 저쪽, 백인은 백인끼리, 중국인은 중국인끼리. 눈빛이 매섭고 날카로운 중국인 한 명이 저편에서 나를 보더니 고개를 끄덕였다. 흡사 브루스리를 연상케 하는 이 사내와 나는 친구 아닌 친구 사이가 되었다. 그는 힘이 세고 위협적인 친구였다. 그의 몸에는 한 번 보면 쉽게 잊히지 않는 용 문신이 새겨져 있었다. 팔에서 용의 머리가 시작되어 용의 몸통이 그의 어깨를 휘감고 등을 거쳐 다리까지 이어졌고 용의 꼬리 부분이 그의 발목을 휘감았다.

맨해튼의 메트로폴리탄 교정센터에는 중국계 조직폭력배들이 많았다. 나와 같은 중국계 미국인이 아니라 중국 본토에서 온 사내들이었다. 그들은 대부분 몇 마디 영어밖에 하지 못했고, 나도 중국어를 써 본 게 오래 전 일이었다. 하지만 달리 할 일도 없는 데다 그들과 있으면 중국어 실력도 닦을 겸 얻는 게 많았다.

잠시 후에 수용동에 갓 들어온 신입 한 명이 어슬렁거리며 공용실에 들어왔다. 머리카락을 여러 가닥으로 촘촘하게 땋아 내린 그는 피부가 유독 검은 흑인이었다. 키가 크고 비리비리한 녀석이었는데 센 놈 행세를 했다. 그는 곧장 텔레비전이 있는 곳으로 거들먹거리며 걸어가더니 채널을 바꿨다. 안타깝게도 그는 교도소의 불문율을 알지 못했다. 교도소 내에서는 다른 사람들이 보고 있는 채널을 함부로 돌리는 것은 절대 금물이었다. 설상가상 그때 텔레비전은 중국인 폭력배들이 시청하고 있었다.

이제 저들은 본때를 보일 것이다. 나는 말썽에 휘말리기 싫어서 일어나 자리를 빠져 나왔다. 그런데 내 중국인 친구들도 같이 따라 나오는 게 아닌가? 흑인 친구가 자신의 무지한 행동에 따르는 처벌을 다행히 모면하는 걸까? 하지만 내가 계단에 이르기도 전에 중국인 수감자들 가운데 하나가 다시 들어갔다. 손에는 면도날처럼 날카롭게 갈린 작은 가위가 들려 있었다. 그리고 불문율을 어긴 죄인을 눈 깜짝할 사이에 위에서 아래로 죽 그어 버렸다. 끔찍한 광경이었다. 교도소에서는 때로 값비싼 대가를 치르고 교훈을 배우는 이들이 있었다.

▬ ▬ ▬

맨해튼에서도 친구를 몇 명 사귀긴 했지만 멘도사 형제가 그리웠다. 이곳 수용동에는 기독교인들의 대규모 집회 같은 것은 없었고, 모임을 인도하는 리더도 없이 여섯 명이서 매일 저녁 모임을 갖고 있었다. 다행히 내가 북부 5구역에서 설교할 때 적어 놓은 메모지들이 남아 있어서 나는 그 말씀을 들고 저녁에 예배를 인도하기 시작했다.

소모임이기 때문에 거창하게 설교라고 할 것까지는 없고 그냥 성경 공부를 인도한 정도였다. 그래도 저녁 모임을 준비하려면 시간이 많이 걸렸다. 성경을 읽는 법이나 성경 공부를 이끄는 법에 대해 정식으로 교육을 받은 적이 없어서 소경이 소경을 인도하는 격이라는 기분이 들기도 했다. 하지만 이 친구들은 나를 격려해 주었고 우리 모임의 규모도 점차 커졌다.

가끔 새내기들은 자동차 헤드라이트에 놀란 사슴 마냥 겁에 질려서 우리 모임을 찾았다. 비록 그들에게 줄 환영 선물은 없었지만 나는 그들과 함께 시간을 보내면서 새내기들이 수감 생활에 적응하도록 도왔다. 그러다 보면 자연스럽게 그들과 복음을 나눌 기회가 생겼고, 그들 중 많은 이가 그리스도를 영접했다. 놀라운 일이었다. 메트로폴리탄 교정센터에서 하나님의 사역에 동참하는 기쁨을 알게 되면서 나는 에디가 했던 말을 떠올리지 않을 수 없었다. 처음에는 얼토당토않게 들렸지만 전혀 일리가 없는 말은 아니었다.

- - - -

매서운 바람이 뉴욕 거리를 휘몰아치던 2월의 어느 날 나는 연방법원으로 이송되었다. 카림 아바스 사건 공판의 증인으로 출석할 날이 왔다. 내가 뉴욕에 온 지도 6개월이 지났다. 처음 두어 달은 내가 썼던 마약 거래 장부 기록을 연방 수사요원들과 점검하며 증언을 준비했다. 2년 전 애틀랜타에 있을 때 경찰이 내 서류함에서 찾아낸 자료들이었다. 그러고 나서 잠시 휴식기를 가졌고 공판이 있기 몇 주전부터 증인석에 오르기 위한 준비를 했다. 아바스를 기소한 미 연방 검사보는 법정 증거물로 쓰려고 내 장부의 일부를 크게 확대복사해서 두꺼운 도화지에 붙였다. 내가 첫 번째 증인이었다.

내가 증인석에 올라가자 카림이 나를 노려 보았다. 그가 내게 화를 내는 것은 당연했다. 나는 에베소서 5장 11절 말씀을 떠올렸다. "너희는 열매 없는 어둠의 일에 참여하지 말고 도리어 책망하라."

나는 사건의 정황을 분명하게 밝히려고 이 자리에 섰다. 혹시 또 모를 일이었다. 교도소가 카림에게 더 유익한 장소가 될지도. 나만 해도 교도소에 들어오지 않았다면 벌써 송장이 되었을 것이다. 하나님은 말 그대로 나를 살리기 위해 교도소를 택하신 것이다.

증인선서를 하고 자리에 앉자 변호사들이 내게 증거물에 대해 심문하기 시작했다. 카림이 빠져나갈 가능성은 희박했다. 경찰은 내 서류함에서 충분한 증거를 확보했고, 거기에는 어떤 의혹도 없었다. 증거물로 제시된 내 수첩과 장부에는 내가 언제, 무엇을, 얼마나 카림 아바스와 거래했는지 정확히 기록되어 있었다.

아바스 측 변호사가 반대 심문을 하려고 앞으로 걸어 나오는데 식은땀이 났다. 증인석에 선 것은 난생처음이었다. 그 변호사는 내 수첩을 복사한 종이 몇 장을 꺼내더니 질문을 던지기 시작했다.

"증인의 기록에 따르면 증인은 1997년 6월 18일에 여기 뉴욕에서 아바스 씨로부터 케타민과 엑스터시, 아이스를 상당량 구매했습니다. 맞습니까?"

"예, 그렇습니다."

"그런데 증인의 수첩에 증인이 뉴욕에 있었다는 기록은 전혀 없습니다. 실제로 6월 18일을 기준으로 증인은 애틀랜타에서 여러 행사에 참여하고 누군가를 만나기로 한 약속이 잡혀 있더군요. 하지만 뉴욕에서는 어떤 약속도 잡혀 있지 않아요. 이 사실을 어떻게 설명하시겠습니까?"

심장이 두근거리기 시작했다. 우리는 오랫동안 이런 상황에 대비해 왔다. 나는 기록 속의 날짜와 시간들을 모두 암기하고 있었다. 내 기억에는 착오가 없었다. 나는 6월 18일에 카림에게 물건을 구입하기 위해 뉴욕에 있었다. 나는 아바스 측 변호사가 배심원단이 볼 수 있도록 확대해서 들고 있는 수첩 페이지를 죽 훑어보았다. 변호사의 얼굴에 득의만만한 미소가 번졌다. 그때 수첩 페이지의 한쪽 구석에 적혀 있는 숫자가 눈에 들어왔다.

나는 변호사를 바라보고 이렇게 말했다. "변호사님. 죄송하지만… 좌측 상단을 보시면 그 페이지가 1997년도 수첩이 아니라 1996년도 수첩임을 알 수 있습니다. 그러니 그 자료가 카림과 제가 한 거래에 대한 검찰 측 주장과 일치하지 않는 것은 당연합니다."

변호사의 표정이 딱딱하게 굳어지며 이마에 핏줄이 불거졌다. 그는 잠시 나를 노려보더니 계면쩍은 얼굴로 판사를 향해 말했다. "추가 질문 없습니다."

수사당국에 협조하는 또 다른 수감자들의 추가 증언이 이어지며 소송은 일주일 더 진행되었다. 아바스는 유죄판결을 받았다. 막상 그 소식을 접하고 나니 기분이 묘했다. 그가 나와 거래하면서 터무니없는 바가지를 씌웠던 일은 잊은 지 오래였다. 다만 교도소가 내게 배움의 장소가 되었듯이, 그에게도 이 판결이 전화위복이 되기를 바랐다.

뉴욕을 떠나 렉싱턴으로 돌아갈 수 있다는 게 무엇보다 기뻤다. 그 전에 애틀랜타에 먼저 들러야 했다. 내 협조로 수사 성과를 냈다고 판단한 검사보의 요청으로 형량 감경을 위한 심리가 열리기로 되어 있었다. 애틀랜타 연방 교도소에 다시 가는 일은 영 내키지 않았지만, 뉴욕에서 지내는 6개월간 부모님을 만나지 못했던 터라 두 분을 빨리 만나고 싶은 마음뿐이었다. 두 분은 애틀랜타에서 열리는 심리에 참석하실 예정이었다.

제29장

특별한 활약

안젤라, 2000년 4월 17일

레온과 나는 애틀랜타에 있는 리처드 B. 러셀 법원 청사에 다시 출두했다. 바로 15개월 전에 나는 판사를 향해 너무 짧지도 너무 길지도 않은 형량, 하나님이 크리스토퍼의 삶을 변화시키기에 충분한 형량을 선고해 달라고 호소했다.

뉴욕에서 열린 카림 아바스 공판이 끝나고 크리스토퍼는 형량 감경을 위한 심리차 애틀랜타로 이송되었다. 크리스토퍼의 변호사는 아들의 형량이 줄어들 가능성은 희박하다고 전망했다. 이번 담당 판사가 감형을 인정한 전례가 별로 없다는 것이었다. 크리스토퍼의 사건 담당자인 오브라이언 검사보 역시 재소자에게 그리 호락호락한 사람이 아니라고 덧붙였다.

심리가 있기 30분 전에 우리는 두꺼운 판유리를 사이에 두고 미리 크리스토퍼를 만났다. 그때 아들이 한 말이 계속 머릿속에서 맴돌았다. "하루라도 감형을 받아도 좋고, 못 받아도 상관없어요. 몸은 교도소에 있지만 지금도 전 만족해요." 이 말을 듣고 나는 속으로 깜짝 놀랐다. 내가 기도할 때 바라던 그대로였다. 그러고 나서 크리스토퍼가 덧붙인 말은 더욱 충격적이었다.

"엄마, 아빠. 요즘 제가 기도를 많이 하고 있어요. 그런데 하나님이 저를 목회 사역으로 부르시는 것 같아요. 이게 무슨 영문인지는 저도 몰라요. 여하튼 제가 어디에 있든, 교도소 안에 있든 밖에 나가든, 그건 문제가 되지 않는다는 사실을 깨달았어요. 저는 주님의 뜻을 따를 거예요."

법정에 들어와 앉아 있으면서도 크리스토퍼의 입에서 나온 말들이 믿기지 않았다. 레온도 나만큼이나 놀란 것 같았다. 크리스토퍼에게 변화가 생겼음은 이미 알고 있었다. 아들은 교도소에서 성경 공부 모임을 인도하고 있었고, 전화 통화를 할 때에도 그가 성경을 공부하며 깨달은 내용에 관해 얘기하는 시간이 많았다. 우리 부부도 성경 공부반에서 배운 내용을 공유했고, 아들은 우리와 통화 중에 깨달은 내용을 설교할 때 활용하기도 했다. 하지만 그 변화가 어느 정도인지는 이날 아들을 만나고 나서야 알게 되었다.

육중한 출입문이 열리면서 법원정리가 들어섰고, 그 뒤를 따라 크리스토퍼가 법정에 들어섰다. 그는 변호사 오른쪽에 있는 자리로 걸어가며 우리를 향해 싱긋 웃어 보였다. 법정 왼편에는 검사보인 오브라이언 양과 뉴욕에서 아바스 소송을 담당한 검사보인 피터스 양이 함께 앉아 있었다. 피터스 양은 이날 특별히 크리스토퍼를 위해 증언하려고 애틀랜타까지 내려왔다. 지금까지 변호사 일을 했지만 수감자를 위해 증언하려고 다른 구역까지 친히 내려온 검사는 본 적이 없노라고 우리 측 변호사가 얘기했다.

크리스토퍼가 서 있는데 오브라이언이 아들을 줄곧 주시하는 모습이 보였다. 크리스토퍼를 기소하고 15개월 만에 그를 처음 본 것이라 놀랐는지 두 눈이 휘둥그레졌다. 겉모습만 봐도 그때의 크리스토퍼와는 완전히 다른 사람이 되었으니까 그럴 만도 했다.

내가 본 오브라이언은 명석한 두뇌가 돋보이는 검사보였다. 미리 준비한 메모도 없이 늘 완벽한 문장을 구사했다. 그녀가 15개월 전에 봤던 크리스토퍼는 마약 중독자에 마약 판매상인 범죄자일 뿐이었고, 그녀가 존중할 만한 가치가 없는 존재였다.

판사가 법정에 들어서자 형량 경감을 위한 심리가 시작되었다. 간단한 인사말이 먼저 오가고, 판사가 먼저 오브라이언 검사보에게 발언 기회를 주었다.

"존경하는 재판장님. 뉴욕에서 소송을 담당했던 피터스 양에게 발언 기회를 넘기고자 합니다. 저보다는 피터스 양이 위안 씨의 수사 협조 내용에 대해 더 자세히 설명해 줄 것입니다."

먼저 피터스 검사보는 크리스토퍼가 어떤 사람인지 오브라이언 검사보에게 처음 얘기를 들었을 때만 해도 그를 증인으로 채택하는 방안에 회의적이었다고 판사에게 말했다. 하지만 함께 일해 보니 오브라이언 검사보가 설명했던 사람과 동일 인물이 정말 맞는지 싶을 정도로 딴판이었다고 했다. 크리스토퍼는 믿을 만한 태도로 수사에 적극 협조하며 중요한 정보를 제공했고, 끝까지 집중력을 잃지 않고 사실 관계를 명확하게 밝혀 준 결정적 증인이었다고 피터스 검사보는 평가했다. 또 크리스토퍼의 증언이 없었다면 아바스를 잡기 힘들었을 것이라는 말도 덧붙였다.

"카림 아바스는 90년대 초부터 방대한 양의 약물 거래에 개입한 자입니다. 우리가 위안 씨를 만난 것은 커다란 행운이었습니다." 피터스 양이 말을 맺었다.

다음으로 크리스토퍼의 변호사에게 발언 기회가 돌아왔다. 그는 일어서서 우리 아들을 가리켰다. "오늘 여러분 앞에 서 있는 사람은 우리가 1999년 1월 9일에 보았던 그 사람, 판사님께서 72개월의 징역형을 선고한 그 사람과는 전혀 다른 사람입니다. 존경하는 재판장님, 허락해 주신다면 여기에 계신 피고의 모친께서 피고에 대해 진술할 것입니다."

판사는 고개를 끄덕였고, 나는 증인석으로 불려나가게 되었다. 아들을 위해 증언하고 하나님의 은혜에 대해 간증할 기회였다. 일어서는데 다리가 후들거렸다. 나는 메모지를 만지작거리면서 천천히 일어나 증인석으로 나가 자리에 앉았다.

"당신이 누구인지 말씀해 주시겠습니까?"

"제 이름은 안젤라 위안이고 크리스토퍼 위안의 엄마입니다." 레온과 눈이 마주치자 준비해 온 내용들을 말할 용기가 솟았다. 나는 우리 가족을 대표해서 크리스토퍼의 삶에 어떤 변화가 생겼는지에 관해 얘기했다. 크리스토퍼가 하나님께 회개하도록 내가 오랫동안 기도한 일이며 그동안 아들과 나눴던 얘기, 크리스토퍼가 교도소에서 성경 공부를 인도한다는 사실과 수감자들 사이에서 리더십을 인정받고 있다는 얘기도 했다. 아들이 예전에는 목표도 없이 방황하는 철부지였는데 이제는 사려 깊고 지혜로워졌노라고 얘기했다.

내가 판사에게 한 말은 그것이 전부가 아니었다. 나는 판사를 바라보며 이렇게 덧붙였다. "1년 전에 크리스토퍼에게 내린 판결에 감사드려요. 결과적으로 그때 내린 선고가 아들에게 긍정적인 영향을 미쳤다고 생각해요. 판사님께 진심으로 감사드립니다."

판사는 나의 마지막 발언에 놀란 듯했다. 증인석에서 내려온 나는 심호흡을 하며 마음을 진정시켰다. 어쨌든 하고 싶은 말을 다 하고 나니 홀가분했다. 내 자리로 돌아오자 레온이 환하게 웃으며 내 손을 지그시 잡았다. 크리스토퍼를 쳐다보니 아들이 감사의 표시로 고개를 끄덕였다. '하나님, 부디 제 뜻이 아니라 당신의 뜻을 이루소서.'

피터스 양이 일을 쉽게 만들어 준 덕분에 크리스토퍼의 변호사는 피터스 검사보의 말을 그대로 요약한 뒤 크리스토퍼의 형량을 36개월로 경감시켜 줄 것을 판사에게 대담하게 요청했다. 36개월이라니. 절반이나 줄일 수 있을까? 꽤 낙관적으로 보시네, 하고 나는 속으로 생각했다.

판사는 오브라이언 검사보를 바라보며 이의가 있는지 물었으나 그녀는 그냥 물러섰다. 오브라이언 양이 기존의 형량을 그대로 유지해야 한다고 주장하지 않는 것을 보며 크리스토퍼는 놀라움을 감추지 못했다.

판사는 서류를 훑어보고는 크리스토퍼를 응시했다. 판사는 일반적인 수사 협조로는 형량을 경감 받을 수 없고 눈에 띄게 중요한 성과를 내는 경우에만 형량 감경을 인정할 수 있다고 지적했다. 그는 잠시 말을 멈추고 안경을 벗어 책상에 올려놓았다.

"본 법정은 아바스 사건에서 피고가 특별한 활약을 했다고 판단한다." 판사가 말을 이었다. "따라서 형량 감경 요청을 인정하고, 위안 씨에게 미 연방 교도국의 관찰 하에 36개월의 징역형을 재선고한다."

36개월! 3년이라니! 믿을 수가 없었다. 아들이 풀려날 날이 그리 멀지 않았다. 크리스토퍼가 곧 집으로 돌아올 것이다.

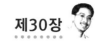

제30장

거룩한 푯대

크리스토퍼. 2000년 9월

오후 4시 점호 시간만 되면 렉싱턴 연방 교도소 메디컬센터 블루그래스 수용동을 울리는 웅성거림이 잦아들었다. 교도관들이 인원수를 확인하는 동안 재소자들은 배정받은 침상 곁에 서 있어야 한다. 점호가 끝날 때까지 입을 여는 것은 금물이었다. 재소자들은 툭 하면 자신들의 활동을 방해하는 점호 시간에 대해 자주 불평을 터뜨렸다. 점호 때문에 운동장에 있다가 돌아와야 하고, 공용실에서 텔레비전을 보거나 친구들과 어울려 놀다가도 침실로 돌아와야 했기 때문이다. 사실 나는 전혀 불편하지 않았다. 그 시간이 되면 조용하고 평화로웠기 때문이다. 감방에서는 좀처럼 얻기 힘든 고요한 그 시간에 나는 침상에 앉아 생각에 잠겼다.

내가 복역한 지 21개월이 흘렀다. 형기를 마치려면 15개월을 더 복역해야 하지만, 모범수로 지낸 덕분에 5개월이 더 줄어들었다. 10개월이 남은 시점에서 나는 일리노이 주의 교도소 캠프로 이송되었다가 이후 시카고에 있는 재활시설에 들어갈 예정이었다. 나는 드디어 교도소 생활을 마치고 곧 집에 돌아간다는 것을 믿을 수가 없었다.

뉴욕에서 카림 아바스에 대해 증언을 하고 켄터키 주 렉싱턴 연방 교도소 메디컬센터로 다시 돌아왔을 때, 나는 재소자들에게 해코지를 당할까 봐 걱정했었다. 실제로 예전에 친하게 지냈던 재소자 중의 한 명이 다른 사람들에게 내가 밀고자라고 얘기했다고 한다. 하지만 다행히 나는 일반 재소자들과 친하게 어울리지 않았기 때문에 심각한 괴롭힘은 당하지 않았다. 그리고 나랑 친한 친구들은 교회에 다니는 사람들이었기 때문에 거기에 신경 쓰지 않았다.

시카고로 돌아가는 게 마치 집으로 돌아가는 것처럼 느껴져서 기분이 묘했다. 하지만 진짜로 그랬다. 3년 전 애틀랜타에 살았을 때나 처음 감방에 갇혔던 21개월 전만 해도 부모님이 계시는 시카고 집이라면 딱 질색이었다. 하지만 그 이후로 많은 게 변했으니까. 아주 많이.

내 옆에 놓인 성경을 쳐다봤다. 이것만 해도 굉장한 변화였다. 2년 전만 해도 거들떠보지도 않았을 책이다. 그런데 이제는 성경을 연구하고 가르치기까지 하다니! 참으로 재미있는 일이 아닐 수 없다. 사실은 마약 거래를 하며 살 때도 하나님을 믿긴 했다. 물론 어디까지나 내가 생각하는 하나님이었지만. 그런데 감방에 들어와 성경을 읽으면서 야고보서 2장 19절을 보니 "귀신들도 믿고 떠느니라"라는 말씀이 있었다. 그러니까 하나님이 존재한다는 사실을 믿는 것은 성경이 말하는 믿음이 아니었다.

성경을 공부할수록 사랑의 하나님은 내가 그동안 생각하고 느꼈던 하나님과 달랐다. 신약성경 요한일서 2장 3절에는 이런 구절이 있었다. "우리가 그의 계명을 지키면 이로써 우리가 그를 아는 줄로 알 것이요." 또한 요한일서 5장 3절에서는 "하나님을 사랑하는 것은 이것이니 우리가 그의 계명들을 지키는 것이라"라고 하였다. 하나님을 아는 것과 하나님을 사랑하는 것의 핵심은 그분께 순종하는 것이다. 예전에 약을 흡입하고 약을 팔며 살면서도 내가 중독자라고 생각해 본 적은 없었다. 사실 꽤 쓸 만한 놈이라고 자부하며 살았다. 그런데 애틀랜타 시 구치소에 처음 수감되어 약을 손에 넣지 못하게 되자 약 생각이 간절했다. 약에 대한 갈증이 사라지지 않았다. 나중에 그리스도께 내 삶을 온전히 헌신하게 되면서 비로소 내가 약을 우상으로 삼고 있음을 깨달았다.

눈에 보이는 어떤 신상을 섬기는 것만이 우상 숭배가 아니라 그것 없이는 살 수 없다고 생각하는 게 있다면 그게 바로 우상 숭배다. 나한테는 그것이 약이었다.

약물 기록이 있었기 때문에 나는 렉싱턴 교도소에 있을 때 익명의 알코올 중독자 모임과 익명의 약물 중독자 모임에 의무적으로 참여했다. 열두 가지 치료 단계 중에 '우리 자신에 대해서 철저하게 도덕적으로 검토하고 평가'하는 단계가 있었다. 나 자신을 속속들이 탐색하며 깨달은 것은 약물은 내가 섬기는 여러 우상들 중에서도 가장 강력한 것이었다는 사실이다.

수감되고 몇 개월이 지나자 아이스나 엑스터시를 흡입하고 싶은 마음이 싹 사라졌다. 약물이 주는 황홀경이 더 이상 그립지 않았다. 메스암페타민 맛을 보지 않아도 하루를 거뜬히 지낼 수 있었다. 나는 지금도 하나님께서 그 욕망을 기적적으로 내 인생에서 거둬 주셨다고 믿는다. 나 같은 경우는 무척 특별했다. 내가 아는 친구들은 대부분 약을 끊고 나서 오래도록 힘들어했는데, 나는 어쩐 일인지 몇 달 만에 약을 하고픈 유혹에서 완전히 벗어났다. 내가 섬기는 또 다른 우상들을 깨뜨리기 위한 하나님의 예비 작업이 아니었나 싶다.

댄스 뮤직과 신나는 저녁 파티도 내가 섬기는 우상 중에 하나였다. 나는 이 두 가지가 너무 좋았다. 물론 음악을 즐기고 클럽에 가는 자체가 죄악은 아니다. 하지만 나는 교도소에서도 그 생각에 사로잡혀 하루를 소모할 때가 많았다. 애틀랜타 교도소에서, 또 렉싱턴에 와서도 매점에서 라디오를 샀을 때 제일 먼저 댄스 뮤직을 틀어 주는 음악 방송부터 찾았다. 댄스 뮤직을 들으면 클럽에서 신나게 춤을 추던 시절이 떠올랐고, 내가 누렸던 명예와 화려했던 삶이 생각났다. 감방에서 나가면 다시 자유롭게 클럽에도 갈 수 있을 거라 생각했다. 하지만 클럽에 다니면 약물을 구하는 게 너무 쉽고, 그러면 또다시 약에 손을 댈지도 모를 일이다. 다시 약물에 빠져 사는 것은 싫었다.

나 자신에게 이렇게 물었다. 신나는 음악 없이, 클럽에 다니지 않고 살 수 있을까? 쉽게 대답하기 힘든 질문이었다. 그래서 나는 음악도 듣지 않고 클럽에서 춤추는 상상도 모두 끊고 지내 보기로 결심했다. 처음에는 정말로 힘들었다. 하지만 이 두 가지가 없어도 하루를 견디기가 차츰 수월해졌고 결국 또 하나의 족쇄에서 해방된 기분을 맛봤다. 음악도, 춤도 내 인생에 꼭 필요한 게 아니었다. 그런 음악을 듣지 않아도, 클럽에 다니지 않아도, 화려한 생활을 하지 않아도 살아갈 수 있음을 깨달았다.

열쇠 뭉치가 짤랑거리고 자물쇠가 철컥 하고 돌아가는 소리가 들렸다. 아래층 복도에서 거대한 철문이 덜컹 하고 열렸다. "점호!" 교도관이 외쳤다. 나는 침상 곁에 섰고, 동기 세 명도 각자 침상 옆에 섰다. 콘크리트 바닥을 딱딱딱 걷는 교도관의 발소리가 우리 감방 쪽으로 다가왔다. 교도관은 항상 2인 1조로 다녔다. 우리는 교도관들이 사람 수를 세기에 더 많은 손가락이 필요해서 2인 1조로 다녀야 한다고 농담을 하고는 했다. 교도관들이 다른 방으로 옮기면 우리는 침상에 앉아 통제센터에서 점호 종료를 알리기를 조용히 기다렸다. 재점호에 들어가 절차를 다시 반복하는 날도 있었다. 점호는 보통 45분에서 1시간 반 정도 걸리는데, 침상에 앉아 조용히 묵상하기에 딱 좋은 시간이었다.

그 시간에 나는 내가 중요하게 여기는 가치에는 어떤 것들이 있는지 헤아려 보았다. 내가 살면서 우상으로 섬긴 것은 무엇인가? 그것 없이는 못 산다고 생각하는 것들에는 또 무엇이 있을까? 나는 1년 반 동안 이 질문을 수시로 던지며 나를 점검했다. 하나님은 내 안의 여러 가지 우상들을 보게 하시고 그것이 죄악이라고 선고하셨는데, 내가 마지막까지 쉽게 놓지 못하는 한 가지 우상이 있었다. 그것은 섹스였다. 나는 섹스 중독자였다. 사우나에 가서 하루에도 몇 번씩 여러 명의 파트너들과 관계를 갖는 것은 내게는 자연스러운 일상이었다.

내가 섹스를 하지 않고 지낼 수 있을까? 그게 가능하기나 한 일인가?

섹스를 하지 않고 지낸다는 것은, 특히 지난 삶을 돌아볼 때 상상하기 힘든 일이었다. 사람이 먹고 마시며 사는 게 당연하듯이 섹스도 그런 거라고 생각했다. 그렇다면 하나님도 인간에게 먹지 말라거나 잠자지 말라고 요구할 리가 없고, 섹스도 마찬가지일 거라고 생각했다.

하지만 교도소에 들어와 지난 2년간 나는 밖에서 생활할 때처럼 왕성하게 섹스를 하지 않고도 멀쩡하게 지내고 있다. 며칠, 몇 주, 심지어 몇 개월씩 섹스를 하지 않고도 살아남았다! 그렇다고 내 몸에 치명적인 부작용이 생긴 것도 아니었다. 섹스를 못하게 하는 것은 잔인하거나 터무니없는 징벌이 아니었다. 금욕은 부당하거나 불가능한 일이 아니다. 그리고 성경을 읽으면서 평생 동안 섹스를 하지 않고 살아간 사람들도 있다는 사실을 알게 되었다. 이를테면 예수님이 그렇다. 물론 그분은 완벽하고 온전한 인간이었으니까 예외라고 볼 수도 있지만, 바울 역시 독신이었다. 바울은 독신에 대해 긍정적으로 얘기했으며, 성적인 순결함과 금욕을 설파했다. 섹스는 내게 또 하나의 우상이었던 것이다. 그렇다면 그 우상을 제거하는 것은 가능할 뿐 아니라 오히려 건전하고 나한테 유익한 일이 될 수 있었다.

성경이 과거 나의 문란했던 성생활을 정죄하고 있음은 분명했다. 하지만 나는 동성애에 대해 성경이 어떤 판결을 내리고 있는지도 자세히 알고 싶었다. 성경을 읽을수록 하나님이 나를 무조건적으로 사랑하신다는 사실을 거듭 확인하게 되었다. 하지만 내 정체성을 규정하는 동성애를 정죄하는 것으로 보이는 구절도 접했다. 기독교 신자가 된 지 얼마 되지 않아 성경을 깊이 공부한 적이 없던 나는 다른 사람의 의견을 듣고 싶었다. 그래서 몇 개월 전에 교목을 찾아가 속에 있는 얘기를 했다. 내가 게이이고 지금은 HIV 양성 판정자라는 사실을 모두 그와 나눴다. 교목이 내 이야기에 어떻게 반응하는지 걱정이었다. 다행히 교목은 무척 따뜻하게 나를 감싸 주면서 내 얘기에 귀를 기울였다. 내 얘기를 다 듣고 나서 그가 한 말에 나는 깜짝 놀랐다.

"사실 성경은 동성애를 정죄하지 않아요." 그는 일어나 책장 쪽으로 걸어갔다. "이 주제에 관해 자세히 설명한 책이 여기 있습니다." 동성애를 성경적으로 정당화할 수 있는 근거를 찾게 되기를 희망하면서 교목이 건넨 책을 받아들었다.

나는 예배당 앞의 작은 정원에 앉아 교목실에서 받은 책과 성경을 읽기 시작했다. 하나님이 내 동성애와 게이 정체성을 문제 삼지 않는다는 이 책의 주장을 나는 기꺼이 받아들일 준비가 되어 있었다.

만약 내가 한 남자와 지속적인 관계를 맺으면서도 기독교인으로 살 수 있다면, 더 바랄 것이 없는 결론이 아니겠는가. 그 남자와 함께 교회에 다니며 가정을 꾸릴 수도 있을 테다. 이런 삶이 성경 말씀과 조화를 이룰 수 있다면 내게는 큰 위안이 될 것이었다.

하지만 그 책에 인용된 성경 말씀을 참조하며 책을 읽어 나가는데 성령께서 그 책의 주장들이 하나님의 진리를 왜곡하고 있다는 확신을 주셨다. 성경 말씀을 읽을수록 성경이 동성애를 정죄하고 있다는 사실을 부정할 수 없었다. 나는 교목이 건넨 그 책의 첫 장을 모두 읽기도 전에 책을 돌려주었다.

그 후로 나는 오직 성경만 읽었다. 동성애를 정당화하는 성경 구절을 찾으려고 성경에 있는 모든 장을 한 절도 빠짐없이 정독했다. 하지만 단 한 구절도 찾지 못했다. 나는 기로에 섰다. 결단을 내려야만 했다. 하나님을 버리고, 동성애 감정과 성욕에 이끌려 동성애자로 살든지, 아니면 감정의 지배에서 벗어나 동성애를 포기하고 예수 그리스도의 제자로 살든지 둘 중에 하나였다.

내 갈 길은 분명했다. 나는 하나님을 선택했다.

나는 성경을 읽으면서 레위기 18장 22절과 20장 13절 말씀을 만났다. 기독교인들이 게이와 레즈비언들을 정죄할 때 흔히 인용하는 구절이다. 특히 레위기 18장 22절의 "너는 여자와 동침함 같이 남자와 동침하지 말라 이는 가증한 일이니라"라는 말씀을 읽으며 깨달은 게 있다. 하나님은 레즈비언과 게이를 가증스럽다고 한 것이 아니었다. 성경은 그 행위를 가증스럽다고 했다. 하나님이 정죄한 것은 사람이 아니라 그 행위이다. 게이 퍼레이드에 몰려와 우리를 정죄하던 기독교인들은 하나님은 나 같은 동성애자를 증오한다고 선언하기 일쑤였다. 그러나 이 말씀을 접하고 하나님은 나를 증오하지 않을 뿐 아니라 영원한 지옥 불에 던지지도 않을 거라는 사실을 알았다. 성경은 동성 간의 성행위를 정죄한 것뿐이며 하나님은 나와 친밀한 관계를 회복하기 원하셨다.

성행위가 문제라면 상관없었다. 교도소에서 지내면서 섹스를 하지 않고도 얼마든지 건강하게 살 수 있음을 깨달았으니까. 그렇다면 내 성적 지향은 문제가 없을까? 만약 내 정체성의 핵심에 자리하는 동성애를 빼 버리고 나면, 나는 어떤 사람이 되는 걸까? 교도소에서 보낸 첫 해에, 나는 이 문제를 붙들고 씨름했다. 나는 참으로 오랫동안 하나님이 나를 이런 식으로, 즉 게이로 창조했다고 믿고 살았다. 나는 이렇게 되새기며 살았다. 나는 게이다. 이런 식으로 태어난 거야. 이게 나야. 동성애 감정은 내가 선택한 게 아니야. 하지만 주님을 만나고 나서는 어떻게 살아야 하는지 성경 속에서 길을 찾으면서, 다른 관점에서 질문을 던지기 시작했다. 내 성적 지향을 제외하고 내 정체성을 규정하는 것은 무엇인가? 처음에는 이 질문에 선뜻 답을 할 수 없었다.

성경을 읽어 나가면서 비로소 내 정체성은 성적 지향으로 규정되지 않는다는 사실을 깨달았다. 사도행전 17장 28절에서 바울은 이렇게 말한다. "우리가 그를 힘입어 살며 기동하며 존재하느니라." 나는 그리스도 안에서 살고 존재하는 것이며 그분이 내 전부가 되어야 한다. 내 성적 지향으로 나를 규정하면 안 될 일이었다. 내 정체성은 내 감정이나 성적 지향에 의해 결정되는 것이 아니었다. 내 정체성은 '게이'나 '동성애자' 혹은 '이성애자'가 아니었다. 나는 살아계신 하나님의 자녀로서, 내 정체성을 규정하는 것은 예수 그리스도 한 분뿐임을 깨달았다.

하나님은 "내가 거룩하니 너희도 거룩하라"고 말씀하신다(레위기 11장 44~45절, 베드로전서 1장 16절 참조). 나는 항상 동성애의 반대는 이성애라고 생각했다. 그러나 동성애의 반대는 거룩함이었다. 하나님은 "내가 이성애자이니 너희도 이성애자가 되라"고 말씀하지 않으셨다. 다만 "내가 거룩하니 너희도 거룩하라"고 말씀하신다.

나는 절대 이성애자로 전환될 수 없다고 생각하며 살았지만, 복음을 접하고부터는 결국 이성애자가 되어 하나님을 기쁘게 해야 한다는 마음의 짐을 지고 있었다. 하지만 성경에 따르면 이성애자가 되는 것을 목표로 삼을 필요가 없었다. 그 사실을 깨닫고 나자 마음이 홀가분했다. 사실, 이성애자가 된다고 해서 거룩해지는 것은 아니지 않은가. 결국은 정욕의 문제를 해결해야 하는 것이다. 따라서 동성애나 이성애에 집중할 것이 아니라 하나님이 모든 사람에게 요구하시는 한 가지 목표, 즉 거룩함을 푯대로 삼아야 한다. 동성애자에서 이성애자로 성적 지향을 바꾸는 일에 초점을 두지 말고 순종에 초점을 맞춰야 한다. 여기서 순종이란 내 상황이 어떻든지, 내 감정이 어떻든지, 게이든지 이성애자든지 하나님께 순종하고 하나님 앞에서 신실하게 살아가는 것을 의미한다.

거룩한 성생활(sexuality)을 목표로 한다면 두 가지 시나리오가 가능하다. 첫 번째 시나리오는 결혼하는 경우다. 만약 남자가 장가를 들면 그는 아내에게 온전히 헌신해야 하고, 여자가 시집을 가면 남편에게 온전히 헌신해야 한다. 내가 여자와 결혼한다는 것은 아무래도 불가능한 일로 보였다. 물론, 하나님은 불가능을 가능하게 하시는 분이다. 사실, 결혼하려고 모든 여성에게 성적인 매력을 느껴야 하는 것은 아니고 단 한 명에게만 매력을 느끼면 되는 일이니까. 이성애는 이성의 상대에게 느끼는 성적인 감정과 태도에 초점을 맞춘 포괄적인 용어다. 혼인 관계 밖에서의 욕정, 간통, 섹스도 이성애에 포함되는데, 이것들은 성경에 따르면 전부 죄악이다. 하나님은 결혼한 사람들이 거룩한 성생활에 헌신하도록 요구하신다. 이는 오직 배우자 한 사람만 성적으로 사랑하고 관계를 맺는 것을 말한다.

두 번째 시나리오는 독신이다. 독신자들은 독신주의를 통해 주님께 온전히 헌신해야 한다. 독신주의는 성경 곳곳에 언급되고 있으며, 하나님이 그의 백성들에게 요구하는 금욕은 부당하거나 터무니없는 지시가 아니다. 독신은 저주도 아니고, 무거운 짐도 아니다. 새 언약의 상속자들인 우리는 생육하고 번성하는 일보다 부활에 초점을 맞추어야 한다(더 자세한 내용은 Barry Danylak, 《A Biblical Theology of *singleness*》, Grove Books Limited, 2007, p.11을 참조). 성경에서는 죽을 때까지 독신을 유지하도록 강요하지 않는다. 결혼에도 마음을 열어 두되 현재의 독신 상태에 만족하는 상태를 의미한다. 결혼에 마음을 열어 둔다는 것이지 결혼하고 싶어서 몸과 마음을 빼앗긴다면 이는 독신주의라 할 수 없다.

내가 거룩한 성생활을 추구한다고 해서 성적인 감정이나 끌림을 느끼지 않는다는 뜻이 아니다. 내 동성애 감정이 소멸하는 것을 의미하지도 않는다. 하나님은 우리를 성적인 존재로 창조하셨고, 다른 사람과 성적으로 친밀한 관계를 욕망하는 것은 자연스러운 일이다. 또한 모든 사람은 성적인 욕망을 떠나 동성 간에 함께 하나님을 경외하며 친밀한 관계를 맺도록 창조되었다. 하지만 원죄의 영향으로 이 자연스러운 감정이 왜곡되고 말았다. 나는 동성애가(그리고 질투, 자만심, 폭식 등의 죄악도) 정당한 필요를 불의한 방법으로 충족하는 데 기인한다고 생각한다.

그렇다면 내가 요구한 적도 없고 선택한 적도 없는 동성애 감정이 사라지지 않고 나를 계속 짓누르는 상황에서도, 그럼에도 불구하고 나는 그리스도를 기꺼이 따를 것인가? 주께서 내 기도에 내가 바라는 방식으로 응답하시지 않을 때에도 그리스도에게 순종할 것인가? 하나님의 신실하심은 우리 고통을 없애 주는 데서 나타나는 것이 아니라 그 고통을 극복할 힘을 주시는 데서 나타난다. 변화란 갈등을 일으키지 않는 상태를 말하는 게 아니라 갈등을 일으킬 때 자신의 의지로 거룩한 삶을 선택하는 것이다. 그렇다면 나는 갈등을 일으키는 모든 상황에도 불구하고 하나님께 투항해 그분 말씀에 순종하고, 하나님을 사모하기로 선택할 것인가? 내가 궁극적으로 답해야 할 문제는 바로 이것이었다.

열쇠 뭉치가 찰랑거리고 수용동의 복도 문이 덜컥 닫히는 소리를 듣고 나는 현실로 돌아왔다. 교도관이 "점호 종료!"를 외쳤다. 내 동기들은 침상에서 내려와 저녁 먹을 준비를 서둘렀다. 동기들은 식사를 하러 떠났지만 나는 벽을 바라보고 앉아 있었다.

내가 살아가는 데 반드시 있어야 한다고 생각하는 것은 무엇인가? 복음을 접하고 나서 나는 줄곧 이 문제를 점검하고 있었다. 그리고 마침내 해답을 찾은 기분이었다. 나는 교도소에 들어와서 그것 없이는 못 산다고 여겼던 많은 것들이 사실 내가 살아가는 데 꼭 필요하지 않다는 사실을 깨달았고, 해방감을 맛봤다. 내가 중독되었던 쾌락과 내가 섬기던 우상들, 내 성욕은 이제 더 이상 나를 지배하지 못했다.

그렇다면 살아가는 데 꼭 있어야 한다고 생각하는 것은 무엇인가? 다른 건 몰라도 한 가지, 정확히 말해 꼭 필요한 한 분이 있다. 바로 예수님이다. 나는 날마다 더욱 간절히 그분의 손길이 필요했다.

'주님, 당신 한 분으로 충분합니다. 제게 필요한 것은 당신뿐입니다. 절대로 이 사실을 잊지 않게 해 주소서.'

제31장

죄 사함을 받았도다

안젤라. 2000년 9월

저녁 식사 후 수화기를 어깨에 걸치고 한 쪽 귀에 댄 채 설거지를 하면서 크리스토퍼와 잠깐 통화를 나누고 있었다.

"내년 7월에 출소하면 무엇을 할지 생각하며 기도하고 있어요. 학교에 다시 다니고 싶어요. 대학과 대학원 졸업장을 따려고 2백 시간이나 투자하고도 학위를 따지 못했잖아요. 이제 학위를 따야죠."

"뭘 공부할 건데? 어디 생각해 둔 대학은 있어?"

"제가 성경에 대해 너무 모른다는 사실을 깨달았어요. 그리고 사역을 계속할 생각이라면 여기 감방에서 배운 지식만으로는 부족하니 본격적으로 성경에 대해 공부하고 싶어요. 신학교에 다닐까 생각 중이에요. 어머니가 시카고에 있는 무디신학교에 관한 정보와 입학원서를 구해 주실 수 있으세요?"

어깨에 걸쳤던 수화기가 미끄러지며 카운터에 떨어졌고, 하마터면 개수대 속에 빠질 뻔했다. 나는 세제 거품이 묻은 손으로 수화기를 붙잡았다. 신학교? 무디신학교라고? 나는 수화기를 다시 귀에 갖다 댔다.

"엄마? 듣고 계세요?"

"응, 미안. 듣고 있다."

"무슨 일이에요?"

"수화기를 떨어뜨렸어. 네가 신학교에 간다니 정말 놀라운 일이다. 무디신학교라고? 무디라는 곳에 대해서는 어떻게 알았니?"

"제가 루이빌에 있을 때, 집에 가면 두 분이 어땠는지 아세요? 엄마랑 아빠가 병원이든 집이든 무디 라디오 방송만 틀어 놓으셨죠. 거의 아침부터 밤까지요! 두 분이 저 들으라고 일부러 그러신 거잖아요. 그렇죠?"

우리는 웃음을 터뜨렸다. 아들이 귓등으로도 안 듣는 줄 알았는데 그때도 우리가 틀어놓은 방송에 신경을 썼다니 참으로 놀랍고 신기한 일이었다. 레온과 나는 하루 종일 무디 기독교 방송을 듣곤 했다. 레온은 환자를 진료할 때도 그랬다. 하지만 사실 우리는 그 누구보다 크리스토퍼가 기독교 방송에 친숙해지길 바랐다. 혹시나 하는 희망을 가지고 복음의 씨앗을 뿌린 것이었는데, 정말로 그 씨앗이 죽지 않고 이렇게 싹을 틔운 것이다! 그리고 지금 아들은 출소 후에 신학교에 가겠다는 포부를 밝혔다. 아들이 이렇게 변화하리라고는 꿈에도 생각하지 못했다!

레온과 나는 무디신학교 행정부에 연락했고, 그들은 크리스토퍼에게 입학원서를 보냈다. 크리스토퍼는 서류를 받아 양식대로 채워 넣고, 자기소개서를 썼다. 하지만 추천서를 받는 일이 걱정이었다. 무디에서는 지원자를 1년 이상 알고 지낸 기독교인들에게 추천서를 받아 제출할 것을 요구했다. 렉싱턴 교도소에 수감 중인 크리스토퍼에게는 선택의 여지가 많지 않았다. 아들은 교도소 교목과 교도관 한 명 그리고 다른 수감자를 설득해 추천서를 받았다. 과연 무디신학교에서 이런 입학원서도 받아 줄까?

- - -

10월 5일, 크리스토퍼는 렉싱턴 교도소에서 일리노이 주 매리언 카운티에 있는 연방 교도소 캠프로 이감되었다. 연방 교도국은 그에게 임시 외출을 허락했다. 이는 보안관의 호송을 받거나 콘에어를 이용하지 않고 자율적으로 이동하는 것을 의미한다. 크리스토퍼는 일리노이 주까지 민간 여객기를 타고 갈 수 있었다. 그가 얼마나 기뻐하는지 목소리만 듣고도 눈앞에 훤히 그려졌다.

"안녕하셨어요, 엄마! 여기 렉싱턴 공항이에요. 7시 경에 출소 절차가 끝나고 교도관이 나를 호송 차량에 태워 8시 15분에 공항에 내려 주고 그냥 갔어요! 교도소에서 10달러도 줬어요. 그래서 지금 일반 전화기로 통화하는 거예요. 수신자 부담 전화가 아니니까 감청도 안 받아요. 그것도 좋지만 수갑과 족쇄를 풀었다는 게 진짜 좋아요. 다른 사람들처럼 그냥 자유롭게 걸어 다닌다고요! 다시 사람이 된 기분이 들어요."

"진짜 잘 됐구나, 크리스토퍼." 몇 마디 말을 더 나누고 나서 내가 물었다. "매리언 카운티로 곧장 가는 거니?"

"아뇨. 세인트루이스를 경유해서 매리언으로 가요. 오후 1시 5분까지 교도소에 신고해야 해요."

수화기 건너편에서 안내방송 소리가 들렸다. "TWA 항공 4511호기의 탑승이…."

"제가 타야 하는 비행기예요, 엄마. 끊을게요. 세인트루이스에 도착하면 연락할게요. 사랑해요."

"나도 사랑한다, 크리스토퍼."

아들은 세인트루이스에서 전화를 했고, 매리언행 비행기가 두세 시간 연착되었을 때 다시 전화를 했다. "1시 5분까지 신고해야 하지 않아? 문제가 생기는 거 아니니?" 하고 내가 물었다.

"그곳에 벌써 전화했어요. 그 사람들이 괜찮대요. 내 말을 안 믿어 주면 어떡하나 해서 겁이 좀 났는데, 다행히 그쪽에서도 비행기 연착에 대해 알고 있었어요. 여기서 두 시간 더 자유를 누리게 되었으니 일분일초도 남김없이 즐겨야죠! 사람들이 오가는 모습만 봐도 좋네요. 날 감시하는 사람도 없으니 금상첨화죠!"

아들은 매리언에 도착하고 나서도 전화를 걸어 공항에서 멕시코 요리를 먹었다고 자랑했다.

"그래 음식 맛이 어땠어?" 민간 여객기 한 번 타는 것으로 저리 마음이 들떠 있는 것을 보니 웃음이 터졌다.

"진짜 맛있어요. 점원들이 음식도 갖다 주고 시중을 드니 기분 좋아요. 교도소 짬밥하고는 비교할 수가 없죠! 두 분은 보름 뒤에 면회 오실 거예요?"

"당연하지."

"알겠어요. 그러면 제가 교도소 캠프에 도착해서 전화 드릴게요."

"알았다. 사랑한다, 크리스토퍼."

"저도 사랑해요. 엄마."

레온과 나는 열흘이 지나고 크리스토퍼를 만나러 일요일에 교도소 캠프를 방문했다. 교도소 캠프 옆에는 무기수들을 수감하는 최고 보안 등급의 교도소가 있었다. 알카트라즈 교도소(영화 "더 록"으로 유명해진 곳. 건물이 낡고 운영비가 많이 든다는 이유로 1963년에 폐쇄됨 —옮긴이)가 폐쇄되었을 때 모든 수감자들을 이곳 '더 뉴 록(The New Rock)'으로 이송시켰다고 한다. 하지만 그 옆에 있는 교도소 캠프는 사정이 많이 달랐다. 울타리도 없고, 철책도 없으며, 감시탑도 없었다. 그저 조그만 '출입금지' 표지판이 한 개 있을 뿐이었다.

크리스토퍼는 그곳에서 자신이 얼마나 자유롭게 지내는지 얘기했다. 정해진 시간에만 이동하는 규정도 없다고 했다. 다만 재소자 수가 렉싱턴보다 적어서 음식이나 재소자 프로그램은 거기보다 열악하다고 했다. 다행히 체육관이 하나 있어서 프로 미식축구 선수였던 한스라는 친구와 함께 중량 운동을 하고 있으며, 84킬로그램까지 체중을 불리면서 몸을 키우고 있다고 했다.

크리스토퍼의 사동 담당자는 그가 계속 모범적으로 지내면 2001년 2월 15일에 시카고의 재활시설로 이송될 것이라고 했다. 그 경우 미 연방 교도국의 감독 하에 복역 중이지만 주말마다 외출이 허용되어 집을 방문할 수 있거나 아니면 가택 구금형을 받을 가능성도 있었다. 그러면 사회로 돌아와 가족과 함께 생활할 수 있기 때문에 복역 만기일은 2001년 7월 15일이지만 비공식적으로는 2월에 출소하는 셈이 되는 것이다.

2월이면 채 4개월도 남지 않았다. 크리스토퍼는 재활시설의 감독 하에 일자리를 찾아 사회에 복귀할 준비를 하게 된다. 복귀 준비도 중요하지만 복역을 끝낸 7월 이후에 무엇을 하고 사느냐가 더 중요한 문제였다. 우리는 3월에 크리스토퍼가 작성한 무디신학교의 입학원서를 들고 캠퍼스를 찾아가 접수할 생각이다. 무디신학교가 과연 크리스토퍼의 입학원서를 받아 줄지 나로서는 전혀 감을 잡을 수 없다. 그저 아들에게 두 번째 기회가 주어지기를 간절히 바랄 뿐이었다.

— — —

호텔 탁자에 있는 시계가 울리자 레온이 알람을 껐다. 그리고 시계를 들어 얼굴에 가까이 대고 시간을 확인했다. 오전 6시였다.

우리는 피니셔즈 포럼(Finishers Forum)이라는 선교대회에 참석하기 위해 댈러스에 와 있었다. 전날 밤 몇 분 늦게 집회장에 도착했는데 뒤쪽 자리에 겨우 앉을 수 있었다. 레온과 나는 평소에 이런 집회에서는 앞좌석에 앉는 편인데, 뒤에 있으니 강사를 보기가 힘들었다. 그래서 이날 아침 9시 강의에는 좀 더 앞자리를 차지하기로 결심했다.

레온은 옷을 입고 7시에 집회장에 들어갔다. 남편은 앞쪽에 있는 원탁 테이블 가운데 하나를 골라서 우리 성경책을 그 위에 올려 두었다. 좋은 자리 두 개를 찜하는 데 성공한 우리는 가벼운 마음으로 아침을 먹으러 갔다. 우리가 시간에 맞춰 집회장에 돌아왔을 때 집회장은 거의 만원이었지만 앞쪽 중앙에 우리가 맡아 놓은 자리가 있었다.

우리는 사람들이 앉아 있는 테이블을 이리저리 돌아서 우리 자리를 찾아 의자에 앉았다. 자리에 앉고 보니 키가 훤칠하고 귀밑머리가 희끗희끗한 잘생긴 남자가 레온의 오른편에 앉아 있었다. 내 왼편에는 남녀 한 쌍이 즐거운 표정으로 앉아 있었다. 레온과 나는 서로 얼굴을 마주 보았다. 우리는 뭔가 잘못되었음을 직감했다. 내 옆에 앉은 여인의 이름표를 보았다. '마지 말위츠'라고 적혀 있었다. 분명 낯이 익은 이름이었다. 그리고 그녀의 남편을 보았다. '넬슨 말위츠', 바로 이 선교대회를 주최한 피니셔즈 프로젝트의 설립자였다. 맙소사, 당혹스러웠다. 우리는 강연자가 앉는 주빈 테이블을 맡아 놓았던 것이다!

레온도 나와 마찬가지로 우리가 저지른 실수를 깨달았다. 그의 동공이 커졌다. 그는 잽싸게 성경과 서류를 챙겼다. "죄송합니다." 그는 나직이 말위츠 부부에게 얘기하며 의자에서 일어섰다. "이 자리가 주빈 테이블인지 몰랐습니다. 다른 데 앉겠습니다."

말위츠 부인은 레온의 성경책에 손을 얹으며 그를 말렸다. "괜찮아요! 옮길 필요 없어요. 여기 앉으세요."

그녀는 자신과 남편인 넬슨을 소개했다. "레온 씨, 오른편에 앉아 있는 이분은 오늘 아침 연사이신 조 스토웰 박사님이신데, 무디신학교 총장이세요."

수년 째 스토웰 박사의 강연을 듣고 수없이 많은 집회에 참여해 그의 강연을 들었지만 그를 이렇게 가까이에서 만나 본 적은 없었다. 머릿속이 아뜩했다. 레온과 나는 말문이 막혀 그저 가만히 앉아 있었다. 스토웰 박사는 우리를 향해 미소를 지어 보이며 고개를 끄덕였다. 집회 일정표를 꼼꼼히 살펴보지 않아서 스토웰 박사가 이곳에 있을 줄은 전혀 몰랐다. 우리는 크리스토퍼가 들어가고 싶어 하는 대학 총장과 한 테이블에 앉아 있었다.

스토웰 박사는 단상으로 올라가 강연을 시작했다. 라디오 방송으로나 집회에서 그의 강연을 들을 때면 그가 하는 말을 하나라도 놓칠세라 귀를 쫑긋 세우는 나였지만 이날 아침에는 한 마디도 귀에 들어오지 않았다. 이런 저런 생각 때문에 심장이 요동쳤다. 물론 우리의 실수였지만, 스토웰 박사 곁에 앉게 된 것은 분명 우연이 아니었다. 크리스토퍼에 관해 뭔가 얘기를 하고 싶은데 어떻게 말을 꺼내야 할지 알 수가 없었다. 아무 말도 떠오르지가 않았다. 그래서 하나님께 적당한 말을 알려 주시길 간구했다. 스토웰 박사가 크리스토 퍼라는 이름을 기억할 수 있게 짧지만 기억에 남을 만한 강렬한 말이 필요했다. 나는 그가 강연하는 내내 기도하고 또 기도했다.

스토웰 박사의 강연이 끝나면 그와 인사를 나누려는 성도들이 길게 줄을 선다는 것을 강연을 여러 번 다녀 본 경험으로 나는 잘 알고 있었다. 내가 앉은 곳이라면 레온과 나는 분명 맨 먼저 그와 인사를 나눌 수 있을 터였다. 하지만 그를 오래 붙들고 얘기할 시간은 없을 것이다. 기껏해야 1분 정도일까. 말을 버벅대거나 엉뚱한 말을 내뱉고 싶지는 않았다.

스토웰 박사가 강연을 마치고 자리에 돌아오자 사회자가 몇 가지 안내 사항을 발표한 뒤에 기도로 모임을 마쳤다. 심장이 튀어나올 것 같았다. 평생 한 번뿐인 기회를 붙잡아야 했지만 그 순간까지도 어떻게 말을 꺼내야 할지 생각이 나지 않았다. 아침 강연이 끝나고 휴식 시간이 되자 사람들이 여기저기서 스토웰 박사를 향해 다가오기 시작했다. 나는 더듬거리며 입을 열었다. "스토웰 박사님, 저… 저, 한 가지 여쭤 볼 게 있어요."

그는 내 이름표를 보며 물었다. "그러시죠. 위안 부인?"

"스토웰 박사님." 나는 힘겹게 말을 꺼냈다. "무디에서는 죄인도 받아 주나요?"

스토웰 박사는 잠시 혼란스러운 표정을 지으며 말을 잇지 못했다.

"저… 제가 이렇게 묻는 이유는 제 아들이 곧 교도소에서 출소하

2009년에 촬영한 크리스토퍼와 나의 사진이다. 두 탕자가 죄 사함을 받았다.

는데 그 아이가 무디신학교에서 공부하고 싶어 해요." 나는 크리스
토퍼의 과거와 현재 상황을 간략히 덧붙여 말했다.

스토웰 박사는 잠시 생각에 잠기더니 간단하지만 심오한 질문을
던졌다. "아드님은 죄 사함을 받았나요?"

내 얼굴에 환한 미소가 번졌다. 나는 마음을 푹 놓고 이렇게 대답
했다. "예, 받았습니다. 제 아들은 죄사함을 받았어요."

제32장

마침내 집으로

크리스토퍼. 2001년 2월 15일

"여기에 날짜 적고, 여기에 서명하게." 교도관이 내 앞에 놓인 서류의 공란 두 곳을 가리키며 지시했다. 오랜 세월 이날을 손꼽아 기다려 왔다. 내가 교도소 생활을 이렇게 버텨 내다니 실감이 나질 않았다. 만기 출소일은 아니지만 일시 출소를 받아 시카고의 재활시설로 거처를 옮기는 날이었다. 이번에는 우리 부모님이 재활시설까지 나를 데려다주기로 하셨다. 그 전에 집에도 잠시 들를 예정이었다. 집에 가 본 지도 참 오래 전이었지만, 시카고에 있는 집을 내가 돌아갈 집이라고 생각해 본 지는 더더욱 오래되었다.

펜을 들고 서류를 작성하려다가 첫 번째 줄에서 눈길이 멈췄다. '이름.' 우리 가족을 빼고 다른 사람들은 모두 나를 항상 크리스라고 불렀다. 하지만 원래 이름은 '크리스토퍼'였다. '그리스도를 짊어진 자'라는 뜻을 담고 있다.

새 인생을 향해 발걸음을 떼는 순간인 만큼 새 이름으로 시작하는 게 좋지 않을까 하는 생각이 들었다. 아니면 원래 이름인 크리스토퍼를 되찾는 것도 좋을 듯 싶었다. 오늘로 교도소 생활은 사실상 끝난 셈이었다. 저녁이 되면 나는 재활센터에 들어가 자유인이나 다름없는 상태에서 남은 형기를 채우면 된다. 나는 이름을 적는 공란을 응시했다.

크리스토퍼. 왠지 머쓱했다. 크리스토퍼. 예전에도 이 이름을 들을 때면 어색한 기분이 들었다. 그 낯선 느낌이 내가 이제 새 사람이 되었다는 사실을 상기시켜 주리라. 나는 앞으로 크리스가 아니라 크리스토퍼, 곧 그리스도를 짊어진 자로 살아갈 것이다.

나는 개인 소지품을 담은 더플백을 흰색 호송 차량에 집어넣고 뒷좌석에 올라탔다. 운전석에 앉은 교도관이 뒤를 돌아보았다. "준비 됐습니까? 출발합니다."

시동이 걸리는 소리가 나고 차가 출발했다. 예배당, 민간인들이 재소자들을 면회하는 접견실, '출입금지' 팻말, 철통 보안을 자랑하는 최고 보안 등급 교도소와 교도소장의 사택을 지나 마침내 교도관들이 지키고 있는 출입구에 도착했다. 정문 앞에는 부모님이 타고 온 차가 주차되어 있었다. 아버지와 어머니는 문 앞에 서서 나를 기다리고 계셨다. 나는 부모님을 보고 활짝 웃었다. 교도소 생활은 다 끝났다. 이제 나는 거듭난 인생을 시작할 것이다.

호송 차량이 멈추자 나는 차에서 뛰어내려 곧장 부모님을 향해 걸었다. 두 분은 눈물 젖은 얼굴로 환하게 웃으며 나를 안아 주셨다. 어머니는 내가 입은 카키색 죄수복 위에 따뜻한 외투를 덮어 주셨다. 어머니가 옷을 입혀 주시는데 머나먼 이국에서 마침내 돌아온 아들을 맞으러 달려왔던 탕자 아버지가 떠올랐다. "제일 좋은 옷을 내어다가 입히라"(누가복음 15장 22절). 외투를 여미는데 부모님의 사랑과 온기가 그대로 전해졌다.

- - -

집으로 향하는 주 고속도로 양편에는 일리노이 주의 광활한 옥수수 밭이 펼쳐졌다. 일리노이 주의 허허벌판은 늘 내게 아무 감흥도 없었지만, 지금 이 순간만큼은 쇠창살이 없는 차창 밖으로 보이는 대지가 아름답기 그지없었다.

차를 타고 가는 내내 부모님도 나도 별 말을 하지 않았다. 수감 생활이 끝나다니 믿기지 않았다. 더 이상 수갑을 찰 일도 쇠사슬에 묶일 일도 없다. 교도관도 없고, 점호도 없다. 새 인생을 출발하는 나는 자유의 공기를 한껏 들이마셨다. 나를 세우신 하나님, 그리고 나를 포기할 법도 하건만 끝까지 나를 기다리신 부모님께 말로 다할 수 없는 고마움을 느꼈다.

나는 어머니를 바라보았다. 머리를 기대고 눈을 감은 어머니는 흐뭇한 미소를 띠고 계셨다. 두 분이 그동안 나를 위해 감당했을 짐이 얼마나 컸을지 실감이 났다. 부모님은 밤낮으로 나를 걱정했을 것이고, 대놓고 나를 욕하거나 아니면 걱정하는 척 흥을 보는 주위의 시선을 견디셨을 테다. "저 사람들 아들이 교도소에 있다지."

부모님은 셀 수 없이 많은 시간을 나를 위해 기도하셨다. 나는 어머니의 무릎을 본 적이 있다. 기도실에서 수없이 무릎을 꿇고 기도한 탓에 굳은살이 박여 있었다. 아버지의 성경책은 하나님의 약속을 찾아 수없이 책장을 넘긴 탓에 가장자리가 닳아 있었다. 게이 친구들이야말로 진짜 가족이라고 소리치며 내가 집을 박차고 떠났던 8년여 전부터 부모님은 나를 위해 이 시련을 견디셨다. 어떻게 이 은혜에 보답할 수 있을까?

나는 앞으로 다가가 어머니의 어깨를 지그시 눌렀다. 어머니가 나를 돌아보시며 미소를 지었다.

"고맙습니다. 정말 고맙습니다." 나는 두 분을 보며 말했다.

━ ━ ━

시카고 교외에 있는 우리 집에 도착하기까지 거의 여섯 시간이 걸렸다. 천천히 집 앞을 지나는데 마당에 커다란 소나무가 보였다. 거기에는 커다란 노란 리본이 매여 있었다.

어윈 레빈과 러셀 브라운의 노래 "오래된 떡갈나무에 노란 리본을 달아 줘요(Tie a Yellow Ribbon Round the Old Oak Tree)"가 떠올랐다. 형기를 마치고 집으로 돌아오는 한 재소자의 사연을 담은 이 노래는 굉장히 가슴 뭉클하다. 이야기 속의 남자는 자신의 연인에게 여전히 그를 마음에 두고 있다면 마당에 있는 나무에 리본을 하나 묶어 두라고 편지를 썼다. 남자는 버스 운전사에게 부탁해 나무에 리본이 없으면 차를 세우지 말고 그냥 지나쳐 달라고 말했다. 그 남자는 집

앞 골목에 접어들자 두려운 나머지 차마 눈을 뜨지 못했다. 그런데 갑자기 버스 안의 승객들이 환호하는 소리가 들렸다. 남자가 눈을 뜨니 떡갈나무에는 리본이 하나만 달린 게 아니라 백 개나 되는 노란 리본이 미풍에 흔들리고 있었다.

"오랜 세월이 흘렀어요. 아직도 나를 사랑하나요?" 이렇게 말했던 노래의 주인공과 내 인생은 놀랍게도 꼭 닮았다. 3년 전에 경찰은 애틀랜타의 내 아파트를 급습했고, 나는 교도소에 끌려갔다. 나는 부모님의 사랑을 받을 자격이 없었지만, 두 분은 변함없이 나를 사랑했고 긴 세월 동안 나를 기다리셨다. 내가 받은 은혜와 용서가 실로 커서 가슴이 벅차고 눈물이 차올랐다. 나는 엄마의 손을 꼭 잡았다.

현관에 도착하자 노랫소리가 희미하게 들려왔다. 나는 의아해하는 표정으로 부모님을 쳐다봤다. 두 분은 물기 맺힌 눈으로 다만 미소를 지어 보이며 문을 열었다. 현관 복도에 놓여 있는 CD플레이어에서 "노란 리본을 달아 줘요"가 흘러나오고 있었다. 두 분은 전날 아침에 집에서 출발할 때부터 이 노래를 틀어놓은 것이었다. 이 노랫소리가 나를 처음 맞이했으면 하는 바람에서였다.

문 안으로 들어서서 복도를 둘러보니 벽면 여기저기에 노란 리본이 1백 개도 넘게 붙어 있었다. 나는 가까이 다가가 각 리본에 적혀 있는 격려의 말과 이름을 확인했다.

"리본마다 지금까지 너를 위해 기도했던 사람의 이름이 적혀 있단다." 어머니가 리본에 대해 설명해 주셨다. "그분들은 너의 귀향을 직접 축하해 주고 싶어 했어."

더 이상 눈물을 참기가 힘들었다. 나를 만난 적도 없는 사람들이 보여 준 사랑과 인내와 은혜가 참으로 컸다. 그들은 나의 사람됨을 보고 나를 사랑하는 게 아니었다. 그들은 예수님을 사랑하기 때문에 나를 사랑했다. 그들은 내 부모님과 마찬가지로 내게 기꺼이 두 번째 기회를 주었다.

엄마가 눈물이 그렁그렁해서 나를 꼭 끌어안았다. "크리스토퍼, 집에 온 것을 환영한다."

"크리스토퍼." 나는 눈물에 목이 멘 채 소리로 나직이 말했다. "그리스도를 짊어진 자."

"맞아, 크리스토퍼." 그 순간 나는 어머니의 여정이 내 여정만큼이나 길고 고통스러웠다는 사실을 깨달았다.

"집에 왔어요. 엄마, 제가 집에 왔어요." 방금 한 말은 여러 가지 함의를 지닌 표현이었다. 머나먼 이국에서 오랫동안 방황하던 나는, 마침내 집에 돌아왔다.

그들은 지금 무엇을 하고 있을까?

크리스토퍼. 2010년 9월 30일

가을에 찾아온 인디언 서머 덕분에 유난히 따뜻한 아침이었다. 나는 메트라 역으로 향했다. 시계를 보니 오전 8시 52분이었다. 통근 열차가 철로에 들어서는 소리가 들렸다. 9시 정각이었다.

나는 플랫폼 앞쪽에 서서 열차가 멈추기를 기다렸다. 어머니가 1993년 5월, 내 얼굴을 마지막으로 보고 목숨을 끊을 생각으로 열차를 기다리던 바로 그 플랫폼이었다. 그때 이후로 많은 것이 변했다.

나는 여느 때처럼 무디신학교에서 강의가 있어서 시카고 시내로 향하는 길이다. 출소해 집에 돌아온 것이 어제 일만 같다.

2001년 3월, 나는 무디신학교에 입학원서를 제출했다. 물론, 교도소 교목과 교도관, 동기 수감자가 써 준 추천서들도 함께 제출했다. 그날 어머니와 나는 조 스토웰 총장이 인도하는 예배에 참석해 그의 설교를 듣고, 예배가 끝난 후 총장을 뵙고 인사를 드렸다.

"총장님이 저를 기억하실지 모르지만 남편과 제가 작년에 피니셔

304

스 포럼에서 총장님을 뵌 적이 있죠. 무디에서는 죄인도 받아 주느냐고 제가 물었죠." 어머니가 미소를 지으며 말했다. "여기 그 죄인이 있습니다."

스토웰 총장은 그 집회에서 우리 부모님을 만났던 일을 기억했다. 어머니는 그날 내가 재활시설에 이감되었으며 교도소 바깥 생활에 잘 적응하는 중이라고 나를 소개했다. 감사하게도 스토웰 총장은 떠나기 전에 내 이름을 수첩에 적었다. 그 후로 그는 나를 친구처럼 대하며 하나님이 내게 주신 소명을 잘 감당할 수 있도록 격려해 주었다.

2001년 7월에 공식적으로 형기를 마친 나는 시간제 학생(근로청소년, 주부, 일반인에게 고등교육 기회를 제공하고자 시간제로 등록해 학위를 취득할 수 있게 한 제도—옮긴이)으로 사회생활을 시작했다. 2002년 봄부터는 전일제 학생으로 무디신학교에 다니기 시작했다.

4년 뒤에 나는 음악과 성경 언어(히브리어와 그리스어—옮긴이) 연구로 신학학사 학위를 받았다. 그리고 휘튼대학원에 진학해 히브리어와 그리스어 원전을 공부하며 성경주해 석사과정을 밟았다. 출소자를 위한 찰스 W. 콜슨 장학금도 받았다. 이런 종류의 장학금으로는 유일한 장학금이었다.

그러려고 마음먹은 것은 아닌데, 하나님의 은혜로 내 인생과 부모님의 삶이 얼마나 달라졌는지 간증할 수 있는 기회가 생기기 시작했다. 내가 교도소에서 출소하자 부모님의 친구들은 그들의 소모임에서 나의 체험에 대해 간증해 줄 것을 부탁했다. 입소문이 나자 갈수록 더 많은 강연 요청이 들어왔다. 내 강연 사역은 차츰 전국으로 확산되었고 오늘날에는 4개 대륙까지 확대되었다. 브루클린 교도소에서 만난 에디 멘도사가 내 미래를 이야기했을 때 나는 그의 말을 터무니없는 소리라고 일축했지만, 지금에 와서 생각해 보면 참으로 묘한 일이다. 결국 그 친구의 예언이 맞았던 것이다!

2007년에 신학 석사학위를 받고 휘튼대학원을 졸업할 때 하나님께서는 거룩한 성생활과 HIV바이러스 및 에이즈를 주제로 강연하는 사역에 나를 부르셨다. 강연을 하지 않고 쉬는 날에는 하나님의 말씀을 다루는 사역을 하고 싶은 소망이 있었다. 그런데 하나님의 섭리로 감사하게도 무디신학교에서 성경학과의 시간강사 자리를 내게 제안했다. 게다가 무디신학교는 내 강연과 여행 일정에 맞춰 강의 시간까지 융통성 있게 배정해 주었다.

그렇게 여기 서서 기차를 타고 시카고로 통근하면서 성경 개론을 가르친 지 벌써 4년째다. 나는 이 일을 몹시 사랑했다. 동시에 나는 미네소타의 세인트폴에 있는 베델신학교에서 목회학 박사과정 1학기를 밟고 있었다. 나는 성경적인 성생활과 독신주의에 대해 더 깊이 연구할 생각이다.

우리 부모님은 내가 무디신학교와 휘튼대학원에 다니는 동안 물심양면으로 나를 지원했으며, 내가 순회강연을 다닐 때도 큰 힘이 되어 주셨다. 하지만 우리 앞길에는 장애물이 놓여 있었다.

2007년 새들백 교회에서 열린 에이즈 국제회의에서 강연하는 모습.
나는 새들백 교회의 주말 예배 시간에도 강연자로 나섰다.

HIV바이러스 때문에 몸이 약해지면 장기간 여행을 다니는 것은 힘에 겨울 수 있다. 그래서 나는 어머니에게 함께 여행을 다니며 강연 사역의 동반자가 되어 달라고 부탁했다. 어머니는 내가 맡은 사역을 책임감 있게 수행하도록 내 곁에서 나를 도와주신다. 지금도 그렇지만 어머니는 앞으로도 나를 위해 기도로 싸우는 중보자가 되실 것이다!

어머니는 나와 여행만 함께하는 게 아니다. 우리 부모님은 내가 하는 사역의 동역자다. 나는 수차례 부모님과 함께 강단에 섰다. 우리는 2006년에 윌로크릭교회에서 그리고 2007년에는 새들백교회에서 함께 강연을 했다. 또 하나님께서는 학생선교단체인 인터버시티가 주최하는 어바나 대회와 무디 목회자 컨퍼런스나 무디 남자 성도를 위한 컨퍼런스 같은 대규모 집회에서도 지속적으로 강연할 기회를 내게 열어 주셨다.

하나님은 내가 버틸 수 있도록 내 몸을 지켜 주신다. 쉽게 피로해지고 신체적으로 한계를 느낄 때도 있지만 약물치료는 아직 시작하지 않았다. 나는 3개월마다 혈액검사를 받으러 병원을 찾는다. 지난 13년 동안 이나마 건강을 유지할 수 있었던 것은 양질의 식사와 수면 그리고 규칙적인 운동 덕분이었다고 생각한다. 하지만 HIV바이러스 때문에 면역체계가 약해지고 있어서 곧 약물치료를 받게 될 가능성이 높다. 내 생명은 하나님 아버지의 손에 달려 있다. 내가 살아가는 하루하루는 하나님께서 주시는 선물이다. 하나님의 자녀로서 나는 시간의 긴박성을 가지고 사역에 충실해야 한다.

무디 캠퍼스에서 강의를 마치고 나면 오후에 휘튼대학으로 향할 예정이다. 총장 직속 동성애 전담 기구 위원으로 활동하고 있기 때문에 신임 총장인 필립 라이켄 박사를 만나기로 했다. 이 일 말고도 휘튼대학과는 인연이 깊어서 대학 동문위원회와 총장 직속 에이즈 전담 기구, 콜슨 장학금 자문위원회 위원으로도 활동하고 있다. 하루 일과가 끝나면 나는 집으로 돌아갈 것이다. 9년 전에 돌아온 바로 그 집으로.

출소하고 집에 돌아왔던 날, 현관 로비를 가득 채우고 있던 노란 리본들을 평생 잊지 못한다. 그때를 떠올리면 하나님의 자비로움과 부모님의 조건 없는 사랑이 나를 따뜻하게 감싼다. 하늘에 계신 아버지처럼, 두 분은 문가에 서서 항상 두 팔을 벌리고 집에 돌아온 나를 반기실 것이다.

나에게는 언제든지 돌아갈 집이 있다.

기도, 구원, 거룩한 성생활

: 《다시 집으로》에 대한 8단계 성찰

성경의 탕자 이야기만큼 많은 이들에게 감동을 주는 이야기도 없다 (누가복음 15장 11~32절 참조). 장남은 의무를 다하며 집에 남지만 배은망덕한 차남은 부모를 거역하고 집을 떠난다. 예수님의 비유에서 사람들이 자주 간과하고 있는 사실은 장남도 탕자라는 점이다. 우리가 멀리 떠나 있어도 아버지께서 두 팔 벌려 맞아 주기를 갈망하듯 성경 속의 두 아들은 모두 아버지의 사랑이 필요하다.

《다시 집으로》에 나오는 이야기는 하나님께서 잃어버린 두 사람을 찾아 구원한 실화다. 아들의 어머니는 너무나 절망적인 나머지 스스로 목숨을 끊으려 했고, 아들은 쾌락과 돈, 성공만을 좇아 살다가 교도소에 갇히고 목숨을 위협하는 병에 걸렸다. 어머니와 아들 모두 인생의 밑바닥까지 떨어졌다가 각자 시기는 다르지만 하나님께 돌아왔다. 그들의 삶에 일어난 변화들은 그야말로 기적이었다.

독자 여러분이 자신의 삶에 적용할 수 있는 교훈을 얻는 데 도움을 주기 위해 8단계 성찰 지침서를 따로 마련했다. 하나님을 떠나 방황하는 이들은 모두 집으로 돌아가고 싶어 한다. 한 집안의 아들이든 딸이든, 혹은 부모이든 간에 탕자의 처지에 있는 모든 이들은 이 지침서를 묵상과 나눔으로 활용하면서 하나님의 자비와 은혜, 사랑과 용서를 보다 깊이 이해할 수 있을 것이다.

● 1단계 : 제1장부터 제5장까지 읽고 나눔

1. 레온과 안젤라는 아들의 방에서 포르노 테이프를 찾은 뒤 아들과 대면했다. 당신이 부모라면 이 경우 어떻게 반응했을까? 당신의 자녀는 어떻게 반응했을까? (제1장)

2. 크리스토퍼는 연인 관계에 간절히 매달렸다. 당신도 연인 관계가 너무 절실한 나머지 이를 우상으로 삼은 적은 없는가? (제4장)

3. 당신은 부모로서 자녀를 변화시킬 수 있는가? 배우자를 변화시킬 수 있을까? 만약 우리가 어떤 사람을 변화시킬 수 없다면 우리는 어떻게 해야 하는가? (제5장)

4. 자신이 옳다고 믿는 가치를 지키려고 다른 사람의 희생도 불사한 적이 있는가? 안젤라는 자신의 죄악이 크리스토퍼의 죄보다 결코 가볍지 않다는 사실을 자각했다. 만약 당신에게 탕자 같은 아들이나 딸이 있다면, 자녀의 죄와 당신 자신의 죄를 비교해 보자. (제5장)

● 2단계 : 제6장부터 제9장까지 읽고 나눔

1. 동성애를 비난하고 겁을 주는 전략으로 크리스토퍼의 성적 지향을 바

꿀 수 있다고 믿는 사람이 등장한다. 그러나 크리스토퍼에게 통하지 않았던 이유는 무엇일까? 자기 기대에 맞게 당신을 억지로 변화시키려고 했던 사람이 있는가? (제6장)

2. 집에 돌아오고 나서 안젤라는 하나님과 매일 아침 조용히 만나기 위해 기도실을 마련했다. 당신이 그리스도와 살아 있는 관계를 유지하기 위해 매일 정해 놓은 습관이 있는가? (제7장)

3. 안젤라는 자신의 결혼 생활을 다음과 같은 말로 요약했다. "그동안 해결하지 못한 부부 문제가 결국 가족 모두의 인생을 좌지우지하는 기분이었다." 오랫동안 쌓아 둔 문제 중에 당신의 삶과 관계를 좌지우지하는 문제는 무엇인가? 그 문제들을 어떻게 해결할 수 있는가? (제9장)

● 3단계 : 제10장부터 제13장까지 읽고 나눔

1. 크리스토퍼는 처음 마약을 하고 몇 주 만에 마약을 파는 판매상이 되었다. 어떤 죄악이 자신의 삶이나 다른 사람의 삶을 이렇게 빨리 집어삼키는 모습을 본 적이 있는가? 크리스토퍼가 약물과 파티의 올가미에 쉽게 빠진 이유는 무엇이라고 생각하는가? (제10장)

2. HIV 바이러스에 감염되었을지도 모른다는 사실을 알았을 때 크리스토퍼는 놀라울 정도로 침착했고 후회하지도 않았다. 그리스도를 믿지 않는 이들 중에는 그저 의미 없이 살다가 죽는 게 인생이니, 신나게 살면 그만이라고 생각하는 이들이 많다. 기독교인으로서 이런 사람들에게 다가갈 수 있는 방법은 무엇일까? (제12장)

3. 자신의 침대 위에서 어머니가 불륜을 맺는 광경을 목격한 안젤라는 끔찍한 유년기를 보냈다. 안젤라가 하나님께 이 수치스러운 비밀을 맡기기 전까지 이는 그녀의 인생에 부정적인 영향을 미쳤다. 당신이 아직까지 붙들고 있는 해묵은 비극이나 상처가 있는가? 그것들을 하나님께 내려놓지 못하는 이유는 무엇인가? 하나님께 자신의 비극이나 상처를 내려놓은 적이 있는가? (제13장)

● 4단계 : 제14장부터 제17장까지 읽고 나눔

1. 크리스토퍼는 부모와 자주 말다툼을 벌이거나 아예 무시했다. 사랑하는 이들에게 거절을 당할 때 당신은 어떻게 대응할 것인가? (제15장)

2. 안젤라는 크리스토퍼의 마음을 열 수가 없고 그에게 희망이 없다고 느꼈다. 선택의 기로에 섰다. 한쪽은 절망의 길이었고 또 다른 쪽은 희망의 길이었다. 살면서 그런 갈림길에 서 본 적이 있는가? 당신은 어떤 길로 나아갔는가? (제17장)

3. 대개 부모들은 자녀들의 학업, 직업, 건강 등에 관해 기도를 많이 하는 편이다. 하지만 자녀들이 그리스도와 좋은 관계를 맺는 것에 대해서는 별로 기도하지 않는다. 자녀들의 영적인 성숙을 위해 더 많은 기도 시간을 할애하기로 결단할 수 있겠는가? (제17장)

● 5단계 : 제18장부터 제21장까지 읽고 나눔

1. 크리스토퍼의 마약 중독은 갈수록 심각해졌다. 인간은 모두 크건 작건

어딘가에 중독되어 있다는 사실에 동의하는가? 중독을 해결한 경험이 있다면 중독을 극복하는 데 도움이 됐던 것들에 대해 나눠 보자. (제18장)

2. 크리스토퍼는 감방에서 자다 깨어났을 때 자신이 악몽 같은 현실에 처했음을 실감했다. 하지만 쓰레기통에서 성경을 발견하고 한 가닥 희망을 보기 시작했다. 당신의 삶이 악몽처럼 느껴질 때는 언제인가? 무슨 희망으로 악몽 같은 삶을 지속하는가? (제20장)

3. 교도소란 곳을 한 번도 가 본 적 없는 안젤라는 면회 당일 몹시 긴장했다. 하지만 이사야 41장 10절에 적힌 하나님의 약속에 의지했다. "두려워하지 말라 내가 너와 함께 함이라." 당신이 어떻게 해야 할지 몰라 불안할 때 하나님이 함께하셨던 경험이 있는가? (제21장)

4. 크리스토퍼와 안젤라는 모자지간의 연을 끊을 정도로 갈등이 극심했지만 안젤라는 교도소에 있는 아들을 찾아가 돌파구를 찾았다. 그녀는 아들이 어떤 반응을 보일지 확신하지 못하면서도 함께 기도하자고 아들에게 부탁했다. 당신은 이렇듯 믿음 안에서 어떤 일에 뛰어든 적이 있는가? 이런 은혜를 당신에게 베푼 사람이 있는가? 그 결과는 어땠는가? (제21장)

● 6단계 : 제22장부터 제25장까지 읽고 나눔

1. 안젤라는 크리스토퍼의 HIV 양성 판정 소식을 듣고 이렇게 얘기했다. "설마 했던 악몽이 현실이 되었다." 당신이 염려하는 가장 끔찍한 악몽은 무엇이고, 그것이 현실이 된다면 맞설 준비가 되었는가? (제23장)

2. 평소에 안젤라는 교도소에 들어간 죄수들을 괴물처럼 여겼지만, 아들

이 교도소에 들어간 이후로 그들을 인간으로 대하기 시작했다. 당신은 재소자에 대해 어떻게 생각하는가? 그들에 대해 당신은 어떤 편견을 갖고 있는가? (제25장)

3. 크리스토퍼는 "어머니가 제 말보다는 제 마음에 더 귀를 기울이셨으면 좋았을 거예요"라고 말했다. 반항적인 자녀들이 진심으로 원하는 것은 관심과 사랑일 때가 많지만 부모 눈에는 아이가 짜증내고 부모에게 거역하는 불량한 태도만 보일 뿐이다. 자녀가 겉으로 내뱉는 말이 아니라 그의 속마음을 읽어 낼 수 있는 방법이 있는가? (제25장)

● 7단계 : 제26장부터 제29장까지 읽고 나눔

1. 크리스토퍼가 법정에 증인으로 나가는 동기가 자신의 형량이 줄어들 것을 기대해서인지 하나님의 뜻을 따르려는 것인지 안젤라는 확신하지 못했다. 하나님의 뜻을 따르기보다는 자신의 이익을 좇아 결정을 내리는 사람(당신을 포함해서)을 아는가? (제27장)

2. 하나님의 부르심을 받은 것 같은 느낌이 든 적이 있는가? 모든 성도는 그들이 처한 위치에서 자신의 재능을 발휘해 하나님을 섬기도록 부르심을 받는다. 하나님이 당신에게 원하시는 일은 무엇인가? 당신은 그 소명을 어떻게 이루어 나가고 있는가? (제28장)

3. 크리스토퍼가 교도소에 들어갔기 때문에 안젤라가 부모로서 수치스러워했다고 생각하는가? 자녀가 잘못된 길로 가면 부모가 자녀의 행동에 책임이 있다고 생각하는가? 그렇게 생각하는 경우 그 이유는 무엇이고, 그

렇지 않다고 생각하는 경우 그 이유는 무엇인가? (제29장)

● 8단계 : 제30장부터 에필로그까지 읽고 나눔

1. 크리스토퍼는 결국 부모님과 함께 머무는 시카고 집이 그가 있어야 할 '집'이라는 사실을 깨달았다. 당신을 위한 집은 어디에 있는가? 그곳이 당신의 집이 되어야 하는 이유는 무엇인가? (제30장)

2. 크리스토퍼에게 우상이란 '그것 없이는 못 산다고 생각하는 것'이었다. 그것 없이는 못 산다고 생각하는 것이 무엇인지 당신은 자문해 본 적이 있는가? 이 질문을 묵상하며 자신이 저지른 잘못이나 도덕적 결함에 관해 목록을 작성해 보자. (제30장)

3. 크리스토퍼는 성경에서 게이와 레즈비언들을 '가증스럽다'고 정죄하고 있지 않다는 사실을 깨달았다. 하지만 하나님은 남색을 용납하지 않으신다. 당신은 게이와 레즈비언을 어떻게 보는가? 화가 나서 발끈하는가 아니면 연민을 느끼는가? (제30장)

4. 이 책을 다 읽은 후에 동성애, 동성애 감정 혹은 게이나 레즈비언 커뮤니티에 대한 생각이 바뀌었는가? 중독자나 범죄자에 대한 인식이 달라졌는가? 이 책을 읽고 새로 깨달은 점이나 바뀐 점이 있는가?

감사의 글
이 이야기의 진짜 주인공이신
주 예수님께 감사하며

먼저 우리의 훌륭한 에이전트인 버키 로젠바움에게 감사를 표하고 싶다. 그는 우리 이야기가 책으로 성공할 가능성을 일찌감치 알아보고 우리를 믿어 주었다. 우리 이야기가 책으로 나오도록 이끌어 주고 그 여정을 함께해 준 것에 감사한다.

크리스 파브리는 우리 생각을 짜임새 있게 정리하는 데 도움을 주었다. 케이트 에투에는 우리에게는 구세주 같은 사람이다. 그녀의 재능과 헌신이 없었다면 이 책은 빛을 보지 못했을 것이다.

줄리, 제시카, 애나, 에릭, 비비안, 브루스, 스테파니, 크리스틴, 베티, 위니, 스티븐, 티파니, 제니는 바쁜 와중에도 우리가 인터뷰한 내용을 글로 옮겨 주었다. 줄리 첸은 우리가 여러 가지 일로 분주할 때 큰 도움을 주었다. 대만에서 헌신적으로 우리를 도와준 사라 린에게도 감사한다.

교회 식구들과 성경 공부반 성도들에게 감사한다. 교우들은 우리와 함께 기도하며 탕자 같은 아들이 집에 돌아왔을 때 노란 리본에 인사말을 쓰고 귀향을 환영해 주었다. 무디신학교와 휘튼대학 관계자들에게도 감사한다. 크리스토퍼에게 두 번째 기회를 주고 지속적으로 지원해 주었다.

317

한국어 번역본을 검토해 준 박써니 목사님과 그의 아내 레베카 그리고 김소희, 이성미, 강문선, 장윤하, 최유선, 이진경, 유환종, 신성희, 이성은, 황진숙 등 토론토 영락교회와 애너하임 사랑의교회 목사님과 성도 여러분들에게 깊은 감사의 말씀을 드린다. 이처럼 촉박하고 짧은 시간에도 불구하고 원고 전체를 검토해 준 여러분 모두에게 깊은 감사의 마음을 전한다. 여러분의 헌신과 섬김의 마음은 우리에게 엄청난 축복이었다! 또한 이들 자원봉사자들을 찾아 주신 이광국 목사님(피터)께 감사드린다!

안젤라로부터

함께 기도하고 격려해 준 나의 멘토이자 친구인 무리엘 밀렘에게 감사한다. 이 책의 개요를 짜 주고 귀중한 제안을 해 주었다. 크리스토퍼가 돌아오기를 기다리며 힘겹게 지내는 동안 샌디 롱은 나와 함께 울고 웃으며 역경을 헤쳐 나가도록 나를 이끌어 주었다. 지난 45년 동안 동고동락한 마벨 융은 친언니보다 더 가까운 사람이다. 늘 기꺼이 내게 도움의 손길을 내밀어 준 호버와 조앤에게도 감사한다.

크리스토퍼로부터

그리스도 안에서 만난 조 헨드릭슨은 훌륭한 형제로서 오랜 세월 나와 함께 기도하며 내가 책임감 있는 사람이 되도록 도왔다. 나와 함께 경주해 준 것에 감사한다. 이 책을 집필하도록 격려해 준 카렌 스완슨과 브렌다 랫클리프에게 감사한다. 이 두 사람은 내게 큰 힘이 되었다! 초고를 읽고 교정하는 데 많은 시간을 투자해 준 로잘리 드 로제트와 카린 헤치트에게 감사한다. 나의 멘토인 조지 버워는 세계 각지를 도는 바쁜 일정 중에도 수차례 내게 전화를 걸어 적절한 때에 많은 도움을 주었다. 항상 내 건강을 염려해 주며 영적으로 인도해 준 데에 깊이 감사한다.

- - -

론 리와 워터브룩 멀트노마 출판사 팀원들에게 감사한다. 그대들 덕분에 우리가 체험한 이야기를 책으로 집필하는 과정이 즐거웠다!

마지막으로 주 예수 그리스도께 감사한다. 그분은 이 이야기의 진짜 주인공이다.

> 하나님이여 내가 주께 서원함이 있사온즉
> 내가 감사제를 주께 드리리니
> 주께서 내 생명을 사망에서 건지셨음이라
> 주께서 나로 하나님 앞 생명의 빛에 다니게 하시려고
> 실족하지 아니하게 하지 아니하셨나이까
> ― 시편 56장 12~13절

다시 집으로

1판 1쇄 2015년 12월 21일 발행
1판 4쇄 2019년 11월 15일 발행

지은이 · 크리스토퍼 위안, 안젤라 위안
옮긴이 · 이주만
펴낸이 · 김정주
펴낸곳 · ㈜대성 Korea.com
본부장 · 김은경
기획편집 · 이향숙, 김현경
디자인 · 문 용
영업마케팅 · 조남웅
경영지원 · 공유정, 마희숙

등록 · 제300-2003-82호
주소 · 서울시 용산구 후암로 57길 57 (동자동) ㈜대성
대표전화 · (02) 6959-3140　|　팩스 · (02) 6959-3144
홈페이지 · www.daesungbook.com　|　전자우편 · daesungbooks@korea.com

ISBN 978-89-97396-61-0 (03230)
이 책의 가격은 뒤표지에 있습니다.

이 도서의 국립중앙도서관 출판시도서목록(CIP)은 서지정보유통지원시스템 홈페이지
(http://seoji.nl.go.kr)와 국가자료공동목록시스템(http://www.nl.go.kr/kolisnet)
에서 이용하실 수 있습니다.(CIP제어번호: CIP2015033225)